KB023275

초임교사 신호등

초임교사 신호등

초판 1쇄 발행 • 2021년 7월 1일

지은이 • 홍석희

펴낸이 • 이형세

펴낸곳 • 테크빌교육(주)

교정교열 • 옥귀희

디자인 • 기민주

주소 • 서울시 강남구 언주로 551, 프라자빌딩 5층

전화 • 02-3442-7783(333)

팩스 • 02-3442-7793

ISBN 979-11-6346-131-9 03370

• 이 책의 무단 전재와 무단 복제를 금합니다.
• 책값은 뒤표지에 표시되어 있습니다.

저경력 교사를 위한
교사생활 전방위·전 생애 가이드

초임교사 신호등

홍석희 지음

테크빌교육

장학사로 첫 발령을 받았을 때, 15년 전 초임교사로 첫출발을 했던 무렵이 생각났습니다. 교사로 교단에 처음 서게 된 순간, 제 마음속에는 드디어 아이들을 만난다는 설렘과 기쁨, 교육현장에 대한 여러 꿈과 더불어 내가 좋은 교사가 될 수 있을지에 대한 걱정도 뒤섞여 있었습니다.

발령 후 첫 5년의 초임교사 시절은 방황의 연속이었습니다. 나름 열심히 최선을 다했지만 교직에 관해 궁금한 것들을 해소할 방법은 찾을 수 없었지요. 마치 신호등 없이 갈 길을 모르는 채 그냥 운전만 열심히 하는 느낌이었달까요?

다음의 5년은 선생님들과 함께 연구하는 시간이었고, 마지막 5년은 예둘샘으로 제가 경험한 성장과 여러 교직 정보를 전국의 선생님들과 함께 나누는 시간이었습니다.

블로그로 선생님들과 소통하며 알게 된 것은 제가 초임교사 시절 경험했던 방황의 시간을 많은 후배 교사들도 동일하게 겪는다는 사실이었습니다. 교사 성장의 다양한 방법, 신규교사가 선택할 수 있는 여러 교직의 길, 승진에 대한 올바른 이해와 가치 등 참 소중한 정보를 그때나 지금이나 구하기 어려운 듯 보였습니다.

어려운 임용고시를 통과하고 학교에 첫발을 디딘 신규교사들은 행복한 교육을 꿈꿉니다. 아이들에게 좋은 교사, 수업 전문성이 뛰어난 교사, 존경받는 교사가 되길 원하죠. 하지만 교육현장은 생각보다 만만치 않습니다. 갈수록 어려워지는 학생 생활교육, 쉽지 않은 학부모와의 관계, 교사 성장에 대한 정보의 부재, 승진에 대한 가치갈등, 권위적인 관리자 혹은 현실에 안주하려는 동료 교사와의 관계의 어려움 등. 그중에서 가장 힘들었던 것은 교직 생활에 대한 정보의 부재와 교육현장을 바라보는 시선들의 불일치였습니다.

초임교사가 교육현장을 바라보는 관점과 가치관은 처음 근무하는 학교에서 많이 만들어집니다. 마치 새끼오리의 각인효과처럼 말입니다. 어떤 교육 제도든 이를 긍정적으로 바라보는 시선과 부정적으로 보는 시선이 모두 존재합니다. 그러면 나의 교직 생활의 방향을 어떻게 정해야 할지 고민하게 되죠. 그런데 그 고민의 과정에서 참고할 수 있는 정보가 참 없습니다.

정보의 부재는 초임교사들이 교사의 생애주기마다 스스로 준비해 나가야 하는 것들을 놓치게 만듭니다. 그로 인해 자신이 선택하여 걸을 수 있는 교직의 다양한 길이 가로막히죠.

전문직 시험에 합격한 후 장학사로 전직하면서 교육현장에 분명히 존재하지만 초임교사들에게는 잘 전달되지 않는 교직 생활의 여러 이야기를 선배 교사로서 해 주고 싶었습니다. 내가 만약 초임교사 시절에 빨리 알았으면 많이 방황하지 않고 아이들에게 더 좋은 교사가 되어 더 의미 있는 교직 생활을 했을 것 같은 그런 내용입니다. 이것을 후배 교사들과 나누고 싶어 이 책을 쓰게 되었습니다.

1장은 임용시험 합격 후 1정 자격연수를 받고 첫 전보를 하기까지 초임교사의 건강한 적응을 도와줄 교직 실무 정보를 전반적으로 다루었습니다. 2장은 초임교사가 알아야 할 다양한 교직 생활의 모습과 그 가치를, 3장은 학생들에게 좋은 교사로 성장할 수 있는 다양한 전문성 성장 방안을, 마지막 4장은 정보가 잘 공유되지 않고 또 다양한 가치와 시선들이 존재하는 승진 제도를 다루었습니다.

이 책에서 제시하는 여러 교육 정보와 교육현장의 모습은 제가 실제로 경험했고 또 지켜봐 온 것들입니다. 객관적인 사실들이긴 하지만 저의 교직 가치관을 통해 그것을 해석하고 받아들였기에 완전한 정답은 아니라는 것을 먼저 말씀드립니다. 논란이 있는 주제에 대해서는 서로 다른 시선을 함께 제시하여 가능한 중립적 입장을 견지하려 노력했습니다. 그리하여 그에 대한 가치판단과 최종 수용은 초임교사 독자의 몫으로 남겨 두었습니다.

이 책으로 학교 현장에 첫발을 내딛는 초임교사들이 제가 경험했던 신규교사 시절의 시행착오를 예방할 수 있기를, 또 초임교사 스스로 자신만의 교직 가치관을 가지고 생애주기별 교직 생활을 잘 준비하고 도전해 나가기를 바랍니다. 그리하여 아이들과 교사가 함께 성장하는 행복한 교직 생활을 이어가는 데 이 책이 밝은 신호등이 되길 소망합니다.

이 책을 출간하기까지 저를 응원해 준 세 명의 자녀들과 아내에게 감사를 전합니다. 블로그 이웃분들과 테크빌교육 출판 담당자에게도 감사드립니다. 그리고 하나님께 감사드립니다.

2021년 6월 이른 새벽에

예둘샘 홍석희

차례

제2장 초임교사의 행복한 교직 생활

제3장 **교사의 전문성 성장**

승진 제도에 대한 이해

제1장

신규교사의
첫걸음

신규교사가
알아야할것들

① 신규교사 연수

임용시험에 합격하면 시도교육청에서 신규교사 연수를 받는다. 교육청별로 편차는 있지만 연수 기간은 대략 1주 내외다. 신규교사 연수는 연수를 기획하고 운영하는 담당 연구사들이 우수 강사진을 섭외해 현장성 있는 강의 콘텐츠로 연수 과정을 만들기 때문에 강의 내용이 대부분 좋다. 그래서 신규교사 연수에서는 배울 것이 참 많다.

신규교사 연수는 어려운 임용시험 합격 후 처음 받는 연수라 다들 합격의 기쁨 가운데 편안한 마음으로 받는다. 어느 학교로 첫 발령이 날지에 대한 불안은 조금 있지만 꿈꿔 왔던 교사가 된 것만으로도 참으로 행복한 연수다. 앞으로 교직에서 내가 배우고 싶은 것과 실천하고 싶은 내용을 발견하는 것에 초점을 두고 참여하는 것이 좋다.

이때 임용 동기들과의 만남을 좋은 인연으로 만드는 것도 중요하다. 서로 다른 지역으로 발령이 날 가능성이 크지만 내가 근무하지 않은 지역의 정보를 공유하고 나누는 데 큰 도움이 되기 때문이다. 또 교직의 세계는 생각보다 좁다. 대부분의 교사가 한 다리만 건너면 아는 사이인 경우가 많고, 학교를 계속 옮기며 근무하기 때문에 언젠가는 다시 만날 수밖에 없으므로 항상 좋은 관계를 유지하는 것이 필요하다.

② 정식 발령 전 기간제 교사 근무

임용 합격자 중 3월 1일 자로 발령받는 교사는 전체 합격자 중 일부일 뿐이다. 정식 발령까지 짧게는 몇 주, 길게는 1년 가까이 대기하는 경우도 있다. 이 기간에는 무엇을 하는 게 좋을까? 바로 기간제 교사다. 기간제 교사는 학교에 육아휴직, 파견 등으로 교사 결원이 생겼으나 교육청에서 정식교사를 발령 내지 않는 경우, 학교에서 계약직으로 일정 기간 근무하도록 뽑는 교사를 말한다. 기간제 교사 자리가 많아 발령 대기 중인 신규교사들이 학교를 선택해서 근무할 수 있기도 하지만 반대의 경우도 있다.

나는 집 주변에 있는 학교에 기간제 교사 자리를 구했고 정식 발령이 날 때까지 한 학기 조금 넘게 근무했다. 9월 초 발령이 났을 때, 교감 선생님은 기간제 근무 경력 증명서를 발급해 주었다. 이때 증명서에 기간제 근무 계약 기간이 잘못 작성되었다는 사실을 나는 15년이 지나서야 알게 되었다. 당시 기간제 교사 계약서를 작성했던 교감 선생님은 초임 교감이었고, 그래서 인사규정을 잘 몰랐던 것이 아닐까 짐작할 뿐이다. 어쨌든 증명서에는 기간제 교사 계약 기간 시작일이 3월 1일이 아니라 3월 2일이었다. 3월 1일은 공휴일이니 3월 2일이라 해도 별 상관없을 거라고 생각하기 쉽지만 절대 그렇지가 않다.

교육 경력 산정은 3월 1일부터 다음 해 2월 말까지를 1년으로 계산하는데, 계약 시작일이 3월 1일이 아니라 3월 2일이니 전체 1년에서 1일이 모자라 나는 그해 1년을 교육 경력으로 인정을 받지 못하게 되었다. 만약 어떤 경력 평정 기준이 12년 이상이라면, 나는 발령 첫해는 교육 경력 1년으로 인정받지 못하기에 13년을 근무해야 그 기준을 충족할 수 있는 셈이다. 게다가 이것은 호봉승급과도 관련 있다. 1년 근무 경력이 채워져야 1호봉이 승급되므로 나는 호봉승급도 1개월 미뤄지게 되었다. 결국 나는 1년 중 1개월 월급에서 약 10만 원 넘는 1호봉의 금액을 손해 봐야 했다.

 주의해요 노란불!

교육 경력 산정은 3월 1일부터 다음 해 2월 말까지를 1년으로 계산하므로 근무 경력 증명서를 발급받을 때는 날짜를 반드시 확인하자.

❸ 교직에 도움이 되는 실무 능력

교직에서 근무할 때 다음과 같은 실무 능력이 있으면 좋다.

(1) 외국어 능력

외국어 능력은 해외파견을 갈 때 중요하게 쓰이는 부분이다. 최근 몇 년간의 점수만 인정되므로 해외파견에 관심이 있는 교사들은 평소에 꾸준히 공부하는 것이 좋다. 영어 외에도 해당 파견 국가의 언어를 배워 두면 파견 선발에 유리하다.

(2) 워드프로세서 활용 능력

교직에서 문서작성 능력은 중요하다. 교육청에 제출해 심사받는 각종 계획서와 보고서가 모두 문서로 이루어지기 때문이다. 워드프로세서 자격증 2급 이상의 능력이면 더 좋다. 나도 반 아이들에게 재량 시간(지금의 창체 시간)에 워드프로세서 활용 수업을 해 주기 위해 워드프로세서 1급 자격증을 땄다.

(3) 엑셀 활용 능력

엑셀을 잘 다루면 교직 실무에 매우 도움이 된다. 복잡한 엑셀 문서를 직접 만들 수는 없어도 기존의 파일을 자신이 원하는 대로 수정할 수 있을 정도의 실력이면 괜찮다. 컴퓨터활용능력 2급 수준이면 적절하다.

(4) 프레젠테이션 능력

프레젠테이션 프로그램은 PPT, 프레지를 많이 사용한다. 학교 행사를 비롯해 각종 사례 발표, 발표 심사, 강의 등을 해야 할 때 프레젠테이션 능력이 뛰어나면 자신이 말하고자 하는 내용을 효과적으로 전달할 수 있다.

(5) 멀티미디어 편집 능력

사진이나 영상의 편집 능력이 좋으면 수업자료 제작, 학생 교육, 업무 처리 등에 활용할 수 있다. 사진과 영상 편집 프로그램은 정말 다양한데, 그중 1개만이라도 능숙하게 다룰 수 있을 만큼 공부해 두면 좋다.

(6) 비대면 실시간 원격수업 능력

코로나 19는 교사가 교육 콘텐츠 제작과 실시간 쌍방향 원격수업을 할 수밖에 없는 시대를 불러왔다. 비대면 원격수업에 필요한 장비 및 소프트웨어를 활용할 수 있는 능력을 갖춰야 한다.

④ 발령장 수령과 학교 방문

신규 발령이 나면 교육청 홈페이지에 발령 명단이 뜨고, 발령지역 인사 담당 장학사에게 연락이 온다. 그러면 발령 학교에 전화해서 교육청 발령장 수여식 날짜 등을 고려해 학교 방문 일정을 잡아야 한다. 3월 1일 자로 근무가 시작되더라도 업무 인수인계나 호봉 획정, 학급환경 구성 등의 신학기 준비를 위해서는 그 전에 학교에 출근해 준비하는 시간이 필요하다.

나는 학급증설로 인한 9월 11일 자 중간 발령으로 근무를 시작했는데, 발령장을 받으러 교육청에 갔을 때 발령 학교 체육부장 선생님이 나를 데리러 왔었다. 그날 나는 학교에 가서 관리자를 비롯해 학교 교직원들과 잠깐 인사를 나눴고 3학년에 배정되었음을 알게 되었다. 그리고 바로 다음 날부터 수업과 학교 업무를 해야 했는데 적응하느라 너무 힘이 들었던 기억이 선명하다.

3월 1일 자 신규교사 발령은 학교의 새 학년도 업무 배정이 끝나고 마지막 남아 있는 업무를 신규교사가 맡기 때문에 그 학교의 기피 업무를 맡는 경우가 많다.

 주의해요 노란불!

근무가 시작되는 3월 1일 이전에 출근해 업무 인수인계나 학급환경 구성 등의 신학기 준비를 미리 해 두자. 이는 학기 초 학교 적응을 수월하게 해 준다.

5 호봉 획정과 급여체계

　발령을 받으면 급여를 받기 위해 호봉을 획정한다. 경기도교육청의 경우 예전에는 학교에서 호봉을 획정했지만, 지금은 학교에 관련 서류를 제출하면 교육지원청에서 대신해 준다. 처음 호봉을 획정할 때는 관련 서류를 잘 제출하는 것이 중요하다. 호봉 획정이 잘못되면 그만큼 급여를 못 받거나 반대로 더 받은 급여를 환급해야 하는 상황이 발생하기 때문이다. 사범대학이나 교대를 졸업하면 9호봉부터 시작된다. 호봉 획정에 인정되는 경력은 생각보다 포괄적이고 다양하다. 기간제 교사 경력처럼 기간이 100% 인정되는 경우도 있지만 일부만 인정되는 경력들도 있으니 경력 서류를 최대한 많이 준비해 제출하는 것이 좋다. 나는 교대 4년 외에 다른 4년제 대학을 한 번 더 나왔기 때문에 이전 대학 4년 학사 경력 기간의 80%가 인정되어 호봉에 반영되었다.

　초임교사의 첫 월급은 급여체계가 매년 조금씩 변경되고, 또 학교마다 친목회비 등의 공제 액수가 다르고 부양가족 수에 따라 받는 수당도 다르기 때문에 정확히 얼마라고 말할 순 없다. 대략적인 금액은 담임을 맡은 초임교사 9호봉 첫 월급 기준 기본급 외의 수당과 세금 및 기타공제 등을 고려한 실수령 액수가 220만 원 내외다. 이후 교사 경력 1년이 채워지는 달에 1호봉이 가산되는데, 1호봉이 오를 때마다 월급도 10만 원 정도가 오른다고 생각하면 된다.

　1년 급여 중 정근수당이 나오는 1월과 7월, 그리고 명절휴가비가 나오는 추석과 설날이 포함되는 달의 월급은 다른 달에 비해 많다. 신규교사 명절휴가비는 100만 원이 조금 넘는다. 신규교사 근무 다음 해에는 학교에서 성과급도 받게 되는데 S등급, A등급, B등급으로 나뉘어 1년에 한 번씩 지급되는 성과급은 A등급을 받는 경우 400만 원 정도를 받는다. 매년 교육청에서 배정하는 공무원복지포인트는 초임교사의 경우 대략 70만 원 정도인데 근무 연수와 부양가족 수에 따라 금액은 더 많아진다.

교사와 교감 그리고 교장의 월급 차이에 대해 궁금해하는 신규교사들이 많다. 흔히들 동일 교직 경력일 때 교사보다 상위 직급인 교감의 월급이 더 많을 것으로 생각하는데, 실제로는 그렇지 않다. 교감은 담임교사 수당과 부장수당이 없기 때문이다. 대신 교감은 직급보조비를 25만 원 정도 받기에 같은 교육 경력의 교사와 비교했을 때 월급은 비슷한 편이다. 이것은 장학사 역시 마찬가지다.

교장은 직급보조비가 40만 원 정도다. 업무추진비와 관리자수당도 지급되기에 교장의 월급은 교감보다 확실히 많다. 성과급도 마찬가지다. 교감 성과급은 A등급의 경우 430만 원 내외지만, 교장 성과급은 A등급일 때 490만 원 내외다.

 주의해요 노란불!

호봉 획정에 인정되는 경력은 생각보다 포괄적이고 다양하다. 그러므로 해당 사항을 확인해 경력 서류를 최대한 많이 준비해 제출하자.

6 교사의 겸직, 그리고 공무원 연금과 보험

교사는 겸직이 금지되어 있다. 그래서 과외나 학원 강사 등을 할 수 없다. 교육적 필요에 따라 예외적으로 겸직이 일정 기간 허용되는 경우가 몇 가지 있는데, 이때는 공식적으로 겸직 허가를 신청한 후 기관장(학교장)의 결재를 받아야 한다. 시도교육청별로 조금은 차이가 있지만 정기적인 외부강의가 1개월을 넘어가는 경우 겸직 허가 결재를 받아야 한다. 대표적인 겸직 외부강의로는 EBS 강의, 대학 출강, 정기적인 외부기관 강연 등이 있다.

내부강의는 강의 신고를 하지 않아도 된다. 내부강의는 교육청 및 정부기관과 그 산하기관에서 이루어지는 강의다. 그러나 간혹 직속기관이 아닌 경우에는 외부강의로 규정되기도 하므로 다른 기관의 강의 요청을 받으면 내부강의인지 외부강의인지를 꼭 확인해야 한다. 교육청이나 학교에서 이루어지는 영재교육 강의는 내부강의이므로 따로 강의 신고를 하지 않아도 된다. 영재교육 강사 활동의 장점은 강사료를 받으면서 영재교육(수학이나 과학 등) 영역에서 자신만의 영재교육 수업 전문성을 키울 수 있다는 것이다. 강사료는 학교마다 다르고 보통 시간당 2~3만 원 정도로 많지 않지만, 교육지원청 부설 영재교육원의 강사료는 그보다 훨씬 더 높다.

공무원 연금은 교사 근무 경력 20년이 넘어야 받을 자격이 주어진다. 만약 20년을 근무하지 않고 퇴임하면 연금이 지급되지 않는다. 지금의 신규교사들은 2033년 이후에 퇴직하게 되므로 변경된 규정에 의해 연금 개시일은 만 65세부터다. 교사 정년이 만 62세이므로 퇴임 후 3년 정도는 공무원 연금을 받을 수 없는 공백이 생긴다. 교사 정년이 만 65세로 늘어난다는 얘기도 있지만 그렇게 될지는 아직 미지수다. 그래서 퇴임 후 공무원 연금을 받기 전까지 소득이 없는 기간 동안 어떻게 지낼지에 대한 준비가 필요하다. 퇴임 후 기간제 교사를 하는 것도 하나의 방법이겠지만 정년퇴임을 한 교사가 기간제 교사로 뽑히기는 현실적으로 쉽지 않기에 노후를 위한 연금보험에 가입하는 교사들이 조금씩 늘고 있다.

교사는 교육청을 통해 공무원복지포인트로 매년 보험에 의무적으로 가입되기에 따로 보험에 가입하지 않아도 교사로 근무하는 기간에는 질병, 사고 등에 대해 어느 정도 보장을 받는다. 또한 교사는 한국교직원공제회에 장기저축급여, 퇴직급여 등을 신청할 수 있다. 장기저축급여를 신청하면 매월 신청 구좌만큼 월급에서 자동으로 공제되어 저축된다. 복리로 운영되는 상품들은 수익성이 좋아 교사들이 많이 가입한다. 민간 보험사 보험 중에는 수업 중 일어나는 다양한 안전사고에 대해 보장해 주는 보험 상품도 있는데 교사들이 종종 가입하는 편이다.

 주의해요 노란불!

교사의 겸직은 금지이나 예외사항이 있다. 이는 시도교육청마다 다르니 꼭 정확히 확인하고 필요한 경우 겸직 허가 신청 후 결재를 받도록 하자.

친절한 예둘샘에게
무엇이든 물어보세요

Q1. EBS 강사 활동은 왜 외부강의인가요?

EBS 강사 활동은 내부강의로 착각하기 쉬운데요. EBS는 정부기관이 아니라 한국교육방송공사, 즉 공기업입니다. 그래서 EBS 강사 활동은 외부강의에 해당합니다. 그리고 1개월이 넘는 외부강의 활동은 소속 기관장에게 겸직 허가를 결재받아야만 강사 활동을 할 수 있습니다.

Q2. 첫 발령 근무 지역과 학교를 선택할 수는 없나요?

선택할 수 없습니다. 신규교사 발령은 시도교육청에서 주관합니다. 임용시험 등수에 따라 학교 결원 자리에 신규교사를 인사규정대로 배정합니다. 보통 신규교사의 생활근거지(주소지)의 근거리 학교로 배정하려고 하지만 결원 학교 위치가 다양하고 임용시험 등수에 따라 순서대로 발령이 나므로 내가 원하는 지역의 학교로 배정될 수도, 그렇지 않을 수도 있습니다.

Q3. 신규교사들이 비선호 지역 학교로 발령을 많이 받는 이유는 뭔가요?

각 시도교육청은 인사관리세부기준을 근거로 교사들의 전보(학교이동) 처리를 합니다. 교사의 학교 인사 배정은 관내 교사, 관외 교사, 타 시도 교사 순이며, 가장 마지막에 신규교사의 발령이 이뤄집니다. 선호하는 지역 학교의 빈자리는 앞 순서에서 일찌감치 채워지기에 신규교사들은 주로 남아 있는 비선호 지역으로 발령이 나는 것입니다.

Q4. 요즘은 교사들도 유튜브 등의 온라인 활동을 많이 합니다. 이러한 온라인 활동도 겸직 신청을 해야 하나요?

겸직은 수익 발생과 밀접한 관련이 있습니다. 유튜브의 경우 광고수익 발생 최소 요건(유튜브 채널 구독자 1,000명 이상, 연간 영상 재생시간 총 4,000시간 이상)이 되지 않는다면 겸직 신청을 하지 않아도 되지만, 광고수익 발생 요건이 충족되면 겸직 신청을 해야 합니다. 온라인 활동 시작과 동시에 수익이 바로 발생하는 경우(아프리카 TV 등)라면 처음부터 겸직 신청 후에 활동해야 합니다. 더 상세한 교원 온라인 활동 규정은 교육부의 「교원 유튜브 활동 복무지침(2019.07.10.)」과 시도교육청의 복무지침을 참고하기 바랍니다.

신규교사의
첫 학교 적응하기

1 첫 학교에서 형성되는 교직 가치관

신규교사에게 첫 학교는 매우 중요하다. 첫 학교에서 2~5년 근무하는 동안 자신의 교직 평생을 좌우할 교직 가치관이 형성되는 경우가 많기 때문이다. 신규교사에게 먼저 하고 싶은 말은 첫 학교의 모습을 교육계 전체의 모습이라고 절대 생각하지 말라는 것이다. 학교의 모습과 분위기는 정말 다양하다. 첫 학교가 동료애가 깊은 교사들이 함께 성장해가는 분위기라면 참으로 좋겠지만 그렇지 않은 학교도 꽤 많다. 개인주의나 매너리즘에 빠져 분위기가 정체된 학교도 있고, 승진 경쟁이 과열되어 볼썽사나운 다툼이 있는 학교도 있다.

나는 교직 사회에서 다양한 유형의 교장, 교감, 선후배 교사를 만났다.

그중에는 좋은 사람도 있었지만 그렇지 않은 사람도 있었다. 자신을 학교의 대장으로 생각하는 교장이나 교감도 보았고 동료 교사를 신뢰의 대상이 아니라 통제의 대상으로 생각하는 선배 교사도 보았다. 동료 교사는 물론 학생을 배려하고 진심 어린 마음으로 위하는 좋은 교사들도 만났다. 아이들을 사랑하고 교육 열정이 넘치는 교사도 만났지만, 아이들 교육 활동에는 전혀 무관심한 채 승진만 생각하거나 교직을 자신의 삶을 즐기기 위한 직업으로만 생각하는 교사도 보았다.

첫 학교에서 근무하는 동안 좋은 교직 문화를 경험하지 못하고 부정적인 학교 분위기 속에서 왜곡되고 편향된 교직 가치관을 갖게 되는 초임교사가 있다면 참 안타까운 일이다. 다시 말하지만 첫 학교에서 경험한 것이 교육계 전체의 모습이 아님을 꼭 기억하기 바란다. 첫 학교에서 새겨진 교직에 대한 부정적인 각인으로 인해, 오래 이어갈 교사로서의 삶이 거칠어지지 않으면 좋겠다.

 주의해요 노란불!

학교의 분위기는 정말 다양하다. 그러므로 신규교사는 첫 학교의 모습을 교육계 전체의 모습이라고 절대 생각해서는 안 된다. 특히 교직에 대한 부정적 각인은 더욱 경계해야 한다.

❷ 첫 학교를 대하는 바른 태도

첫 발령 학교는 선택할 수 없다. 당연히 원치 않는 학교에 발령을 받을 수 있는데, 보통 2년을 근무하면 옮길 수가 있으니 학교가 멀거나 교내 문화가 너무 힘겹다면 첫 발령지에서 근무 만기를 채우지 않아도 된다. 관리자는 만기 전 전보를 좋아하지 않을 수도 있겠지만, 전보가 가능한 시점에 필요에 따라 원하는 학교로 옮기는 것은 교사의 권리다.

전보 신청을 고민하면 관리자는 '전보 신청 후에 이동 점수가 부족하여 전보를 가지 못하면 업무나 학년 배정에서 후순위로 밀리는 불이익을 받을 수 있다'거나 '내년 업무나 학년 배정에서 배려해 줄 테니 더 근무하라'고 말하기도 한다. 솔직한 조언일 수도 있지만 그렇지 않을 수도 있으므로 한 사람의 조언만 듣고 마음을 결정해서는 안 된다. 주변 교사들의 이야기를 많이 듣고 신중하게 결정하자.

학교를 옮기고 싶은 마음이 아무리 간절하더라도 근무하는 기간에는 최선을 다해 아이들을 가르쳐야 한다. 아무것도 배울 것이 없어 보이는 학교라도, 도저히 마음이 가지 않는 분위기의 학교라도, 내가 맡은 반 아이들에게 좋은 교사가 되어 주는 것은 교사로서의 의무다. 해 보고 싶은 수업을 리스트로 만들어 두고 실천해 보기를 추천한다. 때때로 찾아오는 교사의 나태를 막아 주고 성장을 지속시켜 매너리즘을 예방해 줄 것이다.

 주의해요 노란불!

첫 발령 학교에서 반드시 근무 만기를 채워야 하는 것은 아니다. 전보가 가능한 시점에 원하는 학교로 옮기는 것은 교사의 권리다.

❸ 잘 변하지 않는 학교문화

학교마다 나름의 문화와 분위기가 있다. 그리고 이것은 한번 만들어지면 잘 변하지 않아서 변혁적 리더십을 가진 교장이나 교사가 와서 학교 시스템을 혁신하지 않는 이상 그대로 쭉 이어질 가능성이 크다. 특히 근무여건이 매우 열악한, 즉 학급 수가 적어 교사가 맡아야 하는 업무가 많고 승진가산점 등의 근무 인센티브도 없고 학부모 민원도 많고 학교폭력은 하루가 멀다 하고 자주 일어나고 교사들의 관계도 좋지 않은 학교라면 교사들이 다들 떠날 날만 손꼽아 기다리는 분위기가 학교를 점령하기도 한다.

학교문화가 근무하는 교사들이 바뀌어도 계속 대물림되는 이유는 새로 전입한 교사들 대부분이 기존의 학교문화를 변화시키기보다는 이를 답습하는 쪽을 택하기 때문이다. 동료애가 높은 교사도 폐쇄적이고 개인주의가 강한 학교에 전입하면 자연스레 그 분위기에 적응하고, 반대로 근무하는 학교마다 분란과 파당을 만들던 교사도 공동체 의식이 좋은 학교에 전입하면 자신의 뜻대로 움직여 주는 교사가 없기에 어쩔 수 없이 그 분위기를 받아들이고 적응한다.

물론 고착된 학교문화라도 같은 해에 교사 인사이동이 많이 일어나거나 학교문화 혁신에 의지가 강한 교사나 관리자가 전입해 오면 변화를 맞이하기도 한다. 하지만 신규교사 개인이 이미 만들어져 있는 학교문화를 혁신한다는 것은 무척 어렵다.

❹ 교사들이 선호하는 학교

교사들이 선호하는 학교는 '승진하기 좋은 학교'와 '근무하기 좋은 학교'로 나뉜다. '승진하기 좋은 학교'는 승진을 준비하는 교사 입장에서 근무하기 좋은 학교인데, 대표적으로 지역 근무 가산점이 주어지는 농어촌학교나 도서벽지학교, 연구학교 가산점이 부여되는 연구학교 등이다. 지역 근무 가산점이 있는 학교가 연구학교 가산점까지 받을 수 있는 곳이라면 승진을 준비하는 교사들이 가장 선호하는 학교가 된다. 반면 승진을 준비하지 않는 교사에게는 그런 학교가 근무하기 매우 힘든 학교가 될 수도 있다.

'근무하기 좋은 학교'는 승진 외에 다른 요인이 중요하게 작용한다. 예를 들어 집이 가까운 학교, 관리자(교장, 교감)가 좋은 학교, 학급 규모가 어느 정도(24학급 이상) 되어 개인별 업무 부담이 적은 학교 등이다.

'승진하기 좋은 학교'이면서 동시에 '근무하기 좋은 학교'가 있다면 참으로 좋겠지만 현실적으로 그런 학교는 많지 않다. 만약 그런 학교에 발령받아 근무하게 되었다면 그 행운을 기뻐하기 바란다.

5 최악의 비선호 학교 이야기

예전 한 후배가 자신이 근무했던 학교 이야기를 해 주었다. 자신이 근무했던 A학교는 교사 절반가량이 기간제 교사로 구성되어 있고, 근무하는 선생님들도 휴직 건수만 생기면 모두 다 휴직을 신청했다고 했다. 그러면서 이렇게 덧붙였다.

"남아 있는 교사들도 일단은 살아야 하니까 휴직을 신청하는 것도 한편으론 이해되긴 하는데…."

교사들이 자꾸 휴직을 신청하는 것이 자신도 심정적으로 이해된다는 의미였다. 나는 A학교가 어쩌다 그 지경까지 갔을까 궁금했는데, 알고 보니 비선호 학교 요소를 골고루 갖춘 학교였으며 특히 학급 수가 10학급 미만이라는 것이 문제의 중요 원인이었다.

우연히 A학교 교사 몇 명이 육아휴직을 하게 되자 그 빈자리는 기간제 교사들로 채워졌다. 하지만 기간제 교사에게 학교 업무를 주기가 어려웠고, 자연히 휴직자가 맡았던 업무를 근무 중인 교사들이 떠안게 된 것이다.

간혹 학급 수가 적으면 학교 일도 그만큼 적을 텐데 왜 근무하기 힘든

지를 궁금해하곤 하는데 이유는 간단하다. 모든 학교는 학급 수에 상관없이 학교운영을 위한 기본적인 업무들을 해야만 하기 때문이다. 학급 수가 많으면 근무하는 교사 수가 많아서 교사 한 명에게 배정되는 업무가 적어지지만, 반대로 학급 수가 적으면 교사 수도 적어지므로 교사 한 명에게 배정되는 업무가 많아지는 것이다.

학급 규모가 큰 학교라면 6학년 담임교사들에게는 학교 업무를 전혀 안 줄 수 있는 여력이 되지만, 반대라면 교사 한 명이 부서 전체 업무를 모두 담당해야 하는 부담을 짊어질 수밖에 없다.

다만 소규모 학교라도 교사들의 관계가 좋으면 근무하기 좋은 학교가 된다. 인품이 훌륭한 관리자와 동료애가 잘 형성된 선생님들이 각자의 업무를 칼같이 구분하는 대신 서로의 학교 업무를 이심전심으로 도와주면서 교육 활동까지 함께해 나가는 학교도 있음을 기억하자.

 주의해요 노란불!

학교운영을 위한 기본적인 업무의 양은 모든 학교가 유사하기 때문에 학급 수가 적어 근무하는 교사가 적다면 개인에게 부과되는 학교 업무는 오히려 많다.

⑥ 학교 분위기의 10가지 유형

(1) 승진 과열 학교 vs 승진 무관심 학교

승진 과열 학교는 보통 농어촌학교나 연구학교처럼 승진가산점이 주어지는 학교들이다. 승진가산점이 필요한 교사들이 많이 근무하기에 학교에 경쟁적인 분위기가 형성되어 인사권을 가진 학교장의 영향력이 커진다. 때문에 학교장이 제왕적인 권력을 행사하는 학교도 있다. 반면 그렇지 않은 학교는 승진 과열 학교와는 정반대의 분위기가 만들어진다.

(2) 대규모 학교 vs 소규모 학교

10학급 미만의 소규모 학교는 교사 한 명이 하나의 부서라고 말할 수 있을 정도로 업무가 많다. 20학급 내외의 중간 규모 학교는 소규모 학교에 비해 개인에게 주어지는 업무는 많지 않지만 6학년 담임교사에게 업무를 주지 않을 정도의 여력은 없다. 30학급 이상의 큰 학교는 교사한 명에게 주어지는 업무가 적기에 고경력 교사들이 몰리는 경향이 있다. 그래서 한 학교에 근무하는 교사의 평균 연령이 50대인 학교도 생겨난다.

(3) 학부모 민원이 많은 학교 vs 학부모 협조가 많은 학교

학부모의 민원이 없는 학교는 없다. 그렇지만 학부모의 민원이 심한 학교 혹은 반대로 민원이 거의 없는 학교는 있다. 민원이 많은 학교들의 공통점은 학교와 학부모 간에 신뢰가 형성되어 있지 않다는 것이다. 반면 학부모들의 협조가 잘 이루어지는 학교는 학부모가 "학교는 ~을 위해 무엇을 해야 할까?"를 생각해 요구하기보다는 "학교는 ~을 위해 무엇을 하는데, 학부모인 나는 어떻게 참여할까?"를 고민하는 분위기가 형성되어 있다.

한편 민원의 강도와 내용은 학부모의 사회적 지위나 교육 수준에 따라 달라지곤 하는데, 악성 민원을 자주 제기하는 학부모의 아이가 있는 학년은 교사들의 기피 학년이 되기도 한다.

(4) 갑질 관리자 학교 vs 민주적 관리자 학교

독재자가 존재하는 학교에서는 소통이 잘 이뤄지지 않는다. 갑질 관리자는 교사들의 교육 활동 지원보다는 자신의 권력을 유지하고 행사하는 데 관한 고민이 더 많다. 보통은 자신이 교사 때 경험했던 관리자의 갑질을 답습하는 경우가 많은데, 이런 학교는 친목회를 비롯한 학교 행사들도 관리자의 기호에 맞춰 운영된다.

요즘은 학교 민주주의가 강조되고 이를 뒷받침하는 제도들도 마련되어 민주적 리더십을 가진 관리자들이 많아지고 있다.

(5) 남녀 교사 성비가 고른 학교 vs 남녀 교사 성비가 고르지 못한 학교

남녀 교사 성비가 고른 학교가 그렇지 않은 학교보다 근무하기 좋다. 남교사 수가 어느 정도 된다면 운동회나 졸업식과 같이 교사들의 노동력이 필요한 학교 행사의 준비가 쉽기 때문이다.

대부분의 초등학교는 남교사의 수가 많지 않기에 학교에서 노동력이 필요한 힘든 업무는 소수의 남교사에게 집중되곤 한다. 남교사라는 이유로 6학년 담임을 맡거나 체육이나 방송 업무, 학교폭력 업무 등을 전담하는 것이 그 예다.

나는 40대에 접어들자 남교사가 별로 없는 학교에서 근무하기가 참 힘들었다. 그래서 남교사가 많다는 농어촌학교로 옮겼다. 도시 지역의 학교 중에는 관리자를 비롯해 모든 교원이 여성으로 이루어진 학교도 있는데, 내가 옮긴 농어촌학교는 전체 교사의 3분의 2가 남교사였다. 그래서 이때 교직에 들어와서 처음으로 남교사로서 부담을 느끼지 않을 수 있었다.

(6) 후배 교사 성장에 관심이 많은 학교 vs 후배 교사 성장에 관심이 적은 학교

학교에 후배 교사 성장에 관심이 많은 관리자와 교사가 있으면 후배 교사들의 성장을 이끌어 주곤 한다. 관리자는 자신의 교직 삶의 경험을 나누어 줌으로써, 선배 교사는 깊이 있는 조언을 해 줌으로써 신규교사의 역량을 신장시켜 주는 것이다. 학교에 수업 연구를 잘하는 교사가 있다면 그를 통해 후배 교사들은 수업 연구 전문성을 갖출 수 있다.

(7) 학생 생활교육이 수월한 학교 vs 학생 생활교육이 어려운 학교

학생 생활교육이 수월한 학교는 가정에서 부모의 보살핌을 잘 받는 아이들이 많은 학교다. 반대로 한부모나 맞벌이 부모 등이 많은 지역의 학교는 생활교육이 어려운 학생들이 많은 것이 사실이다. 일반적으로는 한 반에 한두 명 정도 생활교육이 힘든 아이들이 있지만, 어떤 지역의 학교는 한 반의 절반 이상이 생활교육이 힘든 아이들로 구성되기도 한다. 그래서 생활교육이 힘든 지역의 학교에서는 교사들의 전보가 상대적으로 잦다.

(8) 자기 성장에 열심인 학교 vs 자기 성장에 무관심한 학교

자기 성장에 열심인 학교 분위기는 교사 전문성 개발에 관심이 많은 교사가 근무하면서 만들어진다. 한 선생님이 석사과정을 밟으면 다른 선생님들도 자극을 받아 대학원에 진학하기도 하고, 파견을 가는 교사가 있으면 그것을 지켜본 다른 선생님들도 파견의 꿈을 키우게 된다. 교사 전문성 신장에 열정이 많은 교사가 주변 교사들에게 긍정적인 영향을 미치는 것은 좋은 일이다.

(9) 학생 중심 교육 활동에 적극적인 학교 vs 학생 중심 교육 활동에 소극적인 학교

학생 중심 교육 활동에 적극적인 교사들이 모여 있는 학교도 있지만 반대인 경우도 있다. 교육 경력이 늘어 가면서 매너리즘에 빠진 선배 교사가 열심히 학생 중심 수업을 준비하는 신규교사에게 "신규 때는 다 그렇지."라고 말하는 상황도 발생한다. 학생 중심의 다양한 교육 활동에 대한 열정은 교육 경력과 상관없이 변함없이 유지되어야 한다.

(10) 개인주의가 만연한 학교 vs 공동체 의식이 좋은 학교

개인주의가 팽배한 학교는 동료애가 좋지 않다. 협업도 잘 이뤄지지 않고 갈등도 잦다. 하지만 나도 너의 학급에 관여하지 않을 테니 너도 나에게 관여하지 말라는 개인주의적 분위기는 교사를 편하게 만들 수 있다. 그리고 편한 만큼 교사의 성장을 정체시키고 마음을 나눌 수 있는 진실한 동료를 만나지 못하는 고립을 가져온다.

반면 공동체 의식이 좋은 학교는 교사 간 동료애가 잘 형성된 학교로, 서로의 업무를 잘 도와주고 지원하기에 교사들의 학교 생활이 즐겁다.

7 교직단체

교사가 참여하는 교직단체를 살펴보기 전에 전국의 교원 수를 먼저 알아보자. 전국 교원 수는 한국교육개발원 소속 국가교육통계센터 홈페이지(https://kess.kedi.re.kr)에서 매년 통계 결과를 제공하는데, 전국 유, 초, 중, 고, 특수, 각종학교 교원 수는 기간제 교사를 포함하여 50만 명이 조금 안 된다. 이 중 정규직 교사는 44만 명 정도다. 그리고 교원단체와 교사노조에 가입한 교사는 20만 명이 넘는 것으로 추산한다.

교직단체는 교사 모임을 의미하는데, 교원단체와 교원노조로 인정된 교사 모임도 있지만 그렇지 않은 모임도 있다. 교원단체라고 하면 많은 사람들이 한국교총, 전교조, 기타 교사 모임 등을 떠올리는데 한국교총 (한국교원단체총연합회)이 교원단체고 전교조(전국교직원노동조합)는 교원노조다.

예전에는 법적인 지위를 인정받은 교원단체가 한국교총밖에 없었다. 그 이유는 정부가 1997년 「교육기본법」을 제정한 후 다른 교사 모임들이 교원단체를 조직할 수 있는 시행령을 만들지 않았기 때문이다. 당시 전교조는 교원노조로, 한국교총은 교원단체로 인정받았고 이후 새로운 교원단체 설립에 대한 논의가 제대로 이루어지지 않아 이 같은 구조가 꽤 오랫동안 지속된 것이다. 교원단체로 법적인 지위를 인정받지 못하고 있지만 활발히 활동하는 교사 모임들이 복수의 교원단체로 인정받는 부분에 대해 계속 논의가 진행 중이기에 향후에는 복수의 교원단체가 존재하게 될 것이다.

한국교총 외에 교원단체로서 나름의 역할을 하는 교사 모임으로는 실천교사(실천교육교사모임), 좋은교사운동, 새로운학교네트워크 등이 있다. 교원노조 역시 전교조 외에도 교사노조연맹(교사노동조합연맹), 한교조(한국교원노동조합), 자유교조(자유교원조합), 대한교조(대한민국교원조합) 등이 있다.

교직단체에 가입할 때에는 먼저 자신이 추구하는 교육 이념과 가치관에 완전히 부합하는 단체는 없을 수도 있음을 전제한 후 어떤 단체가 좋을지 고민해야 한다. 자신이 좋아서 가입한 교사 모임에서 때론 자신의 교육 가치관과 일치하지 않는 교육정책을 추구할 때도 있기 때문이다. 그렇지만 모든 교직단체는 학생 중심의 교육 발전과 교사의 권익을 위해 노력하는 단체다. 그래서 하나 이상의 교직단체에 가입하여 이러한 노력에 힘을 실어 주는 것이 좋다.

단체에 가입하면 월회비를 내는데 이는 연말 소득공제도 된다. 무엇보다 교직단체는 학교 현장에서 회원이 어려움에 처했을 때 무료 변호사를 선임하여 함께 교섭에 나서는 등 회원을 보호하는 역할도 하므로 교사 자신을 위해서도 가입하는 것이 좋다.

 주의해요 노란불!

자신의 교육 이념과 가치관에 완전히 부합하지 않더라도 학생 중심의 교육 발전과 교사의 권익을 위해 하나 이상의 교직단체에 가입하는 것이 좋다. 교직단체는 학교 현장에서 교사가 어려움에 처했을 때 그를 보호하는 역할도 해 준다.

친절한 예둘샘에게
무엇이든 물어보세요

Q1. 처음 발령받은 학교 분위기가 좋지 않습니다. 어떻게 해야 할까요?

모든 학교가 좋은 분위기를 가지고 있을 수는 없습니다. 또 학교는 좋은 분위기지만 그것이 나와 맞지 않을 때도 있습니다. 전보는 2년 이상 그 학교에서 근무해야 가능하므로 일단은 학교 분위기에 휩쓸리지 말고 마음이 맞는 소수의 교사들과 가까이 지내거나, 그마저도 여의치 않을 때는 학교 밖 전문적 학습 공동체인 교육연구회에 참석해서 다른 선생님들과 교류하는 것이 좋습니다.

Q2. 특정 교사 모임 가입을 강요하는 선배 교사가 있습니다. 어떻게 하나요?

교사 모임 가입은 본인의 선택이니 시일이 걸리더라도 각 단체마다 추구하는 정책 노선과 교육 활동들을 숙고한 후 신중하게 결정해 자신의 의지로 가입하는 것이 좋습니다. 주변에서 교사 모임 가입을 권유할 수는 있겠지만 강요하는 것은 잘못된 것입니다. 교사 모임은 가입과 탈퇴가 자유롭습니다.

Q3. 초등학교에 남교사가 많이 없습니다. 원래 이런가요?

교대 입학생 수는 여성과 남성이 따로 정해져 있습니다. 남교사의 비율을 일정 부분 보장하기 위해서지요. 정원 비율은 여성이 남성보다 높습니다. 게다가 남교사들은 승진가산점이 있는 학교로 많이 가는 편입니다. 그래서 농어촌학교처럼 승진가산점이 주어지는 학교는 남교사가 많지만 그렇지 않은 학교는 남교사 적은 것이 일반적입니다.

Q4. 동학년 회의 때 티타임이 너무 길어 수업 연구를 할 시간이 부족해 힘듭니다. 어떻게 해야 하나요?

일반적으로 학교 회의는 급한 경우를 제외하고는 수업이 끝난 이후에 이루어집니다. 만약 급하지 않은 회의가 수업 중에 이루어지거나 방과 후라도 회의가 자주 길어져 수업 준비에 지장을 준다면 회의 주관 담당자에게 그와 관련해 개인적으로 이야기하기 바랍니다. 회의로 인한 어려움을 솔직하게 이야기해야 담당자도 문제를 인지할 수 있기 때문입니다. 회의가 아닌 사적인 티타임이 너무 길어진다면 적당한 시간에 그 자리를 빠져나와 선생님이 하고 싶은 수업 연구를 하면 됩니다.

신규교사의
학교 업무

1 담임교사와 전담교사

신규교사는 학교에서 기존 교사들의 업무 배정이 끝난 이후에 발령이
나기 때문에 기피 학년의 담임교사나 기피 업무를 맡는 경우가 종종 생
긴다. 중등과는 달리 초등은 담임교사가 거의 모든 과목을 가르치는데,
다만 담임을 맡지 않고 특정 교과만 수업하는 전담교사도 있다. 전담교
사 과목은 학교의 상황에 따라 다르지만 주로 영어나 체육 교과이고, 전
담교사는 질병, 출산 등으로 학기 중에 휴직에 들어갈 예정인 교사들에
게 우선 배정된다. 왜냐하면 담임교사가 학기 중 바뀌는 것은 아이들에
게 좋지 않기 때문이다.

나는 남교사라서 거의 고학년 담임을 맡았다. 그래서 전담교사는 기

간제 교사를 했던 한 학기, 그리고 전문직 시험을 쳤던 해에만 해 보았다. 전담교사는 학생 생활교육에 대한 부담이 적고 맡은 과목만 잘 가르치면 되기에 수업 준비 부담이 적은 것이 장점이다. 그러나 담임수당이 나오지 않고 깊이 있는 스승과 제자의 관계가 만들어지지 않는 것은 단점이다.

전담교사 선호도는 학교마다 다르다. 생활교육이 어려운 학생이 많은 학교는 전담교사를 선호하지만, 승진을 준비하는 교사들이 많은 농어촌학교는 학교폭력 가산점을 받기 위해 전담교사보다는 고학년 담임을 선호한다.

❷ 학급 교육과정 작성

담임을 맡으면 첫 번째로 해야 할 일이 학급 교육과정 작성이다. 초등학교는 이지에듀라는 프로그램을 사용하여 연간 학급 교육과정 시간표를 짜는 경우가 많다. 보통 학교 연구부장이 학교 교육과정을 완성하여 자료실에 올린다. 그러면 학년부장이 학년 및 학급 교육과정을 만들어 공유하고, 학년 선생님들은 그것을 참고하여 각 반 학급 교육과정을 완성한다.

부장을 하지 않으려는 교사가 많은 학교는 학년 및 학급 교육과정 작성을 학년 업무로 분장하기도 한다. 그러면 이는 학년부장이 아닌 학년의 한 선생님의 업무가 된다. 예전에는 학급 교육과정을 완성하면 출력

후 학교장의 결재를 받았으나, 요즘은 연간 시간표, 시수표 등 일부 문서만 출력해 결재받고 있으며 출력결재를 전혀 하지 않는 학교도 있다.

예전에는 학급 교육과정에 넣어야 할 내용에 대한 지침이 2월에 학교에 내려오기도 하고 3월 이후 새로운 내용이 추가되기도 해서 학급 교육과정을 완성하고 학교장의 결재를 받는 것이 3월 중순을 넘기는 경우도 많았다. 학급 교육과정이 완성되지 않았는데 수업은 시작되는 것이다. 또 학급 교육과정에 각종 학습지 등 실제로는 잘 사용하지 않는 내용을 방대하게 만들어 첨부하는 것이 관행적으로 이뤄져 학급 교육과정 작성에 불필요한 에너지가 많이 소비된다는 비판도 받았다.

최근에는 이러한 문제를 해결하기 위해 불필요한 내용은 과감히 삭제하고 학급 교육과정 운영에 꼭 필요한 내용들로만 작성하는 교육과정 슬림화가 진행되고 있다. 또 3월부터 학급 교육과정이 정상 운영될 수 있도록 학교 연간 학사운영 일정을 1월 초까지 끝내고 1월 중순부터 2월까지 새 학년도 학급 교육과정을 완성하는 것으로 학교 학사 일정도 변화하고 있다.

❸ 학급환경 꾸미기

교실은 1년 동안 아이들과 함께 생활하는 공간이기에 학급환경은 중요한 부분이다. 특히 초등학교는 더욱 그렇다. 가능하다면 2월에 학급환경 구성을 끝내고 3월에 아이들을 맞이하는 것이 좋다. 일단 교실 칠판 좌우 게시판이나 교실 뒤 환경판을 꾸며야 한다. 인디스쿨 등에서 학급환경 자료를 찾아 나만의 학급환경 구성 방식을 만들어 놓으면 매년 유용하게 사용할 수 있다.

나는 학급환경을 학생들의 얼굴이 들어가는 급여 통장과 학생 기업 활동 관련 물품으로 구성했다. 이는 학급을 국가로 상정하여 학생들이 1인 1직업 활동을 하는 SEC^{Small Economy Classroom} 프로그램으로 학급경영을 하기 위한 준비였다. 나는 또한 같은 학년의 모든 학급을 SEC 국가로 만들어 학년 전체를 BEC^{Big Economy Classroom} 프로그램으로 운영했다.

학급환경을 지나치게 강조하는 관리자를 만나면 교사들은 스트레스를 받는다. 나는 다행히 그런 관리자를 만나지 않았기에 학급환경 구성에 스트레스를 받은 적이 없지만, 초임교사 시절에는 우리 반 학급환경이 다른 반에 비해 늘 모자란 듯 보여 부족한 내 미적 감각을 절감하곤 했다.

하지만 지금 생각해 보면 학급환경 구성은 교사 혼자 고민해 만들어 내는 것보다는 아이들과 함께 고민하고 그들의 참여로 만들어 내는 것이 더 좋은 방법이 아닐까 한다.

 주의해요 노란불!

학급경영과 연계하여 나만의 학급환경 구성 방식을 만들어 두면 매년 유용하게 사용할 수 있다. 이는 학급환경 구성에 따르는 스트레스를 확실히 줄여 준다.

④ 업무 배정과 인수인계

업무는 학교에서 배정받는 업무와 학년에서 배정받는 업무가 있다. 학년은 학년부장을 중심으로 운영되는데 학년 자료 수합, 교육과정 작성, 친목 담당, 수업자료 등사 등 학년에서 함께 수행해야 할 업무들을 동학년 교사들과 나누어서 맡는다. 일반적인 학교라면 신규교사에게 처음부터 어려운 업무를 주진 않는다. 그러니 업무 처리에 대해 너무 겁먹을 필요는 없다. 내 업무 처리가 부족할 경우 학교조직은 어떻게든 해결책과 대안을 마련할 수 있으니 말이다.

학교에서 처음 업무를 배정받으면 이전 업무 담당자로부터 관련 자료 및 공문, 업무 처리 방법에 대해 인수인계를 받는다. 만약 이전 업무 담당자가 자료를 남기지 않고 학교를 옮겼으면 전화해서 업무에 대해 인수인계를 받는 것이 좋다.

학교에서 운영하는 업무부서의 구성은 학교 규모에 따라 다르다. 보통 교무부, 연구부, 정보부, 윤리부, 체육부, 혁신부, 과학부 등으로 업무를 구분하고 각 부서를 총괄하는 기능부장을 세운다. 학교에 둘 수 있는 부장(학년부장이나 기능부장) 수는 학교 학급 수에 따라 2명부터 12명까지 차이가 크다.

만약 신규교사에게 부장 업무를 맡기려 한다면 학교 상황이 정상은 아니라고 생각하면 된다. 예전에 교무부장을 할 만한 경력교사들이 있음에도 불구하고 신규 2년 차 교사에게 교무부장을 맡기는 학교를 본

적이 있는데, 이런 경우는 단호하게 거절해야 한다. 경력교사가 전혀 없는 특별한 상황의 학교라면 신규교사가 교무부장을 할 수도 있겠지만 그렇지 않은 경우라면 거절하는 것이 맞다. 게다가 대부분의 시도교육 청에서는 신규 2정 교사 때 맡은 부장 경력은 승진 평정에서 인정하지 않으며 1정 자격연수를 받은 이후의 부장 경력만 인정한다.

학교에서 업무 배정표를 받으면 내 업무만 확인하지 말고 어떤 업무를 어떤 선생님이 담당하는지도 살펴야 한다. 그래야 업무 관련 공문 배정 확인과 다른 업무 담당자에 대한 협조 요청을 쉽게 할 수 있다.

 주의해요 노란불!

경력교사가 있음에도 신규교사에게 부장 업무를 맡기려고 한다면 단호하게 거절해야 한다. 이는 결코 정상적인 상황이 아니다.

⑤ 업무 처리 역량 향상법

신규교사가 업무 처리 역량을 향상하는 방법은 선배 교사들에게 많이 묻는 것이다. 어떻게든 혼자서 업무 처리를 하려다 보면 시간만 허비하는 경우가 생긴다. 신규교사는 업무 처리에 능숙하지 않으니 실수가 생기는 것은 당연한 일이다. 한번은 옆 반의 신규교사가 학년 상시평가 계획에 대해 결재를 올렸다. 혹시나 하고 내용을 살펴보니 역시나 몇 가지 큰 실수가 보였다. 5학년 상시평가 계획인데 6학년 상시평가 계획으로 공문 내용을 작성한 것이다. 실수한 부분을 이야기해 주니 미안해하기에 처음에는 다 그런 실수를 하니 너무 신경 쓰지 말라고 했다. 전에 했던 실수를 절대 반복하지 않겠다는 생각으로 업무에 임하면 된다.

신규교사가 선배 교사들에게 업무 처리에 대해 상의해야 하는 또 다른 이유는 자신은 별문제가 없다고 생각하고 처리한 업무가 나중에 큰 문제를 야기하는 경우가 종종 있기 때문이다. 그래서 어떤 것을 새롭게 도입하거나 이전과는 다른 방식으로 업무를 처리하려 한다면 더욱더 담당 부장과 상의하는 것이 좋다.

주의해요 노란불!

신규교사가 별문제 없다고 생각하고 처리한 업무가 나중에 큰 문제를 야기하는 경우가 종종 있다. 그러므로 신규교사는 업무 처리와 관련해 가급적 선배 교사에게 조언받는 과정을 거치는 것이 좋다.

6 업무포털을 사용한 업무 처리

학교에 발령받은 교사는 교육청에서 업무포털 개인 인증서인 행정전자서명인증서GPKI를 받게 된다. 교사들은 이 인증서를 통해 업무포털에 접속하여 여러 학교 업무를 처리하는데 나이스NEIS, K-에듀파인 등을 사용한다.

나이스는 교사의 인사기록카드와 복무, 근무 등을 기록하는 '나의 메뉴'와 학교 업무인 '업무메뉴'로 구성되어 있다. 교사는 나이스의 '나의 메뉴'를 활용해 자신의 모든 근무상황을 신청하고 기록한다. '업무메뉴'를 통해서는 자신이 맡은 학생들의 학생생활기록부를 비롯해 통지표, 수행평가 등을 기록한다.

K-에듀파인은 이전에 공문을 처리하던 업무관리 시스템과 예산처리 시스템인 에듀파인 시스템, 학교 관련 자료를 수합할 때 사용하던 자료집계 시스템을 통합한 시스템이다. K-에듀파인 상단 오른쪽 화면을 보면 내부메일 기능이 있는데 이는 교육청 시스템 내에서 사용하는 메일이다.

K-에듀파인의 업무관리는 학교에서 생산 및 발송하는 모든 공문과 교육청 및 기타 외부기관의 공문을 접수하고 처리하는 시스템이다. 자료집계는 교육청에서 학교 관련 자료를 수합할 때 학교에서 정보를 입력하고 제출하는 시스템이다.

처음에는 업무포털 사용이 낯설 수밖에 없겠지만 보통 한 달 정도만 지나면 다들 익숙해진다. 잘 모르는 것이 있으면 혼자 고민하지 말고 선배 교사에게 조언을 구하도록 하자.

공문은 기관들 사이에 주고받는 공적인 메시지다. 공문은 모호한 내용이 있거나 중의적으로 해석할 수 있는 문구가 있으면 안 된다. 그래서 내용이 명확하고 의미전달이 잘 되도록 일정한 양식에 따라 작성해야 한다.

공문 처리 방법은 생각보다 간단하다. 외부기관에서 학교로 공문을 발송하면 교무실 행정실무사가 공문을 접수한 후, 학교 업무 분장표에 따라 접수된 공문을 해당 업무 담당 교사에게 배정한다. 그러면 K-에듀파인 업무 관리 화면 상단 '결재(긴급)'에 숫자로 배정된 공문 수가 나타난다. 또 옆에 있는 '공람', '문서진행', '발송대기'에 나타난 숫자로 해당 공문 수를 확인할 수 있다.

공문을 기안, 접수할 때는 문서관리 탭을 클릭해서 들어간다. '기안'은 내가 공문을 생산할 때 사용한다. '결재'는 내게 배정된 공문이나 다른 사람이 나를 결재권자 혹은 협조자로 지정해 들어온 공문을 결재하는 곳이다. '공람'은 직접 처리해야 하는 공문은 아니지만 다른 사람들이 함께 볼 수 있도록 처리한 공문이 보이는 곳이다. '발송함'은 내가 기안한 공문을 관리자의 최종 결재를 받은 후 다른 기관에 발송하는 곳이다. 이때 발송 버튼을 클릭해야만 공문이 정상 발송된다. '내 문서함'은 내가 기안하거나 접수하여 처리한 모든 공문이 항목별로 정리되어 있는 곳이다. '문서함'은 학교에 접수, 처리된 모든 공문이 보이는 곳이다.

조회 옵션에서는 기간, 발송처, 기안자 등으로 조건 검색을 하면 필요한 공문을 쉽게 찾을 수 있다.

공문을 작성할 때는 표준서식(결재 4인, 협조 4인)이 기본이다. 결재 라인은 교사, 부장교사, 교감, 교장으로 이루어지고, 협조는 해당 공문의 처리와 관련된 교직원이 있을 때 지정한다.

'제목'은 공문 제목을 쓰는 곳이다. '과제카드'는 내가 작성하는 공문을 넣을 폴더를 지정하는 곳이고, '업무유형'은 대부분 일반에 해당한다. '대국민공개여부'는 공개, 부분공개, 비공개가 있는데, 개인정보가 들어가 있는 경우는 비공개로 설정해야 한다. 비공개 설정을 클릭하면 비공개 사유를 지정하는 내용이 나타난다. 교사들은 보통 '이름, 주민번호 등의 개인정보 내용'을, 행정실은 '입찰, 감독, 시험, 의사결정 등과 관련한 내용'을 지정하는 업무가 많다. 비공개로 설정하면 공문접수 담당자 외에는 해당 공문을 클릭해도 내용을 볼 수 없다. 만약 어떤 교사에게 비공개 공문을 보여 줘야 한다면 비공개 처리한 공문을 해당 교사에게 '공람' 처리하면 된다. 부분공개는 공문 내용 중 공문표지는 공개하고 공문 붙임 파일은 비공개로 하는 것이다.

'결재경로' 탭의 결재경로 지정은 내가 작성한 공문의 결재자를 지정하는 곳이다. 모든 공문이 교장의 결재가 필요한 것은 아니다. 학교마다 전결규정이 있는데 그에 따라 교감의 결재가 마지막인 업무 공문도 있다. '수신자 지정'은 내가 작성한 공문을 발송하려는 기관을 지정하는 곳이다. 수신자 지정을 하지 않으면 내부결재로 진행된다.

학교에서 어떤 업무를 추진할 때는 관련 내용에 대해 내부결재를 받아야 한다. 그리고 필요에 따라 다른 기관에 공문을 발송하기도 한다. 업무가 끝난 후에는 업무 결과에 대해 다시 내부결재를 받아 업무 처리를 마무리한다.

❽ 공문서 작성법

'결재정보' 탭 제목란에 내용을 쓰면 자동으로 공문서에 제목이 들어간다. 공문서 내용을 작성할 때는 '결재정보' 탭 옆에 있는 '본문' 탭을 클릭한다.

다음은 일반적인 공문서 표기법이다. ∨표시는 1칸을 띄운다는 의미다.

숫자 : 아라비아 숫자로 표기한다.

날짜 : 연, 월, 일 글자는 생략한다. '2021.∨12.∨24.(금)'과 같이 표기

시간 : 24시간 표기법으로 표기한다. '16:00'과 같이 표기

금액 : '금' 다음에 금액을 숫자로 적고 이어서 괄호 안에 한글로 금액을 적고 '원'
이라 쓴다. '금∨20,500(이만오백)원'으로 표기

다음은 공문서 작성 예시다.

제목∨∨○○○

1.∨관련:∨교원정책과-123(2021.∨1.∨15.)호

2.∨○○~

∨∨가.∨○○~

∨∨∨∨1)∨○○~

∨∨∨∨∨∨가)∨○○~

∨∨∨∨∨∨∨∨(1)∨○○~

∨∨∨∨∨∨∨∨∨∨(가)∨○○~

3.∨○○○○○○○○○○○○○○○○○○○○○

　　○○○○○○○○○○○○○○○○○○○○○

붙임∨∨1.∨○○○ 1부.

　　　　2.∨○○○ 1부.∨∨끝.

1.∨관련 : 내가 작성한 공문이 어느 공문과 관련 있는 것인지 밝히는 곳이다. 만약 내가 작성한 공문이 교육청 교원정책과에서 학교로 발송한 공문에 근거한 것이라면, 먼저 그 공문 내용을 살펴보아야 한다. 해당 공문 생산번호가 123번이고 날짜가 2021. 1. 15.라면 그것을 '관련'에 적어 준다. 마지막 글자인 '호'는 생략하는 경우가 많다.

2. ∨○○~ : 본격적으로 공문 내용을 작성하는 항목이다.

3. ∨○○○ : 2번의 내용과 다른 내용을 작성해야 한다면 3번으로 넘겨 기술한다. 작성한 내용이 길어 새로운 문단을 시작해야 하면 첫 줄을 들여쓰기 해서 위 문단의 한글 시작 위치와 아래 문단의 한글 시작 위치를 맞춰야 한다.

• **붙임** : 붙임은 첨부 파일이 있을 때 작성하는 항목이다. 첨부 파일이 1개일 때는 첨부 파일명 앞에 숫자를 쓰지 않는다. 위 예시는 첨부 파일이 2개라서 첨부 파일명 앞에 1과 2를 표기했다.

• **끝** : 문서의 종료를 의미한다. '끝.'은 2칸을 띄우고 적는다. 예시는 붙임2가 공문의 마지막 내용이므로 2칸을 띄우고 '끝.'을 적었다. 붙임이 없을 경우는 본문의 내용이 끝난 다음 2칸을 띄우고 '끝.'이라고 적는다. 만약 본문 내용이 공문의 오른쪽 한계선에서 끝나면 다음 줄의 왼쪽에 2타를 띄우고 '끝.'을 적는다. 본문이 표로 끝나는 경우도 마찬가지이다. 표 아래 줄의 왼쪽에 2칸을 띄우고 '끝.'을 적는다.

• 대외 발송공문의 경우, 수신기관명은 문서기안 '수신자 지정'에서 기관을 선택하면 자동기입된다. 그러나 수신기관이 많아 '수신자표기명'이 50글자를 초과하면 그것을 공문에 모두 표기할 것인지 아니면 다른 명칭으로 수정해서 표기할 것인지를 묻는 메시지창이 뜬다. 수정표기를 선택하면 '수신자표기명'에 있는 여러 수신기관을 삭제하고 간단히 표기할 수 있다. 예를 들어 관내 초등학교 100개교를 모두 수신지정하면 초등학교 이름 100개가 공문에 모두 표기되어 보기가 좋지 않다. 이 경우 수정표기로 '관내 초등학교'

로 간단히 나타낼 수 있다.

대외 발송공문은 관리자의 결재가 완료된 후, '발송함'에서 '발송'을 클릭해야 비로소 해당기관으로 공문이 발송된다. 간혹 관리자 결재만 맡으면 공문이 해당기관으로 자동 발송될 것으로 착각해 공문 '발송'을 클릭하지 않는데 그러면 공문발송이 되지 않는다. 공문 '발송'을 클릭해도 간혹 시스템 오류로 공문발송이 이뤄지지 않는 경우도 있기에 중요한 공문을 발송할 때는 해당기관에 공문이 도달했는지를 '발송함'에서 꼭 확인해야 한다.

친절한 예둘샘에게
무엇이든 물어보세요

Q1. 초등 전담교사 수와 가르치는 과목은 모든 학교가 같은가요? 그리고 월급은 담임교사보다 적나요?

전담과목은 연말에 다음 연도 교육과정 계획을 수립할 때 학교 교사들이 원하는 전담과목에 대한 의견을 수렴해 학교에서 결정합니다. 보통 영어나 체육, 음악과 같은 예체능 과목에 전담교사를 많이 둡니다. 전담교사 수는 학교의 학급 수에 따라 다릅니다. 전담교사는 담임을 맡지 않기에 담임수당이 나오지 않고 학년 업무 역시 없습니다.

Q2. 업무를 인수인계해 줄 교사가 다른 학교로 옮겨서 연락이 안 됩니다. 어떻게 해야 하나요?

지난해 업무를 담당했던 전임자와 연락이 되지 않으면 K-에듀파인 업무관리 시스템을 활용하면 됩니다. 업무관리 시스템에 이전 년도 업무 담당자의 이름을 검색하여 그가 접수하거나 생산한 공문서를 확인하면 각 시기별로 어떤 업무를 처리했는지 파악할 수 있습니다.

Q3. 집에서 학교 업무를 할 수 있는 방법은 없나요?

업무포털 사이트는 교육청 외부의 전산망에서는 열리지 않습니다. 그래서 집에서 학교 업무를 보거나 나이스 복무를 신청해야 할 때는 나이스에서 원격업무지원서비스EVPN를 신청, 승인받아야 합니다. 신청 기간은 최대 6개월로 기간이 만료되면 다시 신청해야 합니다. 원격업무를 위해 접속하는 사이트는 시도교육청마다 다른데, 주소 앞부분에 'evpn'이 붙는 것이 일반적입니다. 예를 들면 경기도교육청은 'evpn.goe.go.kr'입니다.

Q4. 학교에서 교육청 내부메일 외에 포털사이트의 이메일은 사용할 수 없나요?

학교의 전산망은 교육청에서 관리되는데, 포털사이트의 메일은 접속이 차단되어 사용할 수가 없습니다. 학교에서는 오직 정부에서 운영하는 공직자통합메일(https://mail.korea.kr)과 교육청 내부메일(경기도교육청메일, https://mail.goe.go.kr)만 사용이 가능합니다. 사용방법은 일반 포털사이트의 이메일과 동일합니다.

Chapter 4

학교 근무와
복무 처리

① 나이스 복무 처리의 중요성

교사의 근무시간은 하루 8시간이다. 그러나 출장을 비롯하여 병원 진료, 은행 업무 처리, 경조사 등 다양한 사유로 인해 조퇴나 외출 등을 사용해야 할 일이 생긴다. 이때는 나이스 복무를 상신하고 관리자의 결재를 받아야 한다. 외출, 조퇴 등의 교사 복무는 학교장이나 학교장의 권한을 위임받은 교감이 허가해야 가능하다. 관리자에게는 교사가 복무를 상신할 경우 그 사유가 적합한지를 판단해 승인해야 할 의무가 있다.

만약 교사가 나이스 복무 처리 결재를 받지 않고 학교 밖을 나간다면 이것은 '근무지 이탈'로 징계나 행정처분의 사유가 된다. 교사는 국가공무원으로서 복무규정을 준수해야 할 의무가 있기 때문이다. 그러므로 철저한 복무 처리를 잊지 말아야 한다.

 주의해요 노란불!

교사는 나이스 복무 처리 결재를 받지 않고 학교 밖으로 나갈 경우 '근무지 이탈'로
징계나 행정처분을 받을 수 있음을 기억하자.

❷ 출근과 퇴근

교사의 출근 시간은 학교마다 조금씩 다르지만 하루 근무시간은 8시
간으로 동일하다. 일반 공무원의 근무시간은 오전 9시부터 오후 6시까
지인데 이 중 1시간의 점심시간은 근무시간이 아니기에 결국 1일 8시간
근무가 된다. 하지만 학교는 점심시간에도 학생들의 급식지도와 생활지
도를 해야 하는 업무의 특수성으로 인해 점심시간 역시 근무시간으로
인정된다. 그래서 오후 5시가 퇴근 시간이 된다. 또한 학교는 교사들이
학생들이 등교하기 전에 먼저 출근해야 하는 특수성도 있다. 그래서 학
교는 근무시간의 탄력적 운영 권한을 사용해 조금 시간을 앞당겨 출근
하고 그 시간만큼 일찍 퇴근하게 한다. 학교에서 8시 30분을 출근 시간
으로 정했다면 퇴근 시간은 오후 4시 30분이 되는 것이다.

❸ 연가, 병가, 공가, 특별휴가

교사가 사용할 수 있는 연가 일수는 교육 경력에 따라 다르다. 근무 1개월 이상 1년 미만은 11일, 1년 이상 2년 미만은 12일, 2년 이상 3년 미만 14일, 3년 이상 4년 미만 15일, 4년 이상 5년 미만 17일, 5년 이상 6년 미만 20일, 6년 이상은 21일이다. 그리고 지각, 외출, 조퇴 시간이 합산되어 8시간이 되면 연가 1일을 사용한 것으로 계산된다.

병가는 몸이 아플 때 사용하는 휴가다. 병조퇴, 병지각, 병외출 합산 시간이 8시간이 되면 병가 1일을 사용한 것이 된다. 병가는 연간 60일 이하로 사용할 수 있는데(공무상 병가는 180일) 7일 이상 연속되는 병가와 연간 사용한 병가가 6일을 초과하는 경우는 진단서를 제출해야 한다.

공가는 소환, 투표, 공무원 정기 건강검진 등 교원이 국가기관의 업무 수행에 협조하거나 법령상 의무를 이행할 때 주어지는 휴가다.

특별휴가는 결혼, 부고 등 경조사휴가, 출산휴가, 난임치료시술휴가, 여성보건휴가, 수업휴가, 재해구호휴가, 가족돌봄휴가 등이 있다.

❹ 출장의 종류

출장은 국외출장과 국내출장으로 구분되며, 국내출장은 관외출장과 관내출장으로 구분된다. 관외출장은 내가 근무하는 지역 밖으로 가는 출장이고, 관내출장은 내가 근무하는 지역 안으로 가는 출장이다. 나는 국외출장을 세 번 가 보았다. 그중 두 번은 교육부 공모전에 입상하여 부상으로 갔던 해외연수고, 한 번은 두산연강재단의 교사 해외연수 사업에 선발되어 간 것이다.

교육부나 교육청에서 주관하는 해외연수는 연가를 사용하는 대신 출장 신청이 가능하다. 다만 출장으로 해외연수를 다녀오면 보고서를 작성, 제출해야 하는 번거로움이 있다. 그럼에도 내가 해외연수를 출장으로 다녀온 이유는 여행 중 발생할 수 있는 각종 사고에 대해 공무상 사고로 인정받아 보상과 혜택을 받을 수 있기 때문이다.

 주의해요 노란불!

교육부나 교육청에서 주관하는 해외연수는 출장 신청을 하고 다녀오는 것이 좋다. 그렇게 하면 여행 중 발생하는 각종 사고가 공무상 사고로 인정되어 보상과 혜택을 받을 수 있다.

5 초과근무

초과근무는 시간외근무수당 중 하나다. 시간외근무수당은 '정액분'과 '초과분'으로 구분된다. 시간외근무수당 정액분은 교사라면 한 달 동안 이 정도 시간은 초과근무를 할 것이라고 인정하여 지급되는 수당으로 월

간 근무 일수가 15일 이상인 교사에게 지급된다. 그래서 근무일이 15일 이 넘지 않는 방학이 있는 달에는 시간외근무수당 정액분이 지급되지 않는다.

반면 시간외근무수당 초과분은 교사가 나이스의 '개인초과근무신청' 탭에서 초과근무를 신청해서 초과근무를 하면 지급된다. 그러나 현실에서 교사들이 야근을 하는 경우는 학부모 야간 상담이나 큰 행사 준비 등과 같이 특별한 경우를 제외하고는 거의 없기 때문에 나이스로 초과근무를 신청하는 경우는 많지 않다. 이는 교사들이 기본적으로 시간외근무수당 정액분을 받고 있기에 가끔 초과근무를 해야 할 때 굳이 나이스에 신청을 하지 않고 그냥 초과근무를 하는 경향 때문이다.

6 방학, 학교장 재량 휴업일의 41조 연수

41조 연수는 방학이나 학교장 재량 휴업일과 같은 휴업일에 신청할 수 있다. 공휴일과 달리 휴업일은 학생들은 등교하지 않지만 교사들은 근무해야 하는 날이다. 이때 교사가 41조 연수를 신청하면 학교에 출근하지 않고 지정장소에서 연수를 받을 수 있다.

41조 연수는 교사가 자율적으로 받는 연수이기에 외부에서 보면 그냥 쉬는 날처럼 생각할 수 있다. 하지만 쉬는 날이 아니라 학교장의 결재로 자기 연수로 근무하는 날이다. 그래서 41조 연수 기간 동안 학교장이 교사에게 학교근무를 명하면 교사는 학교에 출근해야 할 법적 의무가 있다. 이처럼 41조 연수는 출근 의무가 없는 연가와는 다른 개념이다.

❼ 근무 복장

학교 관리자나 교무부장은 학부모나 학교 밖 사람들을 대할 일이 많기에 보통 정장 차림으로 근무한다. 그렇지만 교사들은 학급에서 아이들과 다양한 수업 활동을 하며 활발히 움직여야 하므로 캐주얼 복장을 하는 경우가 많은 편이다. 다만 입학식, 학부모 총회, 졸업식 등의 공식적인 행사가 있을 때는 정장을 해야 한다. 이는 손님을 맞이하는 기본적인 예의다. 나는 학교에서 근무하면서 입학식이나 학부모 총회 같은 공식행사 외에는 거의 정장을 입지 않았다.

그렇지만 교사는 학교라는 공공기관에 근무하는 사람이기에 지나치게 자유로운 복장은 지양해야 한다. 예를 들어 반바지를 입고 학교에 출근한다고 가정해 보자. 열린 교육을 표현하는 수단일 수 있겠지만 다른 사람은 그렇게 생각하지 않을 가능성이 있다는 게 문제다. 학생 수련회나 현장체험학습을 가는 날이 아니라 평소에 이런 복장을 하면 다름 아닌 민원의 소지가 있다.

초임교사 때 같이 근무했던 한 여선생님이 치마가 너무 짧다는 학부모의 민원을 받은 적이 있다. 그때는 관리자가 복무규정을 근거로 교사의 편을 들어 주어 학부모 민원이 원만히 해결되었지만 그 일 이후 교사들 사이에서는 학부모들이 불편해 하는 복장은 가급적 조심하는 것이 좋겠다는 분위기가 생겨났다.

　교사들은 옷차림에도 신경 써야 한다. 아이들은 담임 선생님의 옷차림에 많은 관심을 가지는데 그 옷차림을 흉내 내는 경우도 종종 있기 때문이다. 아이들은 학교에서 수업을 통해 지식만 배우는 것이 아니라 학교 생활 속에서 교사의 행동과 마음가짐도 배우고 닮아 간다. 그러므로 교사는 근무 복장에도 신경 쓰는 것이 좋다.

 주의해요 노란불!

　교사는 학교라는 공공기관에 근무하는 사람이므로 지나치게 자유로운 복장은 지양해야 한다. 교사의 복장이 때로 학부모 민원의 원인이 되기도 하기 때문이다.

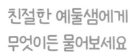

친절한 예둘샘에게
무엇이든 물어보세요

Q1. 조퇴와 병조퇴는 어떤 차이가 있나요?

병조퇴, 병지각, 병외출은 질병과 관련한 조퇴, 지각, 외출을 말합니다. 질병 휴가는 병가를 사용하지만 연가로 사용할 수도 있습니다. 참고로 올해 연가 사용일수가 3일 미만이거나 병가 사용일수가 1일 미만일 경우에는 내년도 연가가 1일 가산됩니다.

Q2. 정해진 연가 일수보다 연가를 더 사용할 수는 없나요? 연가 보상비도 궁금합니다.

연가가 남을 경우 다음 해로 이월되지는 않습니다. 하지만 다음 해 연가 일수의 절반을 당겨서 올해 먼저 사용할 수는 있습니다. 그런데 이는 내년에도 교사가 학교에서 근무한다는 전제하에서만 가능합니다.

한편 교사에게는 사용하지 않은 연가 일수만큼 금액으로 보상받는 연가 보상비가 지급되지 않습니다.

Q3. 모성보호시간과 육아시간은 무엇인가요?

모성보호시간은 임신 중인 여성 공무원이 1일 2시간 내로 휴식 및 병원진료 등을 위해 사용할 수 있는 시간입니다. 다만 근무시간이 일 4시간 이상이 되어야 하며 병원에서 발급한 증빙서류가 있어야 합니다.

육아시간은 만 5세 이하 자녀를 가진 공무원이 24개월 범위에서 1일 2시간을 육아를 위해 사용하는 것을 말합니다. 이는 2시간 일찍 퇴근하는 식으로 사용할 수 있습니다. 모성보호시간이 출산 전에 사용하는 것이라면 육아시간은 출산 이후에 사용하는 것입니다.

Q4. 개인 조퇴 사유를 관리자가 꼭 알아야 하나요? 개인 정보 노출과 인권침해 아닌가요?

인권침해가 아닙니다. 관리자에게는 교사 복무를 확인하고 승인해야 하는 의무가 있기에 관리자가 교사 조퇴 사유를 확인하는 것은 당연히 해야 할 일입니다. 조퇴 등의 복무를 상신할 때 그 사유를 관리자에게 알리지 않는다면 관리자는 복무를 승인하고 싶어도 할 수가 없죠. 「국가공무원복무규칙」에 의해 지각, 조퇴, 외출 사유는 연가와는 달리 나이스에 기재해야 합니다. 그렇지만 나이스에 사유를 입력할 때 민감한 개인 정보 유출이 우려된다면 학교장 판단으로 '개인용무'로 바꿔 기재할 수 있습니다.

Chapter 5

다양한 학교 조직

① 학년 모임과 기능부서 모임

초등학교는 학년을 중심으로 교육 활동이 진행된다. 그래서 어떤 학년부장을 만나느냐에 따라 1년의 학교 생활이 즐거울 수도 혹은 그 반대일 수도 있다. 학년부장은 특히 신규교사에게 신경을 써 줘야 한다. 학년부장의 학년 업무를 돕는 역할을 가장 젊은 교사가 맡는 경우가 많기 때문에 신규교사를 2반에 배정하기도 한다.

학년 모임 운영은 학년 부장교사의 스타일에 따라 달라진다. 모이기를 좋아하는 학년부장이라면 하루에 몇 번씩 학년 연구실에서 모이기도 하지만, 불필요한 회의를 싫어하는 학년부장이라면 보다 자유로운 1년을 보낼 수 있다. 기능부서 모임은 학년 모임보다는 많지 않다. 주로 교사가 맡은 업무 처리를 위해 결재를 받아야 하는 기능부장과 협의할 일이 있을 때 기능부서 모임을 한다.

학년 모임과 기능부서 모임은 학교 교육 활동의 중추적인 모임이다. 초등학교의 경우 학급 수가 6부장 규모라면 여섯 명의 학년부장이 각각 기능부장을 겸한다. 만약 12부장 규모의 학교라면 여섯 명의 학년부장과 여섯 명의 기능부장이 각각 업무를 분장한다.

② 학교 친목회

학교 친목회 가입은 의무적인 것은 아니지만 학교 생활을 하려면 가입할 수밖에 없는 부분도 있다. 시간제 강사나 기간제 교사라면 상황이 또 다르겠지만, 정식교사로 학교에 발령받았다면 학교의 구성원으로서 각종 환영회나 송별회 등의 행사에 참여하는 것이 자연스러운 일로 여겨지기 때문이다.

학교 전체 친목회식은 보통 학기 초와 학기 말에 있는데, 이때 지출되는 비용은 학교예산이 아니라 교사들이 매월 내는 친목회비에서 충당된다. 친목회비는 예전에는 친목회비 원천징수 동의서를 받고 월급이 나올 때 일정 액수를 자동공제하는 것이 일반적이었으나, 지금은 학교 세액 통장이 아닌 친목회 총무의 개인계좌를 이용하여 친목회비를 걷는 학교가 많아졌다. 만약 1년을 마무리하는 시점에 친목회비가 남으면 정산해서 교사들에게 다시 환급해 주지만, 교직원의 결혼, 출산, 친목여행 등으로 지출이 적립된 친목회비보다 더 많아질 경우 친목회비를 더 걷기도 한다.

친목회를 이끌 친목회장과 회계를 담당할 총무의 업무는 학교의 대표적인 기피 업무에 속한다. 친목회장은 보통 2월 교직원 회의 때 교사들의 투표로 뽑는데, 친목회장이 기피 업무가 된 요인 중 하나는 친목회의 여러 행사가 교사들이 원하는 대로가 아니라 관리자의 뜻대로 움직이는 경우가 많기 때문이다. 이럴 경우 친목회장은 일을 추진할 때 마음이 편치 않다. 때로는 교사들과 관리자의 의견 차이 때문에 엄청난 스트레스에 시달리는 경우도 생긴다. 또 친목여행 등 각종 행사를 추진할 때 학교 교직원 전체 인원을 수용할 수 있는 큰 숙소나 식당 등을 사전에 답사하고 예약도 해야 하기에 그 업무량과 무게감이 결코 가볍지 않다. 드물기는 하지만 관리자 중심의 비민주적인 친목회 운영 때문에 학교 친목회 자체를 없애 버리는 학교도 있다.

친목회장은 주로 경력교사가 투표로 선출되고, 총무나 간사 등은 친목회장이 직접 지정해 뽑는다. 신규교사는 보통 발령 2~3년 차에 친목회 총무나 간사 등을 맡는 경우가 많다.

 주의해요 노란불!

학교 친목회 가입은 의무는 아니지만 학교의 구성원으로서 환영회나 송별회 등의 행사에 참여하는 것과 마찬가지로 당연한 일로 여겨진다는 것을 기억해야 한다.

❸ 남친회와 신규교사 모임

남친회는 남자 교사들의 친목모임이고, 신규교사 모임은 신규발령 받은 남교사와 여교사의 모임이다. 남친회나 신규교사 모임은 학교 친목회와는 다르게 그 성격이 사적인 모임이다. 서로 마음이 맞는 교사들끼리 자발적으로 만들어 운영하는 모임이라서 이런 모임이 없는 학교도 있다.

내가 처음 발령받은 학교는 신규교사들이 매년 몇 명씩 발령받는 학교라 자연스럽게 신규교사들끼리 잘 모이곤 했는데, 이 모임은 2년 정도 운영되다 사라졌다. 남친회는 초등학교에 남교사가 많지 않아서 생긴 모임이다. 보통은 남친회라는 이름을 붙일 정도로 공식적인 모임은 많지 않고 가끔 남교사끼리 식사를 하는 정도다. 남친회가 활성화된 학교도 있는데 권위적인 남자 관리자가 포함되면 더 이상 편한 친목모임은 아니게 된다.

❹ 교직원 회의와 부장 회의

교직원 회의는 학교 전체 교사들의 공적인 회의다. 교직원 회의가 활성화된 학교에서는 교사들이 다양한 의견을 제시하고 함께 토의하는 형태로 운영된다. 하지만 그렇지 않은 곳은 각 부서별 전달사항을 말하거나 교장과 교감의 전달사항을 듣는 형태로 운영된다.

부장 회의는 관리자와 학교의 중추적인 일들을 맡고 있는 부장교사들의 회의다. 학교마다 상황은 다른데 보통 매월 혹은 분기별로 부장 회의를 진행하며 학교 교육 활동 전반을 의논한다. 회의 후에는 저녁 식사를 하기도 한다.

❺ 친목여행

학교 친목여행은 보통 1년에 2회 정도 간다. 당일 여행으로 가는 학교도 있고, 1박 2일이나 2박 3일로 가는 학교도 있다. 재미있는 것은 보통 친목여행은 교사들은 싫어하고 관리자는 좋아한다는 것이다. 그래서 친목회장이 여행 기간과 장소를 정할 때 입장이 곤란해지는 경우가 종종 생긴다. 관리자와 교사들이 원하는 친목여행이 다르기 때문이다.

친목여행은 기본적으로 관리자와 함께 다녀오는 교직원 여행이다. 교사들끼리 편하게 가는 여행과는 본질적으로 다르다. 그래서 어떤 교사는 친목여행을 업무의 연장선으로 생각한다. 친목여행 중에 관리자나 부장교사들을 배려하고 존중하는 일이 잘못된 것은 아니다. 다만 그런 존중과 배려는 의무나 강요가 아니라 자발적으로 자연스럽게 이뤄져야 할 것이다. 친목여행은 신규교사들이 학교 내 교사 관계와 조직문화와 선배 교사들을 대하는 법을 배울 수 있는 좋은 기회이기도 하다.

친목여행을 업무의 연장선으로 생각해 불편해 하는 교사들도 많지만, 이는 신규교
사들이 학교 내 교사 관계와 조직문화를 파악하는 좋은 기회이기도 하다.

❻ 학교운영위원회

학교운영위원회는 학교 구성원들이 학교운영의 여러 사항에 대해 심
의하고 자문하는 단위학교의 교육자치기구다. 학부모위원, 교원위원,
지역위원으로 구성되며 인원은 5~15명 정도다. 학교 교육 활동은 학교
자체적으로 계획하고 진행하는 것도 있지만, 학교운영위원회 심의를 통
과해야만 진행할 수 있는 것도 있다. 대표적인 예가 수익자 부담의 현장
체험학습으로, 만약 학교운영위원회의 심의를 통과하지 못하면 이를 시
행할 수 없다.

❼ 학생회와 학부모회

학생회는 학생 자치활동을 위한 조직이다. 학급에는 회장, 부회장이
있으며 학교에는 전교회장, 전교부회장이 있다.
학부모회는 학교 교육 활동에 기여하는 학부모 자치조직이다. 각 반

학부모 대표는 각 반 학부모들이 뽑지만, 학교 전체 학부모회 대표 임원은 학부모 총회에서 선출한다. 학교마다 조금씩 다르긴 하지만 학부모회 산하에는 세칭 녹색어머니, 마미캅 등의 학부모 자치활동 기구가 있다.

⑧ 각종 위원회

학교에는 각종 위원회가 40여 개나 존재한다. 인사위원회, 교원능력개발평가위원회 등으로, 학교 업무를 공정하게 또 절차에 맞게 처리하기 위해 구성된 위원회들이지만 지나치게 많다는 비판도 있다.

⑨ 교직원 연수

학교는 외부강사를 불러 교직원 연수를 진행한다. 문제는 교사들의 자발적 연수가 아니다 보니 참여하는 교사들이 연수에 소극적이라는 점이다. 심지어 강사가 강의하는 중에 학생들의 시험지를 채점하거나 개인적인 전화통화를 하는 경우도 있다. 원치 않는 학교 교직원 연수라 해도 강사에 대한 최소한의 예의는 지켜야 한다. 그 정도로 바쁜 상황이라면 담당자에게 사정을 이야기하고 연수 자리에 가지 않는 것이 나은 선택일 수 있다.

친절한 예둘샘에게
무엇이든 물어보세요

Q1. 저희 학교는 회식 자리가 잦고 회식 때마다 술을 많이 먹는 분위기라 너무 힘듭니다.

회식 자리가 잦은 학교도 있고 거의 없는 학교도 있습니다. 학교 회식은 의무가 아니라 선택입니다. 만약 참여하지 못할 사유가 있으면 학년부장과 관리자에게 이야기하고 참석하지 않아도 됩니다. 술자리 역시 마찬가지입니다. 술자리가 부담스럽다면 학교 친목을 위해 1차 저녁 식사만 참여하고 2차 이상의 술자리에는 가지 않기를 권합니다.

Q2. 학생회 임원 임명장은 누구의 명의로 수여하나요?

학생회 임원을 선출하면 예전에는 학교장 명의로 임명장을 주었습니다. 하지만 학생회 임원은 학교장의 지명으로 선출된 것이 아니라 학생들의 선거로 선출되었기 때문에 '학생 선관위' 명의로 임명장을 주는 것이 더 바람직하다고 여겨져 2015년 이후에는 점차 학생 선관위 명의의 임명장이 늘어나는 추세입니다.

Q3. 가정보다 직장이 우선이라는 관리자와 선배 교사가 있습니다.

사람마다 우선순위가 다릅니다. 옛날에는 가정보다 직장이 더 우선이라고 생각하는 사람들이 꽤 많았습니다. 주로 승진을 매우 중요하게 생각하는 사람들이 그랬지요. 하지만 저는 직장보다 가정이 우선이라고 생각하고, 후배 교사들에게도 그렇게 이야기합니다. '가화만사성家和萬事成'이라는 옛말이 그냥 나온 말은 아닙니다.

Q4. 개인 일정이 생겨 학교 친목여행에 참석하지 못하게 되었는데 어떻게 해야 하나요?

학교 친목여행 참석은 의무사항이 아닙니다. 학교 구성원들의 친목을 목적으로 기획된 행사일 뿐, 참석 여부는 본인의 선택입니다. 만약 친목여행에 참석하기 힘든 개인 일정이나 사유가 생긴다면 학년부장이나 친목회장에게 상황을 이야기하고 가지 않아도 됩니다. 친목여행은 교사 간 단합 목적도 있으므로 사전에 일정을 잘 조정해서 참여하는 것도 좋은 선택입니다.

Chapter 6

학교 구성원

1 관리자

관리자는 교장과 교감을 말한다. 교장은 학교의 모든 결정권을 가진 동시에 모든 것을 책임져야 하는 자리다. 그래서 자리의 무게가 결코 가볍지 않다. 교감은 주로 교장과 교사들 사이에서 중간 관리자의 역할을 한다. 그러나 최종 결정권자가 아니기에 학교경영을 자신의 뜻대로 할 수는 없다.

교장 승진을 위해 필요한 교감 근평은 학교장과 소속 교육지원청이 하기에 교감은 교장과 교육청을 신경 쓸 수밖에 없다. 간혹 주관이 매우 뚜렷한 교감은 교장과 갈등을 겪기도 하는데, 이런 상황에서는 교장과 교감 모두를 대해야 하는 교무부장의 입장이 제일 난처해진다. 그래서 교장은 가급적 자신의 학교경영관을 잘 헤아리고 마음이 잘 맞는 교감을 찾으려 한다. 이런 생각은 교감도 마찬가지여서, 학교를 새롭게 옮길 때 해당 학교 교장에게 전화를 걸어 그 학교에 가도 괜찮을지 의견을 묻고 옮기는 교감도 있다. 교장과 교감은 가까이에서 함께 근무해야 하므로 평소 잘 알고 있거나 교사 시절 함께 근무했던 사람을 선호한다.

❷ 교무부장

교사 중에서 학교의 중책을 맡은 사람은 교무부장이다. 교무부장은 교감 승진을 목전에 둔 교사들이 승진 준비의 마지막 단계 근평을 받는 위치다. 일반 승진체계에서 교사가 관리자에게 받는 근평 점수는 승진 서류 제출 시점을 기준으로 최근 5년간 받은 근평 중 3년간의 근평을 사용한다. 관리자가 교사에게 줄 수 있는 가장 높은 근평인 1등 '수'는 학교에서 한 명에게만 줄 수 있기에, 보통 학교에서 가장 많은 업무를 하는 교무부장이 받는다. 학교마다 차기 교무부장을 맡기 위해 연구부장 등으로 대기하는 교사들이 한 명씩은 있기 때문에 다른 학교로 전보해서 그해에 바로 교무부장을 한다는 것은 결코 쉬운 일이 아니다. 그래서 교감 승진을 앞둔 교사들은 교무부장을 할 수 있는 학교를 찾아야 하는 부담을 가질 수밖에 없다.

교장은 자신이 가장 신뢰하는 교사에게 교무부장 자리를 맡긴다. 그래서 교무부장은 교장과 친분이 있거나 교장과 가까운 누군가의 추천으로 임명한다. 교무부장은 교감 승진을 위해 관리자의 근평을 받아야 하는 입장이기에 학교 의사결정에서 교사들 의견보다는 관리자의 의견에 더 귀를 기울일 수밖에 없다. 교무부장은 업무가 매우 많아서 담임을 맡아야 한다면 주로 2학년을 맡는다. 학급 규모가 어느 정도 되는 학교에서는 교무부장이 학급담임이 아니라 전담교사를 맡기도 한다.

❸ 연구부장 및 기타 부장

연구부장은 교무부장 다음으로 학교 교육 활동의 중책을 맡은 부장이다. 요즘은 연구부장 대신 교육과정 운영부장이라 부르기도 하는데 교직의 통념상 학교 교육과정을 기획하고 운영하는 부장을 연구부장이라고 부른다. 연구부장도 업무량이 많다. 보통 교무부장이 교감으로 차출되어 승진하면, 교무부장 자리를 이어받기 위해 대기하는 교사들이 연구부장을 맡는다. 차기 교무부장을 원하는 교사가 없는 학교에서는 연구 업무를 가장 잘할 만한 교사를 연구부장으로 임명한다. 그 외 부장으로는 정보, 과학, 체육, 윤리, 혁신, 환경, 문화예술 부장 등이 있는데, 학교의 필요에 따라 보직교사(부장)를 세운다.

교사들 대부분이 승진을 준비하는 학교에서는 보직교사를 맡기가 매우 어렵다. 반면 그렇지 않은 학교는 보직교사를 할 사람이 없어 문제가 생긴다. 부장을 맡지 않으면 내가 맡은 학급의 아이들에게만 최선을 다하면 되는데, 보직교사(부장)를 맡는 순간 부장 업무가 덤으로 주어지는데다 1년 동안 관리자들을 가까이에서 상대해야 하기 때문에 기피하는 것이다. 학교에서 교사들이 부장을 서로 하지 않으려고 할 때, 최악의 경우는 교장이 부장을 임명하지 않는 것이다. 그러면 학년부장이 없는 학년에서는 동학년 교사들이 학년부장의 업무를 나눠서 해야 한다.

학교마다 상황은 다르지만, 부장을 맡는 시기는 대략 30대 중반이고 40대가 되면 고경력이라서 부장을 맡을 수밖에 없게 된다. 부장을 맡을 수 없는 피치 못할 사정이 있는 것이 아니라면 자발적으로 부장을 맡아 경력교사로서 후배 교사들에게 모범을 보여 주는 것이 좋다.

부장을 맡지 않은 교사들은 자기 학급에만 집중할 수 있는 환경이 주어진다. 부장교사들은 각종 회의에 불려 다녀야 하는데 부장이 아닌 교사들은 그런 것에서 자유롭기 때문이다. 그렇다고 나는 부장이 아니니 아무것도 신경 쓰지 않겠다는 태도를 보이는 것은 좋지 않다. 평소 내가 남을 돕지 않으면 내가 도움이 필요할 때 나를 도와주는 사람이 없을 수밖에 없다.

 주의해요 노란불!

대략 30대 중반을 넘어서면 경력 교사가 되어 부장을 맡을 수밖에 없다. 피할 수 없다면 자발적으로 부장을 맡아 후배 교사들에게 모범을 보여 주는 것이 좋다.

④ 비교과 교사

대표적인 비교과 교사는 사서교사, 영양교사, 보건교사, 전문상담교사가 있다. 비교과 교사에는 정식 임용시험을 치고 합격해 교사로 발령받은 사람도 있지만, 그보다는 계약직으로 학교에 채용되어 기간제 교사로 근무하는 사람이 더 많다.

보건교사는 2008년 법령개정으로 교감 승진이 가능한 최소 수업시간인 연간 17시간 정도의 수업을 하게 되었다. 그런데 초등학교에서 보건교사가 수업에 들어갔을 때 보건실에서 근무할 대체인력을 확보하지 못한 경우 보건교사가 수업하는 반의 담임이 보건실을 지키는 현상이 발생했는데 이 부분은 개선되어야 할 것이다. 담임교사는 보건교사가 아니어서 학생들에게 소독약을 발라 주거나 밴드 정도는 붙여 줄 수 있어도 약 처방 등의 전문적인 보건 업무는 할 수 없기 때문이다.

전문상담교사는 학교 또는 교육청에 발령받아 근무하는데, 학생 상담을 주 업무로 하며 초등보다는 중등에 더 많이 배치되어 있다.

⑤ 특수교사와 유치원 교사

특수교사는 특수학교나 특수학급이 있는 일반학교에 발령받아 근무한다. 장애학생은 특수학급에서만 수업을 받는 경우도 있지만, 일반학생들과 함께 수업을 받다가 수학을 비롯한 몇 개의 교과 수업을 할 때만 도움반이라는 특수학급에 가서 특수교사에게 개별교육을 받기도 한다.

유치원 교사는 단설유치원이나 초등학교 병설유치원에 발령받는다. 병설유치원이 있는 초등학교의 교장과 교감은 병설유치원 원장과 원감을 겸임한다. 그렇다 해도 유치원은 초등학교와는 별개의 기관이다.

⑥ 교무실과 행정실무사

교무실은 교육 업무 활동의 중심이 되는 곳으로, 이곳에는 교감과 행정실무사가 근무한다. 그리고 학교 수업이 끝난 후 교무부장도 교무실에서 근무한다. 그래서 교무실에는 교무부장의 업무 자리가 따로 마련되어 있다. 행정실무사는 학교에 도착한 모든 공문을 접수하고 해당 업무 담당 교사에게 배정하는 등의 업무를 맡는다. 경기도교육청은 정책적으로 행정실무사를 각 학교에 지원하여 교사들의 행정 업무를 상당 부분 경감시켜 주었다.

⑦ 행정실 직원

학교 교육 활동에서 예산, 시설 등 행정을 담당하는 곳이 행정실이다.

행정실에는 교육행정직, 시설관리직 등의 일반직 공무원이 근무한다. 이들은 교사와 달리 지방직 공무원이다. 행정실의 장은 행정실장으로 보통은 6~7급 주무관이, 학급 규모가 큰 고등학교는 5급 사무관이 발령받는다. 행정실의 장도 교감처럼 학교장의 평가와 결재를 받는다.

행정실 주무관들의 승진체계는 교사와는 완전히 다르다. 행정실도 인사이동을 하는데, 무기 계약직이 아닌 행정실 일반직은 다른 학교나 교육청으로 정기적 인사이동을 해야 한다. 학교에서 일반직은 소수이지만 교육청에서는 그렇지 않다. 보통 학교는 교원 90%, 일반직 10%로 구성되어 있지만, 교육청은 교사 출신 전문직 20%, 일반직 80%로 구성되어 일반직이 다수를 차지한다.

행정실과 교무실의 관계가 좋은 학교도 있지만 그렇지 않은 학교도 있다. 교사들을 잘 지원해 주는 행정실도 있지만 그렇지 않은 행정실도 있고, 행정실을 존중하는 교사도 있지만 그렇지 않은 교사도 있기 때문이다. 교사들은 행정실을, 행정실은 교사를 서로 존중해 주어야 한다. 만약 초임교사가 나이가 어리고 경험이 적다고 행정실에서 무시하거나 비협조적인 태도를 보여 갈등이 발생한다면, 혼자 고민하지 말고 즉시 부장교사나 교감에게 관련 내용을 알려 문제를 해결해야 한다.

 주의해요 노란불!

초임교사는 업무를 처리하는 과정에서 행정실과 갈등이 발생한다면, 절대 혼자 고민하지 말고 즉시 부장교사나 교감에게 알려 문제를 해결해야 한다.

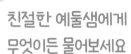

친절한 예둘샘에게
무엇이든 물어보세요

Q1. 학교에서 일어난다는 업무 핑퐁은 무엇일까요?

공문 중에는 업무 성격이 명확한 것도 있지만 여러 업무의 성격을 동시에 가진 공문도 있습니다. 해석하기에 따라 맡아야 하는 담당 교사가 달라지는 것이죠. 이것은 교무실과 행정실도 마찬가지입니다. 이 경우 한 공문을 두고 서로 내 업무가 아니라고 접수를 다른 교사나 부서로 미루게 되는데, 이것이 바로 '업무 핑퐁'입니다. 업무 핑퐁 갈등은 대화와 협력으로 해결하는 것이 가장 좋으나 그것이 불가능한 경우에는 관리자 권한으로 배정을 결정합니다.

Q2. 영양사와 사서는 영양교사와 사서교사와 다른가요?

영양교사와 사서교사는 보건교사처럼 비교과 교사로 임용시험에 합격해 학교에 발령받은 교사입니다. 반면 영양사와 사서는 사서 업무와 급식실 업무를 맡은 공무직 직원입니다.

Q3. 2정 교사 때 보직교사(부장)를 하면 그 경력은 승진 평정에서 인정받지 못하나요?

대부분 그렇습니다. 교육 경력 평정에서 부장 경력을 인정받는 시기는 1정 자격연수를 받은 이후입니다. 따라서 2정 교사 때 보직교사를 할 경우 보직수당 7만 원은 받지만 승진 평정에서 가산점을 받지는 못합니다. 그렇지만 서울특별시교육청처럼 부장 기피 현상이 심한 학교에서의 2정 교사 보직교사 경력을 가산점으로 인정해 주는 교육청도 있습니다.

Q4. 부장교사와 보직교사의 차이는 뭔가요?

둘은 같은 의미입니다. 보직교사는 학교에서 어떤 업무(보직)를 맡았다는 의미가 강조된 용어이고, 부장교사는 업무부서의 대표라는 의미가 강조된 용어입니다. 보직(부장)교사는 학교 상황에 따라 다르게 운영됩니다. 흔히 보직(부장)교사를 학년부장과 기능부장으로 구분하는데 학년부장은 학년 대표 업무를 맡은 보직교사를 말하고, 기능부장은 어떤 업무부서의 대표 업무를 맡은 보직교사를 말합니다.

Chapter 7

1정 자격연수와
첫 전보

1 1정 자격연수

신규교사는 2정 교사 신분이다. 4년 내외의 초임교사 기간을 거치고 학교 시스템이 조금 익숙해지는 때가 오면 1정 자격연수를 받아야 하는데 보통 1정 자격연수를 받는 시점이 처음 발령받은 학교를 떠나는 첫 전보 시기와 비슷하다.

1정 자격연수는 교사에게 교직 생활 중 자신의 진로에 대해 깊이 고민하는 계기가 된다. 근무했던 학교를 벗어나 임용 동기들을 만나 서로 현재의 모습을 확인하다 보면 자연스레 고민이 깊어질 수밖에 없다. 어떤 동기는 발령받은 학교에서 유능한 선배 교사나 관리자를 만나 많이 성장했음이 분명해 보이고, 또 어떤 동기는 별 성장 없이 이전과 비슷한 모습일 것이다. 처음으로 내가 근무하는 학교를 넘어 보다 넓은 교직의 세상을 보게 되는 것이다.

1정 연수는 직무연수가 아니라 자격연수다. 1정 자격연수는 꽤 오랫동안 승진 평정 점수로 사용되었는데, 상대평가로 치러지는 연수 시험 성적에 따라 최저 80점부터 최고 100점까지 점수가 부여된다. 1정 자격연수는 모두 열심히 공부하기 때문에 점수를 잘 받기가 쉽지 않고 지나친 경쟁으로 인한 부작용도 있다. 교감 승진 커트라인이 소수점에서 정해지는 상황이기에 1정 자격연수 점수 최고점과 최저점 환산점수 차이 0.5점은 꽤 큰 점수다. 그래서 16년 전에 받은 1정 자격연수 점수에 의해 현재의 교감 승진이 결정되는 것이 문제라는 지적은 계속되었고, 이는 승진 평정에서 1정 자격연수 점수를 제외해야 한다는 주장으로 이어졌다. 그 결과 2020년부터는 1정 자격연수가 상대평가 점수가 아닌 PASS/FAIL 형태로 진행되고 있으며 앞으로는 승진 평정 점수로 사용되지 않을 예정이다. 1정 자격연수를 받으면 1호봉이 올라간다.

1정 자격연수에 대한 부담이 예전보다는 많이 줄었다지만 시험을 통과해야 한다는 부담은 여전하다. 예전에는 1정 자격연수를 대학에 위탁해서 운영하는 경우가 많았는데, 그러다 보니 대학 강의를 그대로 반복하는 교수들이나 이론 강의의 높은 비중으로 인해 낮아지는 현장성에 대한 비판이 대두되었다.

지금은 직접 연수를 운영하는 교육청이 많다. 교육청에서 강조하는 교육정책들을 연수 과정에 포함시키고 현장의 유능한 교사들을 강사로

섭외하면서 1정 자격연수의 질과 만족도는 이전보다 높아졌다.

1정 자격연수는 새로운 교사들을 만나고 많은 것을 배우는 것에 의미를 두는 것이 바람직하다.

❷ 시기와 목적이 중요한 첫 전보

첫 발령 학교가 도무지 마음에 들지 않는다면 다른 학교로 전보 신청이 가능한 2년 후 전보를 신청하는 것이 좋다. 하지만 현재 학교의 근무가 만기가 되지 않은 상황에서 다른 학교로 전보 신청을 할 때는 내년도 학년이나 업무 배정에서 가장 후순위가 되는 것을 감안해야 한다.

한 후배가 너무 열악하고 힘든 학교로 첫 발령을 받았다. 함께 근무하는 교사들이 다들 자기보다 나이가 많았는데, 왠지 자신에게 일을 몰아주는 분위기가 형성되어 무척 힘들었다고 했다. 결국 그 후배는 전보 신청이 가능한 첫해부터 계속 다른 학교로 전보 신청을 냈고 두 번 만에 다른 학교로 가게 되었다. 첫 번째 전보 신청에서 탈락했을 때 불이익이 없었냐고 물어보니, 전보 신청을 하든 하지 않든 자신이 다 해야 할 일들이었으므로 불이익은 없었다고 생각한다고 말했다.

초임교사들의 첫 번째 전보 시기는 각자의 상황에 따라 달라진다. 2년 만에 서둘러 학교를 옮길 수도 있고, 근무할 수 있는 최고 근무 연수를 꽉 채울 수도 있다.

학교를 옮길 때는 분명한 목적이 있어야 한다. 결혼이나 육아에 신경 써야 하는 사람은 집 가까운 학교로, 승진가산점이 필요한 사람은 농어촌학교나 연구학교로 간다. 나는 첫째와 둘째 아이의 병설유치원 입학 때문에 아무런 가산점도 없는 집 근처 학교로 첫 번째 전보를 했다. 아이들과 손을 잡고 매일 출퇴근을 같이했던 그 시간이 참으로 귀하고 소중하다. 지금도 그 선택은 매우 잘한 것이라 생각한다.

만약 특정 학교로 전보해야 할 분명한 목적이 없다면 교사로서 많은 것을 배우고 성장할 수 있는 학교를 찾아 옮기는 것이 좋다. 교사로서 전문성을 계속 쌓으면 교직에서 다양한 진로 선택의 기회를 얻을 수 있기 때문이다. 즉 많은 것을 배우며 진로 선택을 위한 준비를 평소 해 놓으면 기회가 왔을 때 내가 원하는 길을 선택할 수 있는 자유로움이 주어진다는 말이다.

 주의해요 노란불!

학교를 옮길 때는 분명한 목적이 있어야 한다. 현재 학교의 근무가 만기가 되지 않은 상황에서 다른 학교로 전보 신청을 할 때는 내년도 학년이나 업무 배정에서 가장 후순위가 되는 것을 감내해야 하기 때문이다.

❸ 전보 유예의 함정

첫 학교에서 전보를 신청했을 때 관리자는 1년 유예를 권할 수 있다. 유예라는 것은 한 학교에 근무할 수 있는 최대 근무 연수 외에 학교장과 교육장 승인으로 1년 더 근무하는 제도를 말한다. 한편 농어촌학교는 대부분 유예 제도가 없다. 많은 교사가 승진가산점이 부여되는 농어촌학교에 근무하고 싶어 하기 때문이다.

유예 제도는 내가 근무하고 싶은 학교에 1년 더 있을 수 있는 좋은 제도지만, 반드시 1년을 더 있어야 하는 상황이 아니라면 신중하게 결정해야 한다. 예를 들어 지역 근무 만기 10년이 적용되는 지역의 학교라면 현재 학교에서 5년 근무 후 1년을 유예하게 되면 다음 학교에서는 최대 4년만 근무할 수 있다. 그러면 그다음 학교에 내신을 낼 때 전보 점수가 상대적으로 부족해 내가 원치 않은 학교로 가야 할 가능성이 커지기 때문이다.

실제로 한 후배가 관리자의 요청으로 학교근무를 1년 유예한 후, 나중에 후회하는 모습을 본 적이 있다. 그 이유를 물어보니 유예를 하면 이런저런 것을 배려해 주겠다던 관리자의 태도가 돌변한 데다 학교를 옮긴 후 다음 학교로 이동할 때 전보 점수가 부족해서 관외(다른 시)로 가야 했다고 하였다.

주의해요 노란불!

유예 제도 이용을 결정할 때는 신중해야 한다. 현재 학교에서 1년을 유예하게 되면 다음 학교에서 전보 신청을 할 때 전보 점수가 상대적으로 부족해 내가 원치 않는 학교로 가야 할 가능성이 커지기 때문이다.

❹ 첫 전보의 두려움과 설렘

평소 교사들에게 신경을 많이 쓰는 관리자는 학교를 옮겨야 하는 교사에게 빈자리가 있는 학교의 정보를 계속 알아봐 준다. 하지만 모든 관리자가 그런 것은 아니어서 스스로 선후배 교사들을 통해 이러한 정보를 파악해야 할 수도 있다. 보통 전보를 신청할 때 중요하게 고려해야 하는 첫 번째 요인은 이동할 학교의 관리자가 어떤 사람인가다. 두 번째는 학교 근무 분위기와 동료 교사들의 연령대다. 마지막 세 번째는 학부모나 학생들의 성향과 특징이다.

평소에 알고 지내던 학교 관리자가 자신의 학교로 오라고 할 경우에도 신중하게 결정해야 한다. 나에 대한 관리자의 기대가 생각보다 클 수도 있고, 기존에 그 학교에서 근무하는 교사들이 관리자와 나의 관계를 탐탁지 않게 생각할 수도 있어서 불편할 수 있기 때문이다.

처음 학교를 옮길 때는 새로운 학교에 간다는 설렘도 있지만, 낯선 곳에 가서 새롭게 적응해야 한다는 두려움도 있다. 그렇지만 학교 전보는 교사의 의무이자 권리다. 지금 내가 하고 있는 최선의 교육 활동을 새로운 학교에서도 그대로 실천하는 것이 전보에 임하는 최선의 자세다.

새 학년도 인사발령 명단이 교육청 게시판에 뜨면 학교 교감들은 자신의 학교로 발령 난 교사들의 현황을 파악한다. 이것은 새 학급을 맡은 교사가 내가 맡은 학생들이 어떠한지 작년 선생님에게 물어보고 문제가 있는 학생들을 파악하려는 것과 같다. 전보할 학교가 발표 나면 해당 학교에 전화해서 학교에 방문할 날짜를 잡는데, 현재 근무하는 학교 관리자가 이때 동행해 주기도 한다.

1정 자격연수 이후 처음으로 학교를 옮길 때 나 역시 새 학교에 대한 설렘과 새로운 관리자와 교사들과의 만남에 대한 긴장이 마음 속에서 교차했다. 그리고 시간이 흘러 경력이 쌓이면서 점점 긴장보다는 새로운 만남과 교육 활동에 대한 설렘이 더 크게 느껴졌다.

❺ 교사 초빙 제도

교사 초빙 제도는 학교 관리자가 학교 교육 활동을 위해 학교에 필요한 유능한 교사들을 직접 데려올 수 있는 제도다. 그래서 교육청의 일반 전보는 초빙교사 자리를 제외하고 이루어진다. 다만 학교장이 초빙할 수 있는 교사 수는 제한되어 있다. 좋은 의도로 시작된 초빙 제도지만 승진가산점이 주어지는 학교에서는 이 제도가 자기 사람 심기로 악용

된다는 비판도 있다. 인맥 없는 한 교사가 A학교에 근무하고 싶어도 그 학교 관리자가 다른 교사를 초빙으로 먼저 뽑아 버리니 이전보다 A학교에 근무하기가 더 어려워진 셈이다.

한 학교에서 초빙할 수 있는 교사의 비율과 인원수는 시도교육청별로 조금씩 다른데, 일반학교보다는 혁신학교 같은 자율학교나 공모교장이 근무하는 학교가 초빙교사를 좀 더 많이 데려올 수 있다.

초빙 기간은 4년이며 1회 재초빙이 가능해 총 8년을 한 학교에서 초빙교사로 근무할 수 있다. 때문에 승진가산점이 주어지는 연구학교나 농어촌학교는 초빙 경쟁이 상당히 치열하다.

⑥ 전보 관련 교육청 인사규정

교육청의 인사규정은 매년 교사들의 의견을 수렴해서 개정한다. 인사규정에는 보통 지역을 구분하고 각 지역에서 근무할 수 있는 교사의 최소, 최대 근무 연수를 제한해 놓았다. 지역별로 교사가 근무할 수 있는 기간을 제한하는 것은 기피 지역에서 근무할 교원을 확보함과 동시에 선호 지역에 근무하는 교사가 정체되지 않도록 하기 위함이다. 한 학교에서 근무할 수 있는 최대기간을 학교만기, 한 지역 내 학교들에서 근무할 수 있는 최대기간을 구역만기라고 한다. 관내 내신은 내가 근무하는 지역 교육지원청에 소속된 학교로 낸 내신을 의미하며, 관외 내신은 다른 교육지원청에 속한 학교로 낸 내신을 말한다. 시도 간 전보는 타 시도 간의 전보를 의미한다.

인사규정은 매년 조금씩 개정되기 때문에 작년에 적용했던 전보규정을 올해에는 적용할 수 없는 경우도 생긴다. 그러기에 매년 변화되는 교육청의 인사관리 세부기준과 세부원칙을 알고 있어야 앞으로 자신의 전보 계획을 잘 세울 수 있다.

 주의해요 노란불!

인사규정은 교사들의 의견을 수렴해 매년 조금씩 개정된다. 따라서 매년 변화되는 교육청의 인사관리 세부기준과 세부원칙을 알고 있어야 자신의 전보 계획을 착오 없이 세울 수 있다.

친절한 예둘샘에게
무엇이든 물어보세요

Q1. 인사관리 세부기준과 인사관리 세부원칙의 차이점은 무엇인가요?

인사관리 세부기준은 시도교육청에서 세운 인사규정입니다. 산하 교육지원청은 그것을 토대로 해서 지역에 맞는 인사규정을 세우는데 그것이 인사관리 세부원칙입니다. 소속 교육지원청 내에서 학교를 옮길 때는 인사관리 세부원칙이 적용되지만 다른 교육지원청의 학교로 옮길 때는 시도교육청의 인사관리 세부기준을 따라야 합니다.

Q2. 시도교육청 인사규정은 누가 변경하나요?

시도교육청의 인사규정은 어느 개인이 바꾸는 것이 아닙니다. 매년 일정 기간 교원들의 의견을 수렴한 후, 그 결과를 토대로 교육청 인사위원회를 열어 공식적인 회의를 통해 세부기준과 세부원칙을 개정합니다. 만약 인사규정 개정에 대한 의견이 있다면 매년 교원들의 의견을 수렴할 때 이를 제출할 수 있습니다.

Q3. 교육청마다 전보규정이 다른가요?

그렇습니다. 전보규정은 시도교육청별로 조금씩 다릅니다. 그리고 시도교육청 산하의 교육지원청들도 인사규정이 조금씩 차이가 있습니다. 지역의 상황에 맞게 인사규정을 만들어 교사 전보를 운영하기 때문이지요. 그래서 전보를 계획할 때는 자신이 소속된 지역 교육청의 인사규정을 반드시 확인해야 합니다.

Q4. 1정 자격연수 점수가 너무 낮아서 고민입니다. 확정된 1정 자격연수 점수를 높일 방법은 없을까요?

1정 자격연수 점수는 일반승진을 준비할 때 필요한 것으로, 한 번 받으면 변경이 안 됩니다. 이미 받은 자격연수를 다시 받을 수는 없기 때문입니다. 다만 승진 평정에서 전문상담교사(1급) 석사학위 과정 성적은 1정 자격연수 성적으로 대체가 가능합니다. 석사학위 점수가 A학점 이상이면 만점의 90% 점수로 대체됩니다. 그렇지만 앞으로 1정 자격연수 점수는 유예기간을 거친 후 교감 승진에 사용되지 않을 예정입니다. 인사규정은 변동이 많으므로 시도교육청의 관련 인사규정을 매년 잘 살펴보기를 바랍니다.

제2장

초임교사의
행복한 교직 생활

Chapter 1

나의 학급경영
만들기

❶ 연구를 통한 수업 전문성 확보

학급경영은 교사의 권한이자 의무다. 자신만의 차별화된 학급경영으로 매년 아이들과 좋은 추억을 만들어 간다는 것은 효과적인 학생 생활교육뿐만 아니라 교사의 성장에도 큰 도움이 된다. 초임교사가 첫해부터 완성된 학급경영을 갖추기란 불가능한 일이다. 다만 평소 학급경영에 대해 많은 고민과 연구를 한다면 그만큼 시행착오를 줄일 수 있다. 그리하여 교사의 교육철학과 아이들에게 필요한 생활교육 등을 종합적으로 고려해 차별화되고 고유한 학급경영을 만들고 그것을 매년 발전시킬 수 있다면 더욱 좋다.

같은 주제 활동으로 학급경영을 매년 해 나가다 보면 학급경영 내용과 수준이 해를 거듭할수록 업그레이드된다. 그렇게 10년 정도의 시간이 지나면 나만의 고유한 학급경영을 갖출 수 있다. 나는 후배 교사들에게 좋은 학급경영을 위해서는 교육 활동 일지(교사일기)를 꾸준히 쓰는 것이 좋다고 말한다. 교직에서 겪는 여러 귀한 경험들은 기록으로 남기지 않으면 시간이 지나면서 점차 희미해지고 나중에는 그냥 사라져 버리기 때문이다. 그래서 틈틈이 의미 있는 교육 활동 경험을 기록으로 남기는 습관을 가지는 것이 좋다.

나만의 학급경영을 만들어 갈 때 기반이 되어야 할 핵심요소는 수업이다. 담임교사가 수업에 대한 전문성을 가지고 있어야 학급경영도 잘 이루어질 수 있다. 학생의 배움이 있는 수업을 디자인하고 다양한 수업 자료를 만들어 수업을 연구하는 것은 담임교사에 대한 학생들의 신뢰 기반이기도 하다. 수업 전문성 향상을 위한 가장 좋은 방법은 수업 연구를 많이 하는 것인데 수업 관련 각종 직무연수에 참여해 선배 교사들의 수업 노하우를 배우거나 연구회 등의 전문적 학습공동체 활동을 하는 것이 큰 도움이 된다. 한 걸음 더 나아가 다양한 수업 연구대회나 수업 공모전에 도전해 보는 것도 좋다.

 주의해요 노란불!

나만의 고유한 학급경영을 만들고 그것을 매년 더욱 발전시키기 위해서는 교육 활동 일지, 즉 교사일기를 꾸준히 쓰는 것이 좋다.

❷ 신뢰를 통한 생활교육 실천

학급경영의 두 번째 핵심요소는 생활교육이다. 담임교사는 학생들의 생활교육에도 전문가가 되어야 한다. 학생 생활교육에서 매일 확인해야 할 요소는 바로 학생의 등교와 하교, 학교 생활 속 안전이다.

학생의 등하교가 중요한 이유는 교사의 책임 부분과도 밀접한 관계가 있다. 학생들이 교문을 들어오는 순간 교사에게는 아이들을 보호하고 지도해야 할 법적 의무가 생긴다. 만약 1교시 수업 시작 때까지 아이가 아무런 연락 없이 등교하지 않으면 즉시 학부모에게 연락해 확인해야 한다. 아이들이 종례 후 집에 가지 않고 운동장에서 계속 놀고 있으면 아직 하교한 것이 아니다. 그러므로 교사는 방과 후 수업을 비롯해 학교의 모든 교육 활동이 끝나면 아이들이 바로 하교할 수 있도록 지도해야 한다.

아이들의 안전을 위한 생활지도는 더욱 중요한 부분이다. 복도에서 아이들이 뛰지 않도록 지도하는 이유도 아이들이 크게 다치지 않도록 하기 위함이다. 교사가 아무리 교육 활동을 잘해도 학생 안전사고가 한 번 나면 그 모든 노력이 물거품이 될 수 있음을 기억해야 한다.

학생 생활교육의 시작은 교사와 아이들의 인격적 신뢰 관계 형성이다. 이를 위해서는 교사의 지속적인 학생 상담이 중요하다. 아이들과의 상담에서 항상 정답을 알려 주려고 하는 것은 좋지 않다. 아이들은 이미 정답을 알고 있는 경우가 많다. 교사가 해야 할 일은 아이들의 이야기를 잘 들어 주고 공감해 주는 것이다. 그리고 아이의 생각이나 행동에서 잘못된 부분을 발견하면 적절한 시점에 아이가 그것을 인지할 수 있도록 돕는 일이다.

2015년에 내가 맡은 5학년 학급에는 많은 상담이 필요한 여학생 그룹이 있었다. 자기들끼리 내부 결속이 강했던 아이들이었는데 그 아이들은 수시로 다른 학생들과 갈등을 일으켰다. 나는 1년 동안 그 아이들과 자주 상담하려 노력했고, 아이들은 그 상담을 통해 노력하는 나를 보며 담임교사로 신뢰하게 되었다. 그리고 결국에는 담임인 내가 원치 않는 행동을 점차 하지 않으려 노력하는 모습을 보여 주었다. 물론 이러한 변화가 금방 일어난 것은 아니지만. 나중에 그중 한 여학생은 내가 자기의 이야기를 잘 들어 줘서 좋았다면서, 작년 선생님은 어떤 사건이 일어나면 자신을 불러 있었던 일만 확인하고 화해하라고 말한 것이 상담의 전부였다고 했다.

그렇게 1년을 보내고 2월 봄방학 때에 갑작스러운 연구년 파견근무로 나는 아이들과 제대로 인사도 못하고 학교를 잠시 떠났다. 아이들은 3월 2일 새 학년이 돼서야 내가 학교에 없다는 것을 알게 되었다. 그리고 약 10개월 후 다시 학교로 돌아온 나는 그 여학생들을 복도에서 우연히 만났다. 그런데 나를 본 아이들이 갑자기 펑펑 울기 시작했다. 그 모습은 나를 많이 부끄럽게 만들었다. '나는 너희들을 그만큼 생각하지 않았는데 너희는 나를 진짜 좋아해 주었구나' 싶었기 때문이다.

이 일을 경험하며 나는 어쩌면 아이들은 담임 선생님과의 대화에 목

말라 있었는지도 모르겠다는 생각이 들었다. 담임이 한 걸음 한 걸음 아이들에게 다가가면 아이들의 마음도 조금씩 열린다. 그렇게 담임을 신뢰하고 그 말에 귀 기울이게 되는 것이다.

 주의해요 노란불!

학생 생활교육에 있어 교사의 지속적인 학생 상담은 매우 중요하다. 다만 아이들과 상담할 때는 정답을 알려 주는 것이 아니라 아이들의 이야기를 들어 주고 공감해 주는 것이 신뢰 관계 형성에 더 효과적임을 기억하자.

3 김영란법의 이해

김영란법은 신규교사들이 반드시 기억해야 할 법 중 하나다. 청탁금지법이라고도 불리는 김영란법의 정확한 명칭은 「부정청탁 및 금품 등 수수의 금지에 관한 법률」이다. 이를 위반한 공무원을 최고 파면까지 할 수 있는 매우 강력한 법이다. 2012년 당시 국민권익위원회 위원장이었던 김영란 위원장이 발의한 법이라고 해서 '김영란법'이라고 불린다.

김영란법 이전과 이후가 명확히 구분될 만큼 이 법이 교직에 미친 영향은 매우 크다. 아이들이 선생님께 드리는 초콜릿이나 꽃조차 금지시킨 너무 융통성 없는 법이라는 비판도 있지만, 명확한 기준을 제시해 교사의 고민을 많이 덜어 준 법이기도 하다.

명절이나 경조사 때 교사들이 상급자에게 해야 할 부조 등에 대해 정확한 기준을 정하고 있어 이에 대해 고민할 필요가 없어졌으며, 간혹 학부모들이 주는 선물을 기분 상하지 않게 되돌려 주기 위한 교사들의 수고도 더 이상 필요 없게 되었다. 그래서 김영란법으로 인해 상급자나 학부모를 만나고 대하기가 이전보다 더 편해졌다고 말하는 교사들도 적지 않다. 서로 안 주고 안 받으면 되기 때문이다. 내가 먹은 것은 내가 값을 치르면 된다. 이것이 김영란법을 잘 지키는 핵심이다. 김영란법에서 허용하는 경조사 액수나 여러 규정은 각종 사례집에 잘 나와 있으므로 그것을 참고하자.

④ 「아동복지법」의 이해

「아동복지법」은 1961년 「아동복리법」으로 제정 및 공포되었다가 1981년에 개칭된 법이다. 이후 세부내용은 조금씩 개정되었다. 예전에는 「아동복지법」이 학교 현장에 큰 영향을 끼치지는 않았으나 「아동복지법」 제17조 제5호에 의해 '아동의 정신적 건강 및 발달에 해를 끼치는 정서적 학대행위'가 아동학대 범죄로 규정된 이후 그 조항이 교육현장에 포괄적으로 광범위하게 적용되면서 적지 않은 논란이 발생하고 있다. 교사들이 수업 혹은 학교 생활교육 중에 학생들을 가르치는 훈육도 학부모가 아동학대로 문제 삼을 수 있게 되었기 때문이다. 예전에는 교사가 학생들을 훈육할 때 학생과의 신체적 접촉이 체벌 여부의 주요 판단 기준이었다면, 지금은 교사가 언성을 높이거나 실수로 아이를 혼자 있게 놔둔 것도 방임으로 여겨져 아동학대죄가 성립할 수 있다.

「아동복지법」위반으로 교사가 5만 원 이상의 벌금형을 받으면 경중에 따라 관련 기관 취업 제한을 받게 된다. 그러나 이것은 형평성에 맞지 않는다는 것이 여러 교원단체의 주장이다. 형법 위반과 관련된 자격 제한은 "몇 년 이상"과 같은 단서조항이 있는데 「아동복지법」은 그런 단서조항 자체가 없고, 공무원들은 선거나 성범죄로 벌금 100만 원 이상 벌금을 받는 경우 퇴직하게 하는 것과 비교할 때 과잉처벌이라는 것이다.

「아동복지법」을 지키면서 아이들을 잘 훈육하는 방법은 첫째로 아이에게 훈육이 필요한 상황이 발생했을 때 불필요한 신체적 접촉이나 필요 이상으로 언성을 높이는 일을 절대 하지 않는 것이다. 둘째는 감정적인 대응이 아니라 아이의 문제행동에 대해 차분히 훈육하되, 훈육이 더 필요할 때는 공개적인 훈육보다는 쉬는 시간을 이용해 개인적인 훈육을 하는 것이 바람직하다.

만약 아이가 큰 잘못을 하면 교사도 화가 나는 것이 당연한 일이다. 하지만 정말 큰 사고를 친 학생들을 대할 때 교사는 더욱 차분한 태도로 마음의 평정을 잃지 않아야 한다. 한순간 감정조절에 실패해 학생을 섣불리 체벌하면 돌이킬 수 없는 상황에 휘말릴 수도 있기 때문이다. 학생에게 신체적 혹은 비신체적 체벌이나 아동학대로 인정되는 행동을 하는 순간 교사는 징계를 받을 수 있음을 기억해야 한다. 그러므로 평소 체벌 없이 아이들을 잘 지도할 수 있는 생활교육의 전문성 함양이 필요하다.

 주의해요 노란불!

정말 큰 사고를 친 학생들을 대할 때 교사는 더욱 차분한 태도를 유지해야 한다. 순간 감정조절에 실패해 학생에게 신체적 체벌을 가하면 징계를 받을 수 있음을 기억하자.

5 학교폭력대책심의위원회에 대한 이해

학교폭력이 발생하면 학부모가 3분의 1 이상 참여하는 학교폭력 전담기구에서 사안을 조사한다. 전담기구에서 사안을 심의한 결과 학교장 자체 종결제에 해당하면 피해학생 및 그 보호자에게 자체해결 동의서를 받아 학교장이 자체 종결하고 그 내용을 학교폭력대책심의위원회에 보고한다. 학교장 자체 종결제 해당 사안은 2주 이상의 신체적 · 정신적 치료가 필요한 진단서를 발급받지 않은 경우, 재산상의 피해가 없거나 즉각 복구된 경우, 학교폭력이 지속적이지 않은 경우, 학교폭력에 대한 신고와 진술 및 자료제공 등에 대한 보복행위가 아닌 경우다.

그리고 학교장 자체 종결제에 해당하지 않는 학교폭력 사안이라고 판단되면 교육지원청에 구성된 학교폭력대책심의위원회에 그 사안을 넘긴다. 이때 전담기구는 피해학생과 그 보호자에게서 학교폭력대책심의위원회의 개최를 요구하는 서류를 받아 제출해야 한다. 그렇게 열린 학교폭력대책심의위원회에서는 가해학생에 대한 선도 및 징계, 피해학생 보호 및 분쟁 조정 등을 진행한다. 이로써 학교는 학교폭력 업무 처리에 따르는 부담과 어려움을 덜어 낼 수 있게 되었다. 학교에서는 이제 학교폭력 전담기구를 통한 사안 조사와 학교폭력대책심의위원회의 요구가 있을 경우 학교폭력과 관련한 추가 자료 제출의 업무만 처리하면 된다.

학교폭력은 매우 예민한 문제다. 그래서 학교폭력이 발생했을 때 가해학생, 피해학생이라는 말을 쉽게 쓰면 안 된다. 모두 사건 관련 학생으로 지칭해야 한다. 무심코 가해학생이라고 말해 버리면 그 부모가 심의 결과가 나온 것도 아닌데 학교 측에서 자신의 자녀를 가해학생으로 낙인찍었다는 민원을 제기할 수 있다. 그러므로 학교와 교사는 중립적인 입장을 잘 지켜야 한다.

 주의해요 노란불!

학교폭력이 발생했을 때 '가해학생', '피해학생'이 아니라 '사건 관련 학생'으로 지칭해야 한다. 무심코 가해학생이라고 말하는 순간, 자신의 자녀를 가해학생으로 낙인찍었다는 학부모의 민원이 제기될 수 있다.

교사가 평소 교실에서 학생 안전을 위해 많이 애썼다고 하더라도 안전사고가 발생하는 순간 교사는 자신의 의무를 다했음을 증빙할 수 있는 자료를 요구받게 된다. 그래서 교사는 평소 학생이나 학부모와의 상담내용을 문서로 잘 기록해 놓아야 한다. 특히 문제행동을 많이 하는 학생은 그 행동과 그에 대한 교사의 지도내용, 그와 관련한 학부모와의 상담내용들을 날짜와 시간까지 상세하게 기록해야 한다. 워드로 작성한 문서는 나중에 조작이 가능하다고 생각하기 때문에 직접 손으로 쓰는 것이 좋다.

만약 교사가 평소에 학생 생활교육 내용을 기록으로 남기지 않는다면 교사는 자신의 생활교육 의무이행을 증빙할 방법이 없게 된다. 학교에서 정기적으로 학생 및 학부모 상담 주간을 가지고, 그때 상담한 내용을 내부결재 공문으로 남겨 놓는 것은 그와 무관하지 않다. 내부결재 공문은 법적으로 인정받는 공문서이기 때문이다.

그러면 공문서인 내부결재 외에 교사의 의무수행을 증빙할 수 있는 방법은 무엇일까? 초등학교의 경우 알림장이 있다. 요즘은 알림장을 학급 홈페이지나 SNS, 알림장 앱을 사용해 공지하기도 하는데 학부모들이 그 내용을 인지했음을 확인할 방법이 없으므로 한계가 있다. 알림장은 교사가 학부모에게 보내는 공적인 메시지다. 공책에 쓰는 알림장에는 교사 확인란과 학부모 확인란이 있다. 학생들이 알림장을 쓰면 교사는 교사 확인란에 사인을 하거나 도장을 찍고, 알림장을 확인한 학부모 역시 학부모 확인란에 도장을 찍거나 사인을 한다. 만약 알림장의 학부모 확인란이 비어 있으면 학부모가 관련 내용을 공지 받았다는 증거가 될 수 없다. 그러므로 학기 초부터 학생들이 알림장을 부모님께 잘 보여주고 있는지 학부모 확인란을 꼼꼼히 확인해야 한다. 평소 알림장에 학생 생활교육 및 안전교육에 꼭 필요한 내용을 요일별로 정해 규칙적으로 쓰게 하는 것도 좋은 방법이다.

교사는 나이스 교육과정도 잘 지켜야 한다. 만약 수업 중에 어떤 사고가 발생할 경우 교사의 책임소재 측면에서 중요하게 여기는 것 중 하나가 나이스 교육과정 준수 여부이다. 초임교사들은 간혹 학기 초 나이스에 입력한 교과 시간표를 수정하지 않고 임의로 다른 과목으로 변경해 수업하곤 하는데 그러면 안 된다. 나이스 교육과정과 다르게 교사 개인이 임의적으로 변경한 수업에서 일어난 사고가 되기 때문이다.

학교에서 수업과 생활교육에 관련한 다양한 교육 활동을 전개할 때는 기본적인 원칙들을 철저히 지켜야 한다. 예를 들어 스포츠 강사를 비롯해 외부강사가 학교로 와서 강의할 때는 담임교사가 그 시간에 함께 있어야 한다. 강사는 교사가 아니라서 그 강의시간에 일어나는 일들의 책임은 여전히 교사에게 있기 때문이다. 만약 교사가 자리를 비운 상태에서 안전사고가 나면 교사는 자리를 비운 책임을 져야 한다. 이는 각종 체험학습이나 수련활동 시에도 마찬가지다.

처음에는 이 모든 것을 지키는 일이 힘들게 느껴질 수도 있다. 하지만 시간이 지나면 익숙해진다. 힘들다고 이 원칙들을 지키지 않으면 우선 잠시는 편할지 모른다. 하지만 불시에 어떤 일이 생겼을 때 이로 인해 자신을 보호할 수 없는 상황에 처할 수 있음을 기억해야 한다.

 주의해요 노란불!

교사는 나이스에 입력한 교과 시간표를 수정하지 않고 임의로 다른 과목으로 변경해 수업해선 안 된다. 만일 이러한 수업에서 사고가 일어날 경우 공적인 교육과정을 지키지 않은 책임이 생기기 때문이다.

❼ 학교안전공제회

학교안전공제회는 1980년대 후반 시도교육청별로 「학교 안전사고 예방 및 보상에 관한 법률」 제15조에 근거해 설립되었다. 안전공제회의 설립목적은 학교 내 안전사고를 예방하고 학생, 교직원 및 교육 활동 참여자가 학교 내 안전사고로 어떤 피해를 입었을 때 이를 보상해 주기 위함이다. 쉽게 말해 학교 교육 활동 중 안전사고를 보장해 주는 보험으로 이해하면 된다. 학교 교육 활동에서 안전사고가 발생하면 관리자에게 보고 후 학교안전공제회의 학교안전사고보상지원시스템 사이트(http://www.schoolsafe.or.kr)에 학교별 아이디와 비밀번호로 로그인 한 후, 사고내용을 입력 제출하고 사고통지서를 학교에서 내부결재 받는다. 그리고 공제급여 청구서를 작성하여 출력 후 사고유형별로 첨부해야 할 문서를 구비하여 시도 안전공제회에 우편으로 보내면 청구 비용을 안전공제회에서 입금해 준다.

학교에는 학교안전공제회 업무 담당 교사가 있으므로 담임교사가 해야 할 일은 학교안전공제회 사이트에 사고통지를 하는 것이다. 예전에는 다친 학생의 부모로부터 치료 영수증, 은행 통장 사본 등의 서류를 받아 학교안전공제회 업무 담당자에게 넘겨주었지만 지금은 치료비를 학부모가 직접 안전공제회 사이트에서 청구한다. 제도상 모든 학교가 의무적으로 학교안전공제회에 가입되어 있다. 지역마다 보상기준에 약간의 편차는 있지만 개인 실비보험과 중복하여 보장받을 수 있다.

학교에서 안전사고가 발생하면 즉시 보건교사와 학교 관리자에게 알리고, 보건교사의 응급처치 후 필요할 때는 학생을 데리고 바로 병원 진료를 받는다. 만약 응급상황이라면 즉시 119에 신고한다. 그 다음으로 교사가 해야 할 일은 다친 학생의 보호자에게 연락하는 일이다. 사고 연락이 늦어지면 학부모 입장에서는 학교가 늦게 대응했다고 생각할 수도 있기 때문이다. 또 119가 출동할 경우에는 학생을 어떤 병원으로 데리고 갈지 학부모의 의견을 묻는 것도 필요하다. 119를 불러야 하는 응급상황이 많지는 않지만 학교 교육 활동 속에서 학생들이 다치는 사고가 발생할 가능성은 늘 있기 때문에 안전사고 발생 시 교사의 대응 절차를 잘 기억해 두도록 하자.

친절한 예둘샘에게
무엇이든 물어보세요

Q1. 현장체험학습 도중 학생을 데리고 병원에 가야 할 상황이 생겼습니다. 다른 학생들을 인솔할 동료 교사가 없을 때는 어떻게 해야 하나요?

학생들의 안전을 위해 현장체험학습은 담임 혼자가 아니라 동료 교사 및 학부모 등 복수의 인솔자로 진행해야 합니다. 만약 질문처럼 인솔자가 담임교사 혼자가 된 경우, 급히 학생을 병원에 데리고 가야 할 상황이 생겼다고 해서 학생 인솔을 아무에게나 맡기면 안 됩니다. 이는 학생 방임이 될 수 있습니다. 가장 좋은 방법은 경찰에 신고해 도움을 받는 것입니다. 경찰은 공공기관일 뿐만 아니라 신고하면 몇 분 안에 인근에 순찰 중인 경찰관이 즉시 현장에 도착해 도움을 줄 수 있습니다.

Q2. 교사들에게 종종 커피를 사 주시는 학교 교감 선생님 생일에 커피 쿠폰을 선물하고 싶은데 몇 천 원짜리 커피 쿠폰도 김영란법 위반인가요?

상급자가 하급자에게 음식을 사 주는 것은 괜찮지만, 하급자가 상급자에게 주는 선물은 아무리 작은 금액이라도 김영란법 위반입니다. 대가성이 없다면 관리자는 교사에게 마음껏 음식을 사 주고 베풀 수 있지만, 직무 연관성이 있는 교사는 관리자에게 절대 선물을 해선 안 됩니다.

Q3. 수업을 위해 뭔가 새로운 것을 준비하면 뭘 그렇게까지 하느냐고 눈치를 주는 동학년 교사가 있습니다. 어떻게 해야 할까요?

아이들의 학습을 위해 새로운 수업을 준비하는 것이 올바른 행동이고, 그것에 대해 눈치를 주는 것이 잘못된 행동입니다. 다만 나의 수업 준비가 동학년 교사들에게 부담이 될 수 있음은 사실입니다. 왜냐하면 의식하지 않아도 자연스레 서로 비교되기 때문이지요. 그러므로 자신이 수업을 위해 준비한 것들을 여유 있게 준비하여 옆 반 교사에게도 함께하자고 제안해 보세요. 만약 함께하지도 않으면서 계속 눈치만 준다면 더 이상 개의치 말고 그냥 열심히 본인의 수업 준비를 하기 바랍니다.

Q4. 아이들에게 친절한 교사가 되려고 아이들에게 최대한 맞춰 주었는데 시간이 지날수록 아이들이 제 말을 더 듣지 않는 것 같아 고민입니다.

교사가 학생들의 의견을 무조건 다 수용해야 하는 것은 아닙니다. 또 학생들이 자신의 의견을 모두 들어주는 교사를 신뢰하는 것도 아닙니다. 교사에게는 유연하지만 분명한 원칙이 있어야 합니다. 학생을 대할 때 친절함과 동시에 안 되는 것은 안 된다고 분명히 말하는 단호함도 있어야 합니다. 아이들과 1:1 상담을 통해 인격적 신뢰 관계를 형성하는 동시에 여러 생활교육 관련 연수를 통해 선배 교사들의 노하우를 배울 것을 추천합니다.

초임교사의
학부모 대하기

1 학부모와 신뢰 관계 형성하기

교사를 감시·평가하고 교육 활동에 간섭하는 존재로 학부모를 보아서는 안 된다. 물론 그렇게 행동하는 학부모도 있긴 하지만, 그렇다고 모든 학부모를 그런 시각으로 보는 것은 옳지 않다. 실제로 교사의 입장을 이해하고 존중하는 학부모도 많다. 학부모를 대할 때 '내가 이 아이의 부모라면 어떤 마음이 들까?' 하는 역지사지의 마음을 가져야 한다.

학부모와 신뢰 관계를 맺는 것만큼 중요한 것이 있는데, 바로 학부모와 교사와의 관계에 경계선을 명확히 하는 일이다. 학부모의 요청을 최대한 존중하되 교사의 권한을 침해하는 부분에 대해서는 친절하고도 분명하게 거절할 줄 알아야 한다. 특히 학부모의 민원을 대할 때 친절함은 매우 중요하다. 같은 대답을 하더라도 말하는 어투에 따라 상대방이 받는 느낌이 달라지기 때문이다. 사소한 민원을 제기했던 학부모가 교사로부터 무시당했다는 느낌을 받아 돌연 거칠어질 수도 있고, 반대로 심각한 민원을 제기했던 학부모가 교사가 자신을 이해해 주고 존중해 준다는 느낌을 받아 대화적 태도를 보일 수도 있다.

학교 민원의 대부분은 학교나 교사에 대한 학부모의 신뢰가 깨질 때 발생한다. 학부모가 학교와 교사를 신뢰하면 교사의 실수를 이해하려 하지만, 학교와 교사와의 신뢰 관계가 깨어지면 교사의 정당한 교육 활동에서도 민원거리를 찾으려 한다.

학부모와의 신뢰 관계는 학부모의 요구를 다 들어준다고 해서 생기는 것이 아니다. 학부모와의 신뢰 형성의 첫 시작은 담임교사가 최소한 자신을 싫어하지 않는다는 느낌을 학생이 가질 때다. 그러므로 교사는 평소에는 관심을 가져 살피고 진심을 담아 학생 상담을 해야 한다. 내 아이가 담임교사를 좋아하고 신뢰하는 모습을 본 학부모는 당연히 담임교사의 교육 활동을 적극 지지하게 된다.

 주의해요 노란불!

학부모와 신뢰 관계를 맺는 것만큼 중요한 것이 그 관계의 경계선을 명확히 하는 일이다. 교사의 권한을 침해하는 학부모의 요청은 분명히 거절해야 한다.

❷ 신규교사의 권위 세우기

신규 남교사는 학부모들에게 스트레스를 받는 경우가 많지 않지만, 신규 여교사는 그렇지 않다. 이는 학부모 상담을 주로 학생의 엄마와 하는 데서 그 원인을 찾을 수 있다. 추정컨대 엄마의 입장에선 초임이라도 남교사는 약간 부담스러워 스스로 조심하는 태도를 취하지만, 신규 여교사는 같은 여성인 데다 자신보다 나이가 어리고 경험이 아주 많지 않다는 생각이 들면 이런 저런 요구를 하거나 가르치려 드는 경우가 간혹 있기 때문이다. 이럴 때는 어떻게 해야 할까? 그냥 한쪽 귀로 흘려들으면 될까? 만약 학부모가 상식적인 수준을 넘어 담임교사를 가르치려 한다면 "말씀하신 그 부분은 저의 학급경영 철학과 여러 학교 상황을 고려해 제가 결정하겠습니다."라고 친절하지만 단호하게 말해 교사의 권위를 세우는 것이 필요하다.

교사의 권위는 평소 교사의 수업 전문성과 교육에 대한 열정에서 나온다. 이 2가지가 있다면 교사 스스로 자신의 교육 전문성에 대한 자신감으로 학부모를 대할 수 있어서 원활한 상담에도 도움이 된다. 그러므로 교실 수업에서 다양한 수업 활동과 수업 연구를 지속적으로 해 나가면 담임교사의 교육 열정을 반 아이들도 알고 학부모들도 알게 된다. 학부모가 우리 반 담임은 신규교사이지만 교육철학이 뚜렷하고 열정적이라고 생각하게 되면 담임교사의 권위도 자연스럽게 생겨난다.

학교 교과서를 집필한 대학교수가 학부모라 하더라도 마찬가지다. 초등교육에 있어서만큼은 실제로 아이를 가르치고 있는 내가 신규교사라도 더 전문가라는 자신감을 가져야 한다. 신규교사들은 어려운 임용시험에 합격한 사람들로 기본적으로 전문성과 능력이 뛰어나다. 또 교육 이론에 대한 전문가일 뿐 아니라 학교 현장에서 교육이론을 실천하는 교육 실천의 전문가다.

신규교사 때는 학부모를 대하는 것이 당연히 어렵고 힘들다. 그렇다고 마냥 부담스러워해서는 안 된다. 어떤 의미에서는 담임교사를 대하는 학부모가 더 부담스러운 입장일 수 있다. 교직 경력이 쌓이면 학부모와의 신뢰 관계를 보다 잘 형성하게 되고 학부모를 대하는 전문성 역시 자연스럽게 생겨날 것이다.

❸ 악성 민원을 일으키는 행동 알기

학부모 중에는 악성 민원을 학교에 자주 제기하는 사람들이 있다. 그러므로 학년 초 내가 맡은 학급 아이들의 성향 파악 못지않게 학부모들의 성향을 파악하는 것도 중요하다. 학부모가 교육 활동에 대한 정당한 민원을 제기하는 것은 학부모의 권리이자 의무다. 학교는 그것을 받아들이면서 더욱 성장할 수 있다. 그렇지만 누가 보아도 정당하지 않은 악성 민원을 자주 제기하는 학부모에 대해서는 원칙대로 일관성을 가지고 대해야 한다. 특히 민원 대응 과정에서 학부모에게 책잡힐 말이나 행동을 하지 않도록 주의해야 한다. 그러면 학부모의 협박성 발언에 학교나 교사가 흔들릴 이유가 전혀 없다.

다음은 초임교사들이 쉽게 실수할 수 있는 악성 민원의 사유가 되는 행동들이다.

(1) 신체적 접촉

아이를 훈육할 때 아이와의 신체적 접촉은 절대 삼가야 한다. 운동장에서 줄을 잘 서지 못한 아이를 잘 서도록 옆으로 살짝 밀었을 뿐인데, 그것을 체벌이라고 트집 잡는 학부모도 있다.

(2) 수업 중 배제

문제행동을 한 아이를 교실 뒤에 서 있게 하거나 모둠 활동에서 제외시키는 것은 학습권 침해로 민원의 사유가 된다.

(3) 수업 중 공개적인 책망

수업 중에 아이가 어떤 잘못을 한다면 그에 대한 훈육은 학생들 앞에서 할 것이 아니라 나중에 따로 불러서 이야기하는 것이 좋다. 아이가 어떤 잘못을 했더라도 공개적인 책망은 교육적으로 좋지 않다.

(4) 비밀 엄수의 의무 미이행

학생 및 학부모와 나눈 이야기는 비밀을 엄수해야 한다. 민감한 내용일수록 더욱 그러하다. 교사가 무심코 반 아이에 대한 이야기를 동료 교사들에게 했을 때, 이야기가 돌고 돌아 그 학생이나 학부모의 귀에 들어갈 수도 있다. 그러면 교사는 비밀 엄수의 의무를 지키지 않은 것이 된다.

(5) 차별하는 행동

교사는 학생을 차별하면 안 된다. 교사도 사람인지라 마음으로는 좋은 학생과 싫은 학생이 있을 수 있다. 그렇더라도 최소한 학생들이 그런 것을 느끼게끔 행동해서는 안 된다. 교사는 모든 학생이 교사가 자신을 좋아한다는 느낌을 가질 수 있도록 노력해야 한다.

☀️ **주의해요 노란불!**

아이와의 신체적 접촉, 수업 중 배제, 수업 중 공개적인 책망, 비밀 엄수의 의무 미이행, 차별하는 행동 등은 초임교사가 쉽게 저지를 수 있는 악성 민원의 사유가 되는 행동들이니 조심하자.

---

④ 문제행동이 많은 학생의 학부모 대하기

나는 학년부장일 때 항상 학년에서 가장 생활교육이 어려운 아이가 있는 반을 먼저 맡은 후, 학년 선생님들이 제비뽑기로 나머지 반을 맡도록 했다. 그래서인지 학교 선생님들은 나와 동학년을 맡는 것을 다들 좋아했다. 선생님들은 생활교육이 힘든 아이들을 내가 잘 다루기 때문이라고 생각했겠지만 실제로 그 아이들을 맡는 것이 전혀 힘들지 않았던 것은 아니다. 그냥 학년부장으로서 당연히 해야 할 일이라고 생각했기에 생활교육이 힘든 아이가 있는 반을 먼저 맡았을 뿐이다.

내가 문제를 많이 일으키는 학생과 그 학부모들을 잘 대할 수 있었던 이유는 학생을 혼내더라도 담임인 내가 그 학생을 싫어한다는 느낌을 받지 않도록 노력했기 때문이다. 자신의 아이가 어떤 문제가 있을 때 그것을 전혀 모르는 학부모는 거의 없다. 다만 아이의 문제점을 알고 있으면서도 아이가 그럴 줄 몰랐다고 모르는 척하는 경우는 종종 있다.

담임교사가 학생의 문제점을 발견했을 때 학부모에게 바로 전화해서 말하는 것은 좋지 않다. 내 아이가 실제로 어떤 문제가 있더라도 그 문제에 대해 바로 지적을 당하면 학부모는 기분이 나쁠 수밖에 없다. 그러니 먼저 학부모에게 교사로서 아이에게 충분히 관심을 가지고 있으며 아이를 위해 많은 고민과 노력을 하고 있음을 확인시켜 신뢰 관계를 형성하는 것이 중요하다. 문제를 지적하는 일은 그 다음이다.

 주의해요 노란불!

문제를 많이 일으키는 학생을 혼낼 때 교사가 자신을 싫어한다는 느낌을 학생이 받지 않도록 해야 한다. 이는 학부모와 신뢰 관계를 형성하는 데 있어 매우 중요하다.

⑤ 학부모 상담의 원칙

교사에게도 사생활이 있다. 퇴근 시간 이후에 학부모가 담임에게 전화해 이것저것을 묻는 것은 예의가 아니다. 아이가 다쳐 결석을 해야 할 상황과 같이 담임이 바로 알아야 할 급한 일이 발생한 경우를 제외하고는 학부모가 퇴근 이후 시간에 담임교사에게 전화하는 것은 바람직하지 않은 행동이다.

예전에 한 학부모로부터 자신의 아이가 하교 후에 학급의 다른 아이에게 따돌림을 당한다는 전화를 받은 적이 있다. 상대 학생 부모에게 이 사실을 알려도 아이를 지도할 생각이 없다고 해서 담임인 나에게 전화를 했다는 것이다. 문제는 따돌림 사건이 학교 안이 아니라 아이들이 하교한 이후 학교 밖에서 생긴 일이라는 점이었다. 담임교사가 관련 학생에게 하교 후 행동의 사실관계를 파악하고 가해학생과 그 학부모를 면담한 후 피해학생에게 사과하도록 훈육하고 지도할 수는 있겠지만 하교 후 학생의 행동을 교사가 완전히 책임지긴 어려운 일이었다. 기본적으로 하교 후 학교 밖에서 일어난 학생들의 생활교육은 학부모의 몫이기 때문이다.

그런데 학교 밖에서 생긴 문제를 학교에서 주변 아이들 모르게 해결해 달라고 하니 참으로 난감했다. 당시에는 그런 경험이 처음이었고 따돌림을 당하는 학생이 안타까워서 피해학생 학부모의 전화를 퇴근 후에도 계속 받아 주었다. 그런데 문제가 당장 해결되지 않다 보니 학부모와의 통화시간은 점점 더 길어지게 되었고 나중에는 밤늦은 시간에도 수시로 전화가 오는 상황이 발생했다. 다행히 한 달여의 시간이 흘러 문제는 어느 정도 해결되었다. 하지만 한 달 동안 밤늦은 시간까지 전화로 학부모를 상대하느라 나는 진이 다 빠져 있었다. 이후 나는 학년 초에 학부모들에게 다음 2가지를 항상 공지한다.

- 학생 상담을 원하시는 경우 전날에 우선 연락을 주세요. 문자로 주셔도 됩니다.
- 왕따 문제 같은 친구 관계 상담은 전화 상담이 아닌 1:1 대면 상담만 합니다.

첫 번째는 학부모가 사전 연락 없이 나를 만나러 왔을 때 내가 출장 중이거나 혹은 회의 참석 등 학교 업무를 보는 중이면 만나지 못할 수도 있기 때문이라고 그 이유를 설명했다. 그리고 두 번째 친구 관계에 대한 문제는 전화로 상담하면 면대면 상담보다는 오해 상황이 생길 여지가 있고, 더 정확한 상황파악을 위해서 학부모가 직접 학교로 찾아와 이야기하는 것이 좋다는 이유를 들었다.

큰 민원이 발생한 경우에는 학부모와 전화 상담을 할 때 담임교사로서 중립을 잘 지켜야 한다. 학부모의 마음에 공감은 해 주되 사건에 대한 가치판단을 함부로 내려서는 안 된다. 담임교사와의 통화를 녹음하는 학부모도 있음을 기억해야 한다.

퇴근 이후 학부모 민원전화로 시달리는 문제 때문에 휴대폰을 2개 사용하는 교사들도 있다. 내 전화번호가 학부모의 휴대폰에 등록되면 SNS(카톡 등)에 올린 사진과 같은 개인정보가 학부모에게 유출될 수도 있기에 학부모 상담용 휴대폰을 하나 더 만드는 것이다. 그러나 학부모 상담용 휴대폰을 퇴근 이후에 아예 꺼 버리는 극단적인 방법은 사용하지 않는 것이 좋다.

⑥ 학부모에게 휘둘리지 않는 교사 되기

학부모 중에는 간혹 교사와의 관계에 있어서 자신의 사회적 지위나 능력을 내세우고자 하는 이들이 있다. 집안이 교육자 집안이라거나 할아버지가 재계나 법조계의 높은 사람이라고 혹은 자신이 교수라고 밝히며 초임교사에게 이런저런 것을 가르치려 하는 것이다. 그때는 다음과 같이 이야기하면 된다.

"어머님은 지금 교수님으로 이 자리에 오신 것이 아니라, 학부모로서 이 자리에 오신 것입니다. 학생 생활 상담에 꼭 필요한 이야기가 아니라면 원활한 상담을 위해 삼가 주시면 좋겠습니다."

이런 이야기를 할 때는 최대한 부드럽게 해야 한다. 정색하고 말하면 감정이 실린 것처럼 느껴질 수 있으니 객관적이면서도 차분하게 또 자연스럽게 말하는 연습이 필요하다.

학부모 중에선 교사가 어떤 성향의 사람인지 한번 간을 보는 사람들도 있다. 어떤 이야기를 살짝 흘린 후 교사의 반응을 살펴보고 그 반응에 따라 자신의 행동이나 말의 범위를 정하는 것이다. 원칙이 분명한 교사를 만나면 불합리한 것을 요구하지 않지만, 자신의 이야기가 어느 정도 먹힌다고 판단되면 이것저것을 요구한다. 예를 들어 학부모가 갑자기 뜬금없는 질문을 하거나 내가 하지도 않은 말이나 행동을 했다며 교사를 떠본다면 그냥 흘려 넘기지 말고 그 이야기의 의미를 확인하는 것이 좋다. "좀 전에 ~라고 말씀하셨는데, 좀 더 구체적으로 말해 주세요. 제가 잘 이해가 안 되어서요."라고 되묻는 것은 좋은 방법이다.

교사는 학부모의 이야기에 귀 기울이고 최대한 학부모의 의견을 존중해야 하지만 학부모의 이야기를 듣고 어떤 판단을 해야 할 때는 항상 신중해야 한다. 아이들처럼 학부모들도 자신의 입장만 생각하며 이야기를 하는 경우가 많기 때문이다. 학부모 이야기에 교사가 쉽게 휘둘려서 성급한 판단이나 행동을 하면 또 다른 문제가 생길 수 있다. 우리 아이 담임은 원칙과 소신이 분명하고, 학부모들의 이야기를 들어 주려 늘 노력한다는 평가를 받아야 한다.

⑦ 학부모 민원 시 피해야 할 행동들

교사가 아무리 교육 활동을 열심히 하고 책잡힐 일 없이 학생들을 지도한다고 하더라도 불만을 가지는 학부모가 있을 수 있다. 다양한 성향의 아이들이 있듯이 정말 다양한 학부모들이 존재한다. 학부모의 거센 민원이 갑작스레 발생하면 교사도 당황하는데, 이때 다음 3가지 대응 방법을 선택하는 실수를 하지 않도록 주의하자.

첫째는 무조건적인 사과다. 분명 자신이 일방적으로 잘못한 일이 아닌데도 갑작스러운 항의 방문에 당황해서 학부모에게 먼저 미안하다고 말하는 경우다. 학부모들이 단체로 찾아와서 항의하는 경우 더욱 그렇게 되기 쉽다. 하지만 이럴 때는 학부모에게 잠시 기다리라고 하고 학년 부장이나 교감 선생님께 즉시 연락해 조언을 구해야 한다. 그리고 사과 전에 자초지종을 학부모와 같이 찬찬히 되짚어 보는 것이 먼저임을 기억해야 한다.

둘째는 감정적인 맞대응이다. 학부모가 생각보다 더 거세게 항의한다면, 교사는 더 단단히 중심을 잡고 감정적인 대응을 절대 하면 안 된다. 우선 학부모의 이야기를 차분히 들은 후 그 내용을 정리하고 그에 대한 교사로서의 입장을 말해야 한다. 당장 내가 어떤 말이나 행동을 해야 할지 판단이 서지 않는다면 학부모가 요구하는 사항을 정리한 후 다음과 같이 말하는 것이 좋다. "학부모님이 요구하는 사항이 이러이러한 것이 맞나요? 말씀하신 것을 제가 충분히 인지했으니 그에 대해 좀 더 알아본 후 곧 답변을 드리겠습니다."

셋째는 방어적인 무시다. 학부모가 항의할 때 건성으로 듣거나 무시하는 듯한 태도를 보이면 학부모의 오해를 불러일으킬 수 있고, 이는 상황을 더 악화시킬 수 있기에 주의해야 한다.

경력교사는 다양한 유형의 학부모와 민원을 경험했고 또 여러 사례를 많이 알고 있기에 이런저런 상황에 잘 대처할 수 있다. 그러나 초임교사들은 학부모의 항의가 당황스럽기도 하고 때론 두려울 수도 있어서 대처가 어려울 수밖에 없다. 학부모 민원을 너무 두려워할 필요는 없다. 교사는 항의하는 학부모의 의견을 먼저 충분히 듣고 생각할 시간을 가진 후에 학부모에게 사과할 일이 있으면 사과를 하면 되는 것이고, 아닌 부분은 아니라고 말하면 된다.

종종 말도 안 되는 이유로 교사를 힘들게 하는 학부모가 있는데, 이러한 학부모를 만나면 1년이 참 괴롭다. 이 경우 앞으로의 교직 생활을 위한 좋은 예방주사를 1년간 맞는다고 생각하자. 실제로 그런 학부모를 1년간 경험하면 다음 해부터는 웬만한 학부모 민원은 흔들리지 않고 잘 처리할 수 있는 단단한 내면과 전문성이 생긴다.

 주의해요 노란불!

학부모의 갑작스런 민원으로 당황한 교사가 절대 해서는 안 되는 행동이 바로 무조건적 사과, 감정적 맞대응, 방어적 무시다. 이는 상황을 더 악화시킬 뿐이다.

8 학부모의 협박성 민원에 흔들리지 않기

자신의 요구사항을 '떼법'으로 관철하려는 학부모들은 보통 다음과 같은 패턴을 보인다. 이 일에 대해 관리자(교장, 교감)에게 말하겠다. → 교육청, 교육부, 청와대에 민원 넣겠다. → 언론에 제보하고 고발하겠다.

신규교사는 이러한 압박성 이야기를 처음 들으면 몹시 당황한다. 그러나 내가 잘못한 것이 없다면 아무것도 문제가 되지 않는다. 혹 교사의 실수가 있었다고 하더라도 모든 실수가 다 징계 대상은 아니다. 상식적으로 이해되는 교사의 사소한 실수나 사안이 중하지 않은 일들은 문제가 커진다 하더라도 보통 징계가 아닌 행정처분(주의나 경고)으로 마무리된다.

학부모가 교육청에 민원을 넣으면 교육청에서는 학부모 민원에 대한 사실관계를 객관적으로 확인한다. 담임 장학사가 직접 학교를 방문하기도 하지만, 보통은 먼저 학교에 학부모 민원 사안에 대해 자체적으로 조사하고 확인하도록 지시한다. 교육청은 일방적으로 학부모 편을 드는 기관도, 학교나 교사를 감시하고 통제하는 기관도 아니다. 학교 현장 선생님들의 교육 활동을 지원하고 문제해결을 돕는 기관이다.

교육청은 교사의 어려움과 현장의 고충을 잘 안다. 그러므로 초임교사는 감당하기 힘든 어떤 큰 문제가 생기면 먼저 선배 교사나 관리자와 상의하고 필요한 경우에는 문제해결을 위해 교육청의 지원을 받을 수 있다. 선배 교사는 교직에서 많은 경험과 연륜을 쌓은 사람들이다. 그러므로 학부모가 말도 안 되는 내용으로 협박성 발언을 하면 절대 놀라거나 혼자 고민하지 말고 선배 교사의 도움을 받도록 하자.

나는 학년부장일 때 학생들의 생활교육을 위해 어떤 방침을 일정 기간 시행하곤 했다. 물론 동학년 교사들과 먼저 합의하는 과정을 거쳤고, 그 내용에 대해서 학교 관리자의 허락을 받았다. 이렇게 결정한 사안을 두고 학부모들이 강한 반대 의견을 표명했을 때 나는 이렇게 이야기했다. "학부모님이 그에 대해 정 불만이시면 교장 선생님과 이야기하십시오. 이것은 교장 선생님이 허락하신 일입니다." 학부모가 사용하려는 카드를 내가 먼저 사용해 버린 것이다.

학교 교육 활동에서 학부모의 의견을 존중하는 것도 중요하지만, 한 번 만들어진 어떤 교육 활동 원칙을 일관성 있게 지키는 일도 매우 중요하다. 비상식적인 민원으로는 절대 학교를 흔들 수 없고, 오직 정당한 민원만이 학교에 받아들여진다는 인식이 학부모들 사이에 퍼졌으면 하는 바람이다.

❾ 학부모와의 갑작스런 상담에 대처하는 법

학부모가 사전연락 없이 교실에 항의하러 와 교사를 당황하게 하는 경우는 드물긴 하지만 아주 없는 일도 아니다. 또 학부모와 일반적인 상담을 하다가 갑자기 교사가 인지하지 못한 일에 대해 학부모가 이야기하면 적절한 상황 판단이 어렵다. 이 경우 "말씀하신 부분에 대해 자세히 알아본 후 제가 다시 연락드리겠습니다."라고 말해야 한다. 특히 서로 다른 입장이 있는 사안이라면 양쪽 의견을 모두 들어 보아야 제대로 된 판단을 할 수 있기 때문이다.

학부모가 바로 당장 어떤 결정이나 대답을 요구하는 경우에는 어떻게 해야 할까? 성급한 답변은 절대 금물이다. 대신 "지금 당장 말씀드리기 어려우니 심사숙고한 후 다시 연락을 드리겠습니다."라고 이야기한 후 그 일에 대해 자세히 알아보고 학부모에게 어떻게 말해야 할지 생각할 시간을 충분히 가져야 한다. 학년부장을 비롯한 선배 교사와 관리자에게 이야기하고 조언을 들으면 대부분 어떻게 행동해야 할지 알게 되기에 학부모 민원을 잘 해결할 수 있다.

 주의해요 노란불!

학부모가 당장 어떤 결정이나 대답을 요구하는 경우 성급한 답변은 절대 금물이다. 학부모에게 양해를 구한 후 그 일에 대해 자세히 알아보고 학년부장을 비롯한 선배 교사의 조언을 받아 답변해야 불필요한 문제가 발생하지 않는다.

⑩ 학부모의 존경과 신뢰를 받는 초임교사 되기

지난날을 되돌아보면 초임교사 5년 동안은 매년 자주 혼나는 학생이 한두 명은 있었다. 하지만 그 학생들의 학부모와 담임인 나의 사이는 크게 나쁘지 않았다. 학생들을 혼내기만 한 것이 아니라 상담에도 열심이었기 때문이다. 한 학생을 혼내면 반드시 그에 대해 개인 상담을 하고 집으로 보냈다. 그러자 아이들은 내가 자주 혼내더라도 선생님이 자신을 싫어하는 것은 아니라고 생각하게 되었다. 아이들은 교사가 자신을 인격적으로 대하는지 그렇지 않은지를 누구보다 잘 알고 있다.

나는 학부모에게 신뢰를 받는 교사였다. 연구대회에 늘 새로운 수업으로 도전한 것도 하나의 요인이었지만 그보다는 아이들과 상담을 잘했고 아이들의 의견을 존중하려고 노력했으며 학생들을 차별하지 않으려 무던히도 애를 쓴 덕분이었다. 물론 나도 사람인지라 어떤 아이의 행동거지가 참 마음에 들면 그 아이가 더 예뻐 보이기도 했다. 반면에 어떤 아이는 용납할 수 없는 행동이 계속되어 참 싫기도 했다. 하지만 나는 부정적인 마음을 아이들에게 드러내지 않으려 정말 많이 노력했다.

내가 학부모들의 신뢰를 받았던 또 다른 요인은 교육 활동을 하면서 가급적 학부모의 부담을 줄이려 애쓴 것이다. 김영란법이 없었던 예전에는 현장체험학습을 갈 때 학부모 대표들이 교사들의 점심을 준비하는 관행이 있었다. 예전부터 그렇게 해 온 것이기에 학부모들도 당연히 그래야 한다고 생각했고 교사들도 그러했다. 하지만 나는 그러고 싶지 않았다. 학부모들에게 그런 것을 요구하는 것은 잘못이라고 생각했기에 학기 초 학부모 대표가 선출되면 미리 학생 현장체험학습 때 교사들의 점심을 준비하지 말 것을 당부했다. 대신 행정실에서 학교카드를 받아 교사들의 점심을 해결했다.

교실 청소 역시 마찬가지였다. 초등학교 1학년 학생들도 자기 자리 정도는 스스로 청소할 수 있다. 부족한 부분은 담임이 직접 하면 된다. 생각해 보면 교실이 담임교사 혼자 청소하기 힘들 만큼 그렇게 넓은 공간은 아니지 않은가.

관행을 역행하는 이러한 나의 학년 운영 방침을 잘 실천할 수 있었던 것은 동학년 교사들이 잘 따라 주었기 때문이다.

교사에 대한 학부모의 신뢰가 깨지면 교사의 모든 것이 다 고까워 보이지만 튼튼한 신뢰 관계가 형성되면 실수가 있더라도 오히려 교사를 이해해 준다. 그렇기에 초임교사는 더더욱 학부모의 신뢰를 얻는 일이 중요하다.

11 교권침해와 학교교권보호위원회

교권침해는 「교원의 지위향상 및 교육활동 보호를 위한 특별법(교원지위법)」에 규정된 행위(상해, 폭행, 협박 등)로 교사의 교육 활동을 침해하는 행위를 말한다. 학생이나 학부모에 의해 교권침해가 일어나면 학교교권보호위원회가 나서서 교사를 보호하고 중재에 나선다.

학부모의 폭언, 폭력 등의 교권침해는 피해교사나 학교장이 원할 경우 교권침해 학부모에 대한 교육감의 고발 조치도 진행된다. 또 관할청 법률지원단이 구성되어 학교 현장을 지원한다.

학생의 교권침해는 예전에는 학교선도위원회를 열어서 교권침해 학생에 대해 징계 심의 및 처분을 내렸지만, 2019년 10월부터는 교원지위법이 개정되어 교사에게 상해나 폭행, 성폭력을 한 학생은 학교 교권보호위원회에서 즉시 강제전학이나 퇴학 처분을 내릴 수 있게 되었다. 또한 교육 활동을 지속적으로 방해하는 학생에 대해서도 교내봉사, 사회봉사, 출석정지, 학급교체를 처분할 수 있고, 동일행위가 두 번 이상 반복되어 학교교권보호위원회가 열리면 강제전학 및 퇴학 처분도 내릴 수 있다. 다만 의무교육과정인 초등학교와 중학교에서는 퇴학이 되지 않으므로 강제전학만 가능하다. 교권침해를 당한 교원이 임신 중이거나 장애가 있는 경우 교권침해를 한 학생은 가중처벌을 받는다. 교권침해 학생이 특별교육, 심리치료를 받을 때 학부모도 참여해야 한다. 정당한 사유없이 학부모가 참여하지 않으면 300만 원 이하의 과태료가 부과된다.

학교교권보호위원회가 열리면 학급교체나 사회봉사 등 가벼운 조치는 7일 이내, 강제전학이나 퇴학 처분은 14일 이내에 결정된다. 교권침해를 당한 교사가 치료가 필요한 경우에는 교육청이 먼저 치료비를 부담하고 가해학생 부모에게 그에 대해 구상권을 행사할 수 있다.

친절한 예둘샘에게
무엇이든 물어보세요

Q1. 가정환경실태조사서로 학부모 정보를 알 수 없나요?

학기 초 가정환경실태조사서로 가정환경을 파악할 때 「개인정보보호법」에 의해 부모의 직업이나 주민번호 등은 기재하지 않게 되어 있습니다. 최소한의 정보만을 받는 것이죠. 그러다 보니 학생의 가정환경을 잘 파악할 수 없는 문제가 생깁니다. 그렇다고 아이에게 직접 물을 수도 없는데 말이죠. 이런 경우는 작년에 그 아이를 담임했던 교사의 도움을 받으면 학생의 가정환경을 어느 정도는 파악할 수 있습니다.

Q2. 한 학부모가 다른 학부모의 전화번호를 알려 달라고 합니다. 어떻게 해야 하나요?

동의 없이 학부모의 전화번호를 다른 사람에게 알려 주면 안 됩니다. 개인정보는 철저히 보호되어야 하기 때문입니다. 그런 요청을 받으면 우선 개인정보보호 차원에서 전화번호를 알려 드릴 수 없다고 밝히고, 해당 학부모에게 연락해 동의 여부를 확인합니다. 그리고 동의를 할 때만 알려 주도록 합니다.

Q3. 학부모의 자원봉사가 필요한데 요청하기가 쉽지 않습니다. 어떻게 해야 할까요?

학교마다 다양한 학부모 봉사활동이 있습니다. 학부모들의 자원봉사가 필요하다면 학부모 총회 때 학부모 대표에게 부탁하는 것이 좋습니다. 학부모 입장에서도 교사보다는 학부모 대표에게 부탁받는 것이 가부를 말하기가 더 편합니다.

만약 학교에서 자원봉사를 하는 학부모를 만나면 "○○○ 어머님(혹은 아버님), 수고가 많으세요. 감사드립니다."라고 아이의 이름을 불러 주며 감사를 표시하면 정말 좋습니다.

Q4. 한 학부모가 자신의 아이와 갈등 관계에 있는 학생을 하교 시간에 직접 만나서 대화하고 싶다고 합니다. 그렇게 허용해도 괜찮을까요?

안 됩니다. 혹 상대 학생 학부모가 동의한다 하더라도 그것은 학교에서 허용하지 않는 것이 좋습니다. 학부모가 자신의 아이와 갈등을 빚고 있는 학생을 그 학생의 보호자 없이 직접 만나 대화하면 더 큰 문제가 추가 발생될 가능성이 높습니다. 학교에서 학생들 사이에 갈등이 생기면 우선 담임교사가 학생 상담이나 학부모 상담 등을 통해 문제를 해결하는 것이 좋습니다.

초임교사의
학년 생활

1 학년 부장교사의 유형

학년 부장교사는 학년을 대표하는 교사로, 주로 1반을 맡는다. 학년부장은 동학년 교사들과 학교 관리자 사이에서 가교 역할을 한다. 좋은 학년부장을 만나는 것도 학교 생활에서 경험할 수 있는 큰 축복이다. 이는 1년의 학교 생활이 행복할지 그렇지 않을지를 좌우할 만큼 중요하다. 그래서 다음 연도 새 학년을 지원할 때 어떤 부장교사가 어느 학년에 가는지에 교사들의 관심이 쏠린다. 기피 유형의 부장교사가 어느 학년에 간다는 소문이 돌면 그 학년은 금세 기피 학년이 된다. 대표적인 학년 부장교사의 유형은 다음과 같다.

(1) 솔선수범형

학년의 모든 일을 솔선수범해 맡아 일하는 부장이다. 아이들을 사랑하고 수업에 대한 열정이 있으며 전문성이 뛰어난 학년부장을 만났다면 내가 1년 동안 많이 성장할 수 있는 환경이라고 생각하면 된다.

(2) 합리주의형

업무를 합리적으로 나눠서 하는 유형이다. 하지만 힘든 일을 먼저 자발적으로 맡지는 않는다. 새 학년 학급 배정을 공정하게 제비뽑기로 하긴 하지만 생활교육이 힘든 학생이 있는 학급을 먼저 맡겠다고 말하지는 않는 유형이다.

(3) 업무 토스형

학년부장으로서 자신이 해야 할 업무를 동학년 교사들에게 계속 떠넘기는 유형이다. 일을 떠넘기기 쉬운 초임교사를 바로 옆의 2반으로 배정하기도 한다.

(4) 독재형

동학년 교사들의 의견을 듣지 않고 오로지 자신의 생각과 주장만을 강요하는 유형이다. 독재형 학년부장의 가장 큰 문제는 자신이 그런 행동을 하는지를 잘 모른다는 점이다.

(5) 마이웨이형

동학년 교사들을 전혀 신경 쓰지 않는 유형이다. 오직 자기 반만 신경 쓴다. 학년부장이 해야 할 학년 업무만 하고 학년의 다른 반을 잘 살피지 않는다.

(6) 자유방임형

학년부장으로서 해야 할 일을 아예 손 놓고 있는 유형이다. 학년부장 업무를 전혀 하지 않아서 동학년 교사들이 학년부장이 해야 할 역할을 대신해야만 한다.

❷ 학년부장 배정과 반 배정

관리자는 교사들로부터 내년도 업무 및 학년 배정 신청서를 받을 때 학년부장 신청도 같이 받는다. 부장을 하겠다는 교사가 많은 학교는 큰 문제 없이 학년부장이 정해지지만 부장을 원하는 교사가 없으면 관리자는 부장교사를 물색해야 한다. 어떤 학교에서는 교감이 교사들에게 부장을 맡아 달라고 일일이 설득하는 어려움을 겪기도 한다.

학년부장을 각 학년에 배정할 때는 부장 업무의 특수성과 기존 부장 경력을 고려해 배정한다. 그래서 학교의 중책을 담당하고 업무가 많은 교무부장과 연구부장은 초등학교의 경우 저학년 담임이나 전담교사로 배정한다. 다른 부장들은 보통 학교에서 오래 근무한 순서대로 부장 선택권을 주기 때문에 신규부장은 주로 고학년을 맡게 된다. 올해 담임을 맡을 새 학년의 반은 작년 담임교사들이 만든 반을 제비뽑기로 선택한다. 생활교육이 어려운 학생이 있는 반처럼 특별한 상황에 처한 학급의 경우에는 학년부장이나 그 반을 맡겠다고 자원한 교사가 바로 맡기도 한다.

❸ 좋은 학년 부장교사가 되려면

교직 경력이 점차 쌓이면 신규교사도 부장을 맡아야 하는 위치에 이르게 된다. 빠르면 1정 자격연수를 받은 직후에 부장을 맡아야 할 수도 있다. 학년부장이 되면 동학년 교사들에게 다음의 10가지 모습을 가진 좋은 부장교사가 되었으면 한다.

(1) 동학년 교사에게 힘들다고 푸념하지 않기

학년부장은 문제를 해결하고 방향성을 제시하는 리더의 자리다. 만약 학교 교육 활동에서 문제를 발견했을 때 힘들다고 푸념하거나 비판만 해서는 안 된다. 그보다는 문제를 해결할 대안을 제시할 수 있어야 한다.

(2) 동학년 교사의 의견을 경청하여 반영하기

동학년 교사의 의견을 듣지 않고 자기 고집대로 학년 교육 활동을 추진하려는 부장은 동학년 교사의 신뢰를 받지 못한다. 당연히 학년 교육 활동도 제대로 이뤄지기 어려울 것이다.

(3) 동학년 교사에게 요구하는 것을 자신도 실천하기

학생들의 어떤 행동을 허락하지 말라고 동학년 교사에게 말해 놓고 정작 자신은 그것을 허용하는 이중적인 행동을 해서는 안 된다.

(4) 답이 정해진 불필요한 회의 하지 않기

동학년 교사의 의견을 모으는 회의는 꼭 필요할 때만 한다. 특히 학년 부장 자신의 생각을 관철시킬 목적으로 학년 회의를 해서는 안 된다.

(5) 동학년 교사를 비난하거나 책임 묻지 않기

동학년 교사가 어떤 실수를 했다면 그를 비난하거나 교사 개인에게 책임을 지우려 해서는 안 된다. 그보다는 학년부장으로서 좀 더 주의 깊게 그 교사의 실수를 살피지 못했음을 먼저 반성해야 한다. 학년부장은 동학년 교사를 품어야 하는 위치다.

(6) 학급운영뿐 아니라 학년운영에 신경 쓰기

학년부장은 자기 반 학급운영뿐 아니라 학년운영도 함께 신경 써야 한다. 그러므로 학년 전체 학생들 앞에서 다른 반 담임과 비교되는 언행을 하거나 자기 반만을 챙겨서는 안 된다.

(7) 동학년 교사에게 부장의 일을 떠넘기지 않기

동학년 교사가 부장의 업무를 돕고 지원해 줄 수는 있지만, 기본적으로 부장의 일은 자신이 책임지고 해야 한다.

(8) 학생들 앞에서 동학년 교사 존중하기

학생들이 보는 앞에서는 동학년 교사에게 반말을 해서는 안 된다. 아무리 친한 동료 교사라도, 나보다 한참 어린 신규교사라도 존중하는 마음을 가져야 한다. 그 시작은 존댓말을 사용하는 대화일 것이다.

(9) 학년 업무를 간소화하고 더 만들지 않기

학년부장은 업무를 줄이는 능력이 뛰어나야 한다. 자신의 욕심과 고집스러운 업무 추진 스타일 때문에 없는 일을 더 만들거나 쉽게 할 수 있는 일을 어렵게 해서는 안 된다.

(10) 학년의 힘든 일을 먼저 맡는 모범 보이기

학년부장은 생활교육이 어려운 학생이 있는 반을 먼저 맡는 등의 모범을 동학년 교사에게 보여 주어야 한다. 그런 행동들은 동학년 교사의 신뢰를 얻는 데 큰 도움이 된다.

다음으로 좋은 학년부장으로서 제 역할을 잘하고 있는데 문제가 있는 동학년 교사를 만나면 어떻게 해야 할지에 대해 알아보자. 실제 항상 딴지를 걸거나 말도 안 되는 요구를 하는 동학년 교사, 학년부장은 하기 싫고 학년부장의 목소리만 내고 싶어 하는 나이 많은 동학년 교사에 대해 고민하는 이야기를 종종 듣는다. 과연 어떻게 해야 할까?

우선은 그들의 말에 쉽게 흔들리면 안 된다. 학년부장으로서 동학년 교사에게 전달할 것은 전달하고 따라야 할 방침은 따를 것을 요구해야 한다. 만약 계속 무리한 요구를 한다면 "그 이야기는 선생님이 직접 교감 선생님께 하시는 것이 좋겠습니다."라고 잘라서 말해야 한다. 물론 학년부장은 동학년 교사를 품어야 하는 위치이지만 한 교사로 인해 학년 전체가 어려운 상황에 놓이게 된다면 관리자에게 보고해 개입을 요청할 수도 있다. 때론 관리자가 개입해서 해결해야 할 부분도 있기 때문이다.

 주의해요 노란불!

학년부장은 학생들이 보는 앞에서는 동학년 교사에게 반말을 하면 안 된다. 아무리 친한 동료 교사라도, 나보다 한참 어린 신규교사라도 학생들의 존경을 받아야 하는 선생님임을 기억하자.

❹ 선호 학년과 기피 학년의 문제

매년 12월이 되면 많은 선생님들이 다음 연도에 맡을 학년과 함께 근무할 학년부장 및 동학년 교사에 대해 관심을 가진다. 기피 학년은 학교 상황에 따라 조금씩 달라지지만, 주로 '특정 교사로 인한 기피'와 '생활교육이 어려운 학년 기피' 2가지가 대표적이다.

초등학교에서는 고학년의 담임을 맡으면 매일 2시 40분경에 수업을 마친다. 청소를 하고 아이들을 하교시키면 보통 3시가 넘고 만약 교직원 회의나 부장 회의 등이 있는 날이면 학교에서 업무를 처리할 수 있는 시간은 1시간도 채 안 된다. 특히 6학년 담임교사들은 학교폭력예방, 현장체험학습, 중입 배정, 졸업식 등으로 학년 업무 처리가 다른 학년보다 많아 늘 바쁘기에 기피 학년에 속한다. 반면 저학년과 중학년은 고학년보다 수업도 일찍 마치고 생활교육도 고학년보다 수월해서 선호 학년이 된다. 그러나 승진을 하려는 교사가 많은 학교에서는 학교폭력 유공 가산점으로 인해 저학년이 기피 학년이 되고 고학년이 선호 학년이 된다. 아무래도 고학년이 학교폭력 유공 가산점을 받기가 쉽기 때문이다.

선호 학년과 기피 학년의 문제를 해결하기 위해 학교마다 나름의 인사규정을 가지고 있다. 그런데 기억할 것은 인사규정 역시 학교장의 권한 아래에 있다는 것이다. 즉 법적으로 학교의 최종 인사권은 교장에게 있다. 그럼에도 학교장의 권한이 아니라 학교 자체 인사규정에 따라 학년 담임과 업무를 배정하는 것은 교사들의 불만을 최소화하고 객관성과 공정성을 유지하기 위한 선택이다. 그렇지만 교사들의 요구가 서로 충돌해 인사규정만으로 조율이 어려울 때에는 학교장이 직접 조정해야 한다.

❺ 학년과 업무 배정은 교감 선생님의 몫

연말이 되면 교사들은 내년도에 맡을 학년과 업무 배정 신청서를 제출한다. 문제는 선생님들이 제출한 신청서의 내용이 서로 중복되는 경우다. 즉 서로 가려고 하는 경합 학년이나 아무도 가려고 하지 않는 기피 학년이 발생하면 누군가 조정을 해야 하는데 그 역할을 하는 사람이 바로 교감이다. 문제가 심각할 경우 교감은 교사 한 명 한 명을 직접 만나고 설득해서라도 내년도 학교 인사를 완성해야 한다.

만약 부장교사를 할 사람이 없어서 교감이 교사들을 일일이 만나 부장을 맡아 달라고 설득하는 상황이라면, 교사들은 교감과의 일시적인 관계의 불편함을 무릅쓰고 끝까지 부장을 못 한다고 버티면 그만이다. 그렇지만 교감은 그렇지가 않다. 만약 교감이 학년 및 업무 배정을 완료하지 못하면 결국 교장이 나서서 그의 인사 권한으로 결정해야 하기 때문이다.

예전에 한 학교에서 연구부장을 할 사람이 없어 교감 선생님이 애를 먹은 적이 있었다. 과연 누가 연구부장을 맡았는지 모두 궁금해했는데, 뚜껑을 열어 보니 30대 초반의 후배 교사가 연구부장으로 배정되어 있었다. 나는 어찌된 일이지 궁금해서 나중에 그 후배에게 물어보았다.

"어떻게 연구부장을 할 생각을 했어?"

"처음엔 저도 몇 번을 거절했는데요. 나중에 교감 선생님이 너무 안쓰러워 보여서 한다고 했어요. 예전에 아빠가 교감이실 때, 매년 부장을 맡아 달라고 선생님들을 설득하느라 너무 고생을 하셨어요. 이번에 교감 선생님을 보니 예전 아빠 모습이 생각났거든요."

나는 그제야 후배의 선택을 이해할 수 있었다.

승진하려는 교사들이 많은 농어촌학교에서는 이와는 정반대의 상황이 나타난다. 다들 서로 부장을 하려고 하니 가산점 업무나 부장을 양보하라고 교감이 교사들을 설득해야 하는 것이다. 가산점 업무를 놓고 교사들의 경쟁이 치열하다 보니 인사 배정 시기가 되면 다들 한껏 예민해진다. 그렇기에 이 시기 교사들 간에 분란이나 불미스러운 일들이 생기기도 한다. 관리자는 이 모든 문제를 고려해 공정한 인사 배정이 이뤄지도록 항상 많은 신경을 써야 한다.

❻ 학년 공동 생활교육의 원칙

학년 공동 생활교육은 동학년 교사들이 함께 합의한 내용으로 이뤄지면 좋다. 서로에게 도움을 줄 수 있기 때문이다. 이때 다음과 같은 원칙은 지켜져야 한다.

(1) 다른 반 학생 훈육은 담임교사에게 맡기기

간혹 내가 맡은 반이 아닌 다른 반 학생을 훈육해야 할 상황이 있을 수 있다. 내가 담당한 수업 중에 일어난 경우가 아니라면 학생에 대한 훈육은 가급적 담임교사에게 인계하는 것이 좋다. 만약 다른 반 학생을 훈육하던 중이라도 그 학생의 담임교사가 나타나면 즉시 학생을 인계해야 한다. 담임교사 앞에서 그 반 학생을 혼내는 일은 그 교사를 무시하는 행동이므로 조심해야 한다.

(2) 동학년 교사들이 합의한 내용으로 학년 생활규칙 운영하기

각 반의 생활규칙은 담임교사별로 조금씩 다를 수 있지만, 학년 전체를 대상으로 시행하는 생활규칙은 동학년 교사들 간 협의를 통해 그 내용을 결정, 운영해야 한다. 만약 동일한 사안에 대해 반별로 다르게 생활규칙이 운영된다면 학생과 학부모의 신뢰를 얻기 어렵다.

(3) 각 반의 생활규칙 존중하기

각 반에 적용되는 생활교육 방침은 담임교사의 권한이고 재량이다. 담임교사는 다른 반 교사에게 의견을 구하고 조언을 얻을 수는 있지만 그런 요청을 하지 않았는데 다른 반 교사가 이래라저래라 간섭하는 것은 잘못이다. 만약 담임교사가 어떤 실수를 하고 있는 것이 분명하다면 신뢰 관계가 형성된 동학년 교사 혹은 학년부장이 실수에 대해서만 알려 주면 된다. 그런 분명한 경우가 아니라면 각 반에서 운영되는 생활규칙은 서로 존중되어야 한다.

교사가 만든 규칙이 아니라 학생들 스스로가 만든 학급 생활규칙이라면 각 반마다 다르게 운영되어도 교사에게 큰 부담으로 작용하지 않는다. 교사는 회의 때 학생들이 다른 반과 다른 생활규칙에 대해 함께 토의하고 논의하도록 이끌어 주면 될 뿐이다.

(4) 보고체계 지키기

학생 생활교육과 관련해 문제가 발생하면 보고체계를 지키는 것이 중요하다. 학생 사이에 문제가 발생했다면 먼저 담임이 사안에 대해 조사하고 처리한다. 만약 다른 반 학생과 함께 엮인 문제라면 다른 반 담임교사와 함께 해결하되, 학년부장에게 해당 사항에 대해 알려야 한다. 학교폭력과 관련한 사안일 경우에는 학년부장 및 학교폭력 업무 담당교사에게도 알리고, 필요에 따라 관리자에게도 즉시 보고해야 한다. 이때 아무리 급하더라도 중간보고 단계를 뛰어넘어 바로 교장에게 보고하면 안 된다. 관리자 보고도 교감에게 먼저 보고한 후 교장에게 보고하는 것이 순서다.

 주의해요 노란불!

만약 다른 반 학생을 훈육해야 할 상황에 처한다면 가급적 담임교사에게 인계하는 것이 좋다. 담임교사 앞에서 그 반 학생을 혼내는 일은 그 교사를 무시하는 행동이라는 점을 기억하자.

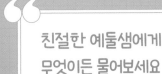

친절한 예둘샘에게
무엇이든 물어보세요

Q1. 새 학년도 학급 배정에서 내가 뽑은 반을 바꿀 수 있나요?

학급 배정에서 한번 뽑은 반은 그대로 맡는 것이 원칙입니다. 그러나 힘든 학급을 기꺼이 대신 맡아 주려는 선배 교사가 있다면 서로의 동의하에 반을 바꿀 수도 있습니다.

Q2. 새 학년도 인사 발표가 난 후에 학교장이 이를 변경할 수 있나요?

가능은 합니다. 학교의 인사권은 교장에게 있으니까요. 그래서 학교 인사규정을 보면 항상 "~함에도 불구하고 학교 상황에 따라 학교장이 ~하게 할 수 있다."는 예외사항이 있습니다. 하지만 현실에서는 학교장이 한번 결정한 인사 배정을 번복하는 경우는 거의 없습니다.

Q3. 물부장(부장 역할은 하지만 실제론 부장이 아닌 부장)을 하라고 합니다. 어떻게 할까요?

부장을 두 명밖에 둘 수 없는 소규모 학교에서는 불가피하게 물부장을 둘 수밖에 없는 경우도 있습니다. 만약 학교에서 그 업무를 할 사람이 나밖에 없다면 학교 교육공동체를 위해 물부장을 할 수도 있겠지만, 부장 업무를 물부장에게 시키고 자신은 아무것도 하지 않고 부장 점수만 챙기려는 사람이 이런 제안을 했다면 분명히 거절해야 합니다.

Q4. 2급 정교사인데 학교에서 새 학년도에 부장교사를 하라고 합니다. 어떻게 해야 할까요?

보직교사는 1급 정교사가 맡는 것이 보통이지만, 체육 및 과학 업무부장에 한해서는 2급 정교사도 맡을 수 있습니다. 이는 학교에서 부장교사를 맡을 경력교사를 찾지 못해 제안하는 경우가 대부분입니다. 만약 선생님이 부장업무를 감당할 수 있다면 괜찮지만, 초임교사가 업무부장을 맡는다는 것은 큰 부담일 수밖에 없습니다. 그러므로 학교에 부장교사를 할 수 있는 경력교사가 정말 없는지 살펴보고 신중하게 결정하기 바랍니다.

Chapter 4

초임교사의
업무처리

1 학교 업무 유형

학교 교육 활동을 잘 운영하기 위해서 모든 학교가 공통으로 해야 하는 업무들이 있다. 그 업무들을 영역별로 분류해서 각 업무별 보직교사 (부장)를 세우는 것은 학교 규모와 학교가 처한 상황에 따라 달라진다.

초등학교는 학급 수 규모에 따라 6~11학급은 부장을 두 명, 12~17학급은 네 명, 18~23학급은 여섯 명, 24~29학급은 여덟 명, 30~35학급은 10명, 36학급 이상은 12명까지 부장을 세울 수 있다. 중학교는 3~5학급은 부장을 두 명, 6~8학급은 세 명, 9~11학급은 다섯 명, 12~17학급은 여덟 명, 18학급 이상은 11명까지 부장을 세울 수 있다. 아래는 6부장 체계일 때 많이 운영되는 학교 업무 분류다.

(1) 교무 업무

나이스를 비롯한 학교 학사와 관련한 업무다. 업무량이 가장 많다.

(2) 연구(혁신) 업무

교육과정 운영에 관한 업무다. 교무 다음으로 업무가 많다.

(3) 정보과학 업무

정보 업무나 과학 업무가 이에 해당한다.

(4) 생활인권 업무

학교폭력, 학생자치, 민주시민교육 관련 업무다.

(5) 체육 업무

체육행사 등의 학교 체육 관련 업무다.

(6) 문화예술 업무

학예회, 문예행사 관련 업무다.

이외에 학교 상황에 따라 방과후부장이나 혁신부장 등을 따로 세우기도 한다. 학급 수가 많은 학교는 기능부장(업무별 부장)과 학년부장을 따로 세울 수 있는 여유가 있다. 각 부장 아래에는 업무계원이 두 명에서 네 명 정도 배정된다.

❷ 업무 쏠림 현상의 원인

학교에 근무하는 모든 교사가 자신의 업무를 다 잘 처리한다면 업무
쏠림은 생기지 않겠지만, 현실적으로 그런 이상적인 학교는 많지 않다.
그래서 업무 쏠림은 정도의 차이만 있을 뿐 모든 학교에서 일어나는 일
이다. 이러한 업무 쏠림 현상을 해결하기 위해서는 인사권을 가진 학교
장의 역할이 매우 중요하다. 업무 쏠림 현상은 다음 몇 가지 요인으로
발생한다.

(1) 학급 수의 차이
학급 수가 적은 학교는 교사 한 사람에게 돌아가는 업무가 많다. 예전
에 6학년 부장에 연구부장, 친목회장까지 맡은 선생님을 보았는데 학급
수가 적으면 그런 상황이 충분히 발생할 수 있다.

(2) 학교장이 업무를 맡기려 하지 않는 교사들이 있는 경우
학생 생활교육이 전혀 안 되어 매년 맡은 학급에서 큰 문제를 일으키
는 교사에게 학교장이 고학년 담임을 맡기지 않고 전담교사나 저학년
담임으로 배정한 뒤 업무도 쉬운 것을 주는 경우다.

(3) 업무를 초임교사에게 떠넘기려는 교사들이 있는 경우

부장교사로서 분명 본인이 해야 하는 업무인데 그 일을 계원에게 떠넘기는 경우다. 학교 관리자가 이런 교사들을 두둔하면 업무 쏠림 문제는 더욱 심각해진다.

(4) 업무를 하지 않으려는 교사가 있는 경우

학교에 업무를 전혀 하지 않으려는 교사가 있다면 결국 다른 교사의 업무가 늘어나게 된다. 어떻게 그럴 수가 있을까 생각할 수도 있겠지만 드물긴 하지만 그런 교사가 있다. 어쨌든 학교 업무는 진행되어야 하므로 결국 같은 부서 계원이나 부장이 그 사람 몫을 대신해야 한다.

❸ 1개월만 잘 버티면 1년이 편하다?

새 학년이 시작되기 전 1개월을 잘 버티면 1년이 편하다는 말이 있다. 학교의 모든 업무 배정은 새 학년 시작 한 달 전에 최종 결정이 나기 때문에 기피 업무나 기피 학년을 맡아 달라는 교감의 요청을 그 전의 1개월 동안만 잘 거절하면 1년 동안 힘든 학교 업무를 하지 않을 수 있다는 의미다.

요즘은 겨울 방학 전인 12월에 내년도 학년과 업무 배정을 모두 끝내는 학교가 많아지고 있지만, 교육청의 새 학년도 학교 인사이동은 1월

말에서 2월 초에 이뤄지기 때문에 학교 업무 분장은 결국 2월 초가 되어야 완전히 완성된다. 학교마다 기피 업무는 분명 존재하고 누군가는 그 기피 업무를 해야 하는 것이 현실이다. 그래서 학교는 매년 새 학년도 업무 배정으로 진통을 겪는다.

예전에 한 학교에서 분명 교사들이 모두 동의해서 승진가산점 사업을 교육청에서 따 왔는데, 막상 그 업무는 아무도 맡으려고 하지 않아 애를 먹었다는 얘기를 들은 적이 있다. 결국 교감이 가장 거절하지 못할 것 같은 교사에게 계속 부탁해서 그를 업무 담당자로 뽑았다고 했다.

그 이야기를 들었을 때 개인적으로 기분이 좀 나빴다. 나도 비슷한 일을 당해 봤기 때문이다. 어떤 어려운 업무를 교사가 맡겠다고 수락했을 때 교감이 '어려운 업무를 1년간 맡아 주어서 참 고맙다.'라고 생각한다면 다행인데, '그래, 결국은 거절을 못하는 네가 이 업무를 맡을 줄 알았어.'라고 생각하는 교감도 본 적이 있기 때문이다. 그런 생각을 가진 관리자에게는 설득당하지 않는 것이 더 지혜로운 행동이라는 생각이 들었다. 교무부장이나 관리자의 줄기찬 업무 수락 요청이 있을 때 이를 수락하는 것은 한순간이지만 업무 수행은 1년간 지속되기에 결정은 늘 신중해야 한다.

학교의 상황은 다양하다. 어떤 학교에서는 어떤 업무가 내게 올 수 없는 환경이지만 또 어떤 학교에서는 같은 업무가 내게 올 수밖에 없는 환경일 수 있다. 그러므로 나밖에 그 업무를 할 수 없다면, 또 내가 잘할 수 있는 일이라면 순리대로 그 업무를 그냥 맡는 것이 좋다. 그러나 내가 잘할 수 있는 일도 아니고, 그 업무를 맡으면 1년 동안 후회 속에 보낼 것이 뻔한 상황이라면 차라리 정중하게 거절하는 것이 좋다.

 주의해요 노란불!

관리자의 줄기찬 업무 수락 요청이 있더라도 내가 잘할 수 있는 일도 아니고, 그 업무를 맡으면 1년 동안 후회 속에 보낼 것이 뻔한 상황이라면 정중하게 거절하는 것이 지혜로운 선택이다.

④ 남교사 수와 업무 강도의 상관관계

남자 신규교사는 학교에서 힘든 일만 해야 할까? 이론적으로는 그렇지 않지만, 현실적으로는 그렇다. 남교사가 부족한 한 초등학교의 문제점을 언급한 기사를 읽은 적이 있다. 기사에서 학교에 남교사가 없어서 생기는 문제에 대해 언급한 부분을 보고 적잖이 당황했다. 문제의 핵심이 '고학년을 맡아 아이들 생활지도를 하고 학교에서 힘을 써야 하는 일을 담당할 남자가 없다.'는 것이었기 때문이다.

승진가산점이 주어지는 학교는 남교사가 많은 편이지만 그렇지 않은 학교는 여교사 비율이 월등히 높다. 그래서 승진가산점이 부여되지 않는 초등학교에 남교사 수가 세 명을 넘으면 남교사가 꽤 있는 편으로 분류된다. 남교사가 많으면 학교에 각종 노동력이 필요한 일들이 쉽게 진행되고 기피 업무를 맡을 교사도 수월하게 뽑을 수 있다. 그래서 남교사 수가 많으면 많을수록 남교사 개인이 느끼는 업무 강도는 떨어진다.

그러면 남교사가 없으면 학교 교육 활동 운영이 불가능한 것일까? 그렇지는 않다. 모든 교사가 여성으로만 구성된 학교도 학교 교육 활동은 잘 운영된다. 이가 없으면 잇몸으로 산다는 말이 있듯이, 체육을 비롯한 학생 체육지도, 방송, 6학년 학년부장 등과 같이 보통 남교사가 많이 담당하는 업무들을 여교사도 잘 감당하고 처리한다.

초임 남교사에게는 남교사가 많은 학교에 적어도 한 번은 근무해 보라고 권하고 싶다. 여교사가 많은 학교와는 다른 분위기를 경험할 수 있어서 교육을 바라보는 시야도 달라질 수 있다.

⑤ 신규교사는 3D 업무만 해야 하나?

학교 업무에도 3D 업무가 있다. 3D 업무란 일은 힘든데 인센티브는 없어 다들 기피하는 업무를 말하는데, 주로 신규교사들에게 그런 업무가 배정된다. 3D 업무는 학교마다 조금씩 다르다.

학교 업무에는 학교 교육 활동이 진행되기 위해서 꼭 필요한 기본적인 업무도 있지만, 누군가에 의해 새롭게 만들어진 업무도 있다. 문제는 학교 특성상 학교에 새로운 교육 활동이 한번 도입되면 잘 없어지지 않는다는 것이다. 하지만 그 업무를 만든 교사는 언젠가는 떠나게 되어 있다. 그러면 그 업무는 돌고 돌아 신규교사에게 배정되곤 한다.

예전 학교에서 새로 온 교사가 승진가산점을 따기 위해 학생단체를 하나 더 만든 적이 있었다. 문제는 해당 교사가 몇 년 후 학교를 옮겼을 때 발생했다. 그 학생단체에 가입한 학생들이 아직 학교를 졸업하지 않은 상태였기에 학교에서는 그 학생단체를 바로 폐지할 수 없었던 것이다. 그래서 결국 그 학생단체 관련 업무는 단체에 가입한 학생들이 모두 졸업하기까지 신규교사에게 배정되었다.

신규교사라고 꼭 3D 업무를 해야 하는 것은 아니다. 하지만 학교 업무 배정에 있어 먼저 근무 중인 교사들에게 선택의 우선권을 주니 새로 발령받은 초임교사나 전입교사는 자연스레 기피 학년이나 업무를 맡게 된다. 이것은 초임교사라도 그 학교에서 근무하는 기간이 누적되면 해결될 부분이다. 그러므로 새로운 학교에서의 첫해는 학교 업무를 배운다고 생각하고 업무 선택에 대해 마음을 비우는 것이 좋다.

 주의해요 노란불!

신규교사 역시 그 학교에서 근무 연수가 늘어나면 점차 3D 업무 배정을 피할 수 있게 된다. 그러므로 발령 첫해는 학교 업무를 배운다는 생각으로 주어진 업무에 최선을 다하도록 하자.

6 떠넘겨진 업무를 대하는 초임교사의 자세

학교에서 근무하다 보면 자신의 업무를 다른 교사들에게 떠넘기는 교사를 종종 만날 수 있다. 업무 전문성이 없거나 개인적으로 급한 일이 생겨서 다른 교사들이 그 업무를 일시적으로 도와주는 것은 괜찮다. 하지만 상습적인 행동이라면 그 한 교사로 인해 주변 교사들이 피해를 겪게 되므로 그냥 넘어가서는 안 된다.

어떤 교사가 아예 그 일을 잘하지 못해 업무를 떠넘기는 상황이라면 오히려 '그냥 그런가 보다' 하고 대신해 줄 수도 있는 일이다. 하지만 자신이 해야 할 일을 주변 교사들에게 슬쩍 떠넘긴 후 나중에 자신이 그 일들을 다 한 것처럼 말하거나 해당 업무 수행에 대한 인센티브만 챙기려 하는 교사는 가까이하지 않는 것이 좋다.

경력교사들은 경험이 많기에 자신의 업무가 아닌 일이 토스되어 자신에게 넘어와도 못하겠다고 버틸 수 있다. 하지만 초임교사들은 토스된 업무가 자신이 해야 할 업무인지 아닌지도 잘 모르고 또 경력에 밀려 자기 의견을 말하지 못해 그 업무를 그대로 맡는 경우가 있다. 자신의 업무가 아닌 일이 넘어오면 어떻게 해야 할까?

우선 학교 상황을 파악해야 한다. 그 업무가 학교에 꼭 필요한 것이고 그 일을 할 교사가 나밖에 없다면 그대로 하는 것이 좋다. 내가 거절해도 결국 그 일이 내게 떨어질 수밖에 없는 상황이니 억지로 맡는 것보다는 기분 좋게 하겠다고 하는 것이 더 낫기 때문이다. 다만 내가 먼저 기꺼이 하겠다고 말하는 것보다는 잠시 고민한 후 '그 업무로 인해 힘은 들겠지만 학교를 위해 기꺼이 감수하겠다'는 마음으로 업무를 맡았다는 인식을 관리자와 주변 교사들에게 분명히 심어 주는 것이 좋다. 그러면 학교 관리자에게 참 고마운 사람이 된다.

그러나 그 업무를 해야 할 교사가 분명히 학교에 존재한다면 그 업무를 맡겠다고 말하면 안 된다. 기본적으로 학교 업무에서 어떤 공백이 생기면 그 업무를 메꿔야 할 사람은 업무 공백을 만든 교사가 소속된 학년부장 혹은 기능부장이다. 학년에서 업무 공백이 생기면 학년부장이 책임져야 하고, 기능부서에서 업무 공백이 생기면 기능부장이 그 업무를 처리하는 것이 일반적이다. 예를 들어 정보부에서 한 교사가 휴직하여 해당 업무에 공백이 생긴다면 다른 정보부 계원들이 그 업무를 나누어서 해야 하지만 상황이 여의치 않거나 다른 계원이 없다면 담당 부장이 그 업무를 안고 가야 한다. 부장교사는 그런 역할까지 해야 하는 자리다.

저경력 교사라도 불합리한 업무까지 다 맡아야 할 이유는 없다. 타 부서 업무에 대해 최대한 협조하는 것은 필요하지만 누군가의 업무 회피를 메우기 위해 그 업무를 대신 떠맡는 것은 지혜로운 행동이 아니다.

만약 어떤 업무가 학교에 꼭 필요한 업무도 아니고 개인적으로 하고 싶은 마음도 없다면 끝까지 거절하면 된다. 학교에 꼭 필요하지 않은 업무는 맡을 사람이 없으면 자연스레 사라진다. 한 가지 기억해야 하는 것은 업무를 거절할 때 다투거나 감정적으로 행동해서는 안 된다는 것이다. 그냥 웃으며 부드럽게 "그건 제가 할 일이 아닌 것 같습니다." 하고 말하면 된다. 업무 거절에 대한 불이익을 염려할 필요는 없다. 겸손하고 예의 있는 모습으로 내가 할 일이 아닌 것을 거절하는 것에 대해 뭐라고 할 사람은 없다. 업무 거절로 다른 교사들과의 관계에 문제가 생기는 것은 대부분 거절할 때의 감정적 태도 때문이다.

 주의해요 노란불!

나의 업무가 아닌 일이 넘어오는 경우 그 업무의 담당자가 분명 존재한다면 상황에 밀려 그 업무는 맡겠다고 하는 우를 범하면 안 된다. 누군가의 업무 회피를 메우기 위해 그 업무를 대신 떠맡는 건 지혜로운 행동이 아니다.

❼ 업무를 잘 처리하는 교사 되기

학교 업무를 처리할 때 다음과 같은 원칙을 지키면 일을 잘하는 교사로 평가받을 수 있다.

첫째, 내 업무를 처리하다가도 타부서에서 업무 요청이 들어오면 그것을 먼저 처리한다. 다른 교사의 업무 요청에 빨리 협조하면 일 처리가 빠른 교사로 인정받게 된다.

둘째, 업무 처리는 늦어도 마감 며칠 전에는 끝낸다. 학교 업무는 보통 업무 처리 기간이 정해져 있다. 마감일을 딱 맞추기보다는 며칠 정도 빨리 끝내는 것이 좋다.

셋째, 불필요한 일은 줄여서 한다. 간단한 업무도 크게 부풀려서 하는 교사가 있다. 자신이 부풀린 업무를 자신이 감당한다면 큰 문제는 없다. 하지만 부풀린 업무를 다른 교사가 하도록 요구하는 것은 안 된다.

넷째, 내 업무는 내가 처리한다. 상황에 따라 주변 교사들에게 도움을 받아야 하는 업무도 있겠지만, 기본적으로 자신의 업무는 자신이 처리한다는 원칙을 지켜야 한다.

다섯째, 결재 라인 사람들과 자주 소통한다. 업무를 추진할 때 결재 라인에 있는 부장 및 교감, 교장과 업무 처리 방향을 사전에 논의하면 업무 결재가 반려되는 것을 예방할 수 있다.

여섯째, 이전 업무 담당자의 업무 처리 내용과 방법을 확인한다. 내가 처리해야 할 업무를 이전 담당자는 어떻게 처리했는지 파악하면 향후 업무 추진 방향을 결정할 때 도움이 된다.

일곱째, 업무 처리 스케줄 프로그램을 활용한다. 업무가 많이 몰리는 시기가 있다. 이때 업무 처리 누락을 예방하기 위해 컴퓨터에 업무 처리 스케줄 프로그램을 깔아 사용하면 도움이 된다. 특히 제출 마감 기한이 정해져 있는 주요 공문을 발송할 때 큰 도움이 된다.

 주의해요 노란불!

업무를 추진하기 전, 결재 라인에 있는 부장 및 교감, 교장과 자주 소통하여 업무 처리 방향을 논의하는 것이 좋다. 이는 업무 결제가 반려되는 깃을 예방하는 좋은 방법이다.

❽ 업무 협조 요청 들어주기

학교 현장의 업무 처리에 있어서 협업은 매우 중요하다. 학교에 큰 행사가 있을 때 내 일이 아니라고 그냥 지나치는 것은 좋지 않다. 내가 할 수 있는 최선을 다해 다른 교사들의 업무를 도와주는 것이 좋다. 그래야 나 역시 도움이 필요할 때 주변 교사들의 도움을 받을 수 있다.

한 학교에서 있었던 일이다. 학기 초 시청각실 커튼이 청소하던 학생들의 장난으로 떨어졌다. 그곳 관리를 담당한 선생님은 경력이 있는 여교사였는데, 마침 시청각실을 사용하고 나오는 남교사를 만나 커튼을 걸어 달라고 부탁했다. 그러자 남교사는 대뜸 "그것은 제가 할 일이 아닌데요. 행정실에 말씀하셔야죠!" 하고 얘기했다. 잠시 시간을 내 떨어진 커튼을 고리에 걸면 끝나는 일인데 자기 업무가 아니라고 거절하는 모습에 여교사는 마음이 상했다. 두 사람의 관계가 나쁜 것도 아니었다. 오히려 여교사가 남교사에게 이런저런 조언으로 많은 도움을 주고 있던 관계였다. 결국 그 일로 남교사는 자기 것만 챙기는 사람으로 주변 사람들에게 인식되었다.

학교 현장에는 주변 교사들에게 안 좋은 소리를 들을 수밖에 없도록 행동하는 교사들이 간혹 있다. 자신이 하고 싶은 일을 관리자를 등에 업고 벌인 후에 정작 그 일을 다른 교사에게 떠넘기는 사람도 있고, 자신이 해야 할 업무를 계원에게 시킨 후 그 업무가 잘 마무리되면 관리자에게 자신이 잘해서 그런 것으로 보고하고 문제가 생기면 계원이 잘못해서 그런 것으로 보고하는 사람도 있다.

그런 교사들은 시간이 지날수록 사람들을 계속 잃어 간다. 주변에 모이는 사람들 역시 비슷한 유형의 사람들이다. 그래서 어떤 교사를 볼 때 주변에 가까이 지내는 사람을 보면 그 교사가 어떤 사람인지 알 수 있다. 내가 교직 사회에서 다양한 유형의 사람들을 만나면서 깨달은 것은 누군가가 어떠한 사람인지를 파악하기 위해서는 최소 1년이라는 시간은 필요하다는 것이다.

업무 처리에 있어서 불합리한 경우는 분명히 거절해야 한다. 그것이 '착하고 바보스럽다.'가 아닌 '소신 있고 분명하다.'라는 평가를 받는 방법이다. 그리고 불합리한 경우가 아니라면 최대한 다른 교사들의 업무 협조 요청을 잘 들어주어야 한다. 그것이 동료와 선후배 교사들을 얻고 또 주변 사람들에게 인정받는 방법이다. 타 부서의 일을 돕는 협업은 실제로는 나를 돕는 것임을 기억하자.

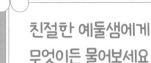

친절한 예둘샘에게
무엇이든 물어보세요

Q1. 업무를 추진할 때 관리자에게 구두 보고를 꼭 해야 하나요?

상황에 따라 다릅니다. 간단한 업무는 구두 보고 없이 바로 K-에듀파인 시스템으로 결재를 올려도 관리자가 그 내용을 쉽게 파악할 수 있지만, 체육대회 같은 어느 정도 규모가 있는 행사 업무는 먼저 담당 부장이나 관리자에게 구두 보고한 후 함께 논의하는 것이 좋습니다. 문서로만 전달하는 것과 직접 대화하는 것은 상대방이 그 내용을 이해하는 깊이 면에서 큰 차이가 납니다.

Q2. 교육청 공모사업은 무엇일까요?

공모사업은 일반적인 학교 교육과정 사업 외에 교육청에서 진행하는 추가적인 교육사업을 말합니다. 공모사업에 관한 공문을 받은 각 학교는 사업계획서를 제출합니다. 교육청에서는 제출된 사업 계획서를 심사하여 공모사업 지정학교를 선정하고 예산을 교부합니다. 학교는 교부된 예산을 사용해 사업을 실행한 후 나중에 정산보고를 합니다. 교사들의 자발적인 공모사업은 문제가 없으나 그렇지 않은 공모사업은 교사들의 업무 부담만 가중시킬 수 있습니다. 이 때문에 공모사업은 예전보다는 축소되고 있습니다.

Q3. 가산점 업무는 무엇을 말하는 것인가요?

학교 업무 중에 승진가산점이 부여되는 업무가 있습니다. 교육청 공모사업 중에도 승진가산점이 부여되는 사업이 있죠. 이것은 시도교육청별로 조금씩 다릅니다. 승진을 준비하는 교사가 많은 학교는 승진가산점 업무를 맡기가 어렵지만, 대부분의 교사가 승진을 준비하지 않는 학교에서는 이것이 기피 업무가 됩니다.

Q4. 주변 사람들을 잘 도와주는 교사가 되고 싶습니다. 그렇지만 한편으로는 너무 일이 많아질까 걱정입니다. 어떤 원칙을 가지고 돕는 것이 좋을까요?

주변 사람들을 도와줄 때는 약속을 신중하게 하고 한번 한 약속은 꼭 지켜야 합니다. 그래야 사람들이 내가 한 말을 신뢰하게 됩니다. 주변 사람을 도와줄 때는 내가 지금 해야 하는 교사로서의 역할과 일상생활이 흔들리지 않아야 한다는 원칙을 지키기 바랍니다. 주변 사람들을 최대한 잘 도와주되 그 원칙이 흔들리지 않는 교사가 되기를 바랍니다.

Chapter 5

스쿨미투

❶ 올바른 성인지 감수성과 성비위 대처법 알기

학교 현장에서 일어나는 미투 운동을 언급하는 것은 쉬운 일이 아니다. 교직은 아이들을 가르치는 교사가 모인 조직으로 사회의 그 어떤 집단보다 더 큰 도덕성을 요구받는다. 그래서 교직문화는 성비위와는 거리가 멀 수밖에 없는 구조를 지녔다. 또 요즘은 성추행이나 성희롱 같은 성비위가 발생했을 때 그에 대한 처벌이 매우 강력하다.

학교에서는 전 직원이 매년 정기적으로 관리자나 업무 담당 교사를 통해 성비위에 대한 교직원 연수를 의무적으로 받는다. 그래서 성희롱에 대한 인식도 예전에 비해 많이 높아졌다. 단순한 농담도 상황에 따라서는 성희롱이 될 수 있다는 것을 대부분 인지하고 있다.

성비위에 해당하는 내용과 다양한 사례에 대해서는 초임교사들도 잘 알고 있어야 한다. 교사 간의 성비위뿐 아니라 교사와 학생 및 학부모 사이에서 일어나는 성비위 사례도 잘 인지하고 있어야 한다.

성비위 대상 관계는 다양하다. 이는 여성에게만 해당하는 것이 아니라 남교사를 대상으로 여성 관리자에 의해 일어나는 경우도 있고 이성이 아닌 동성에 의해 발생하는 경우도 있다. 그렇지만 가장 많은 경우는 역시 관리자를 포함한 남자 경력교사와 여교사 사이에서 발생하는 성비위다. 승진 근평과 승진가산점 업무를 배정할 수 있는 결재권을 가진 학교장이나 경력이 많은 선배 교사가 음담패설을 좋아하는 사람일 때 그 피해는 여교사뿐 아니라 남교사도 고스란히 입게 된다.

교직 사회에서 성희롱 같은 성비위를 당했을 때 승진을 준비하는 교사나 대응방법을 잘 모르는 신규교사가 그런 상황을 문제 삼기란 쉽지 않다. 그래서 예전에는 교사들 대부분이 성희롱을 당했을 때 항의보다는 그냥 참는 쪽을 선택했다. 성희롱을 일삼는 사람은 사람을 봐 가며 성희롱을 하는 경향이 있어서 정색하며 이의를 제기할 만한 성격을 가진 상대에게는 처음부터 말조심을 한다. 만약 성희롱을 경험하게 된다면 고민하지 말고 이의를 제기하자.

간혹 성적 농담을 가볍게 생각하는 교사가 있는데, 사소한 성적 농담도 듣는 사람이 불쾌함을 느꼈다면 성희롱이 된다. 동료 교사에게 장난으로 어깨동무를 한 것도 상대방이 불쾌감을 느꼈다면 분명한 성희롱이 된다. 이 정도 사유로도 충분히 파면, 해임 같은 중징계 대상이 될 수 있음을 기억해야 한다.

그러므로 올바른 성인지 감수성을 가지고 있어야 하며 다양한 성비위에 대한 현명한 대처방법도 잘 알고 있어야 한다.

 주의해요 노란불! ──────────────

초임교사들도 성비위에 해당하는 내용과 다양한 사례를 잘 알고 있어야 한다. 교사 간의 문제뿐만 아니라 학생 및 학부모 사이에서 일어나는 성비위 사례도 잘 인지하고 있어야 한다.

② 학교에서 미투 상황을 경험한다면

오래 전에 가까이 지내던 한 여 선생님이 본인이 근무하는 학교의 한 남성 부장교사의 눈빛이 가끔 기분 나쁘다는 얘기를 들려주었다. 그래서 어떤 면에서 기분이 나쁜지 물어보았다.

"결재받으러 가면 간혹 위아래를 쭉 훑어보는데 뭔가 꺼림칙해요."

그러면서 그 부장교사의 행동이 기분 좋진 않지만 딱히 정색하고 문제를 제기하기도 어려웠다고 했다. 그런데 그 부장의 입장에서는 그 상황이 억울할 수도 있겠다 싶은 생각이 들었다. 당시는 나이스 결재가 없었기에 직접 결재판을 들고 가서 사인을 받던 때인데, 의자에 앉아 있는 상태에서 교사가 결재를 받으러 오니 자연스럽게 시선이 얼굴 쪽인 위로 향하게 된 것이고 결재 서명을 하기 위해 교사가 손에 들고 있는 결재판을 받으려 자연스레 시선이 내려왔다면 말이다. 이처럼 양쪽의 입장이 엇갈리면 그 행동이 바로 성희롱이 되는 것은 아니다. 조사, 소명 등의 절차적 판단을 거쳐 사실을 밝히겠지만, 그런 일에 연루되는 것 자체가 큰 불명예이며 지금은 성희롱의 판단 기준이 피해자의 느낌이기 때문에 평소 불필요한 오해가 없도록 언행을 더욱 조심하는 것이 좋다.

성희롱을 경험한 피해교원은 대부분 상대방의 진정성 있는 사과와 재발 방지, 가해자와의 분리 등을 원한다. 직접 가해자에게 성희롱 행동에 대해 이야기하고 사과를 요구하는 방법도 있지만, 초임교사라면 그것이 결코 쉬운 일이 아니다. 성희롱을 당했을 때 그것에 대처하는 좋은 방법은 자신이 신뢰하는 선배 교사나 교감과 즉시 상의해 도움을 구하는 것이다. 상의할 때는 자신이 원하는 것을 구체적이고 분명하게 요구하는 것이 좋다. 피해교원으로서 요구사항을 분명하게 정리해 전달할 수 있다면 자신의 회복에도, 학교라는 교육공동체의 성장과 회복에도 바람직하기 때문이다.

성비위 대상자가 교장과 교감 같은 상급자일 때 교사의 대처는 더욱 힘들어진다. 관리자의 성비위를 중재하고 해결할 더 높은 상급자가 학교에 없기 때문이다. 게다가 과거 관리자의 성비위에 교사들이 제대로 대처하기 어려웠던 것은 승진과 관련한 이해관계 때문에 일부 교사가 관리자를 두둔하기도 했고 피해교사가 인사상 불이익을 받을까 두려워해 참고 넘어갔기 때문이다. 그러나 지금은 시대가 바뀌었다. 문제를 빨리 해결하는 방법은 먼저 성희롱 행위자가 교장인 경우에는 교감에게, 교감일 경우는 교장에게 그 일에 대해 상담하는 것이다. 바로 관리자와 상담하는 것이 부담스럽다면, 관리자에게 그 문제에 대해 잘 이야기해 줄 믿을 만한 선배 교사와 먼저 상담을 하고 문제해결 절차에 대해 도움을 받는 것이 좋다.

학교 내에서 문제가 잘 해결되지 않는다면 학교 담임 장학사에게 연락하는 것이 좋다. 담임 장학사는 관내 각 학교를 담당하도록 정해진 장학사로, 자신이 맡은 학교의 문제를 살피고 해결을 지원해야 한다. 따라서 학교에서 발생할 수 있는 다양한 문제 사례와 해결방법을 잘 알고 있다.

학교의 성고충심의위원회 개최는 피해자와 가해자 사이에 합의나 조정이 쉽지 않을 때 진행되는 공식 절차다. 사실상 학교에서 할 수 있는 마지막 방법에 해당하기에, 그전에 문제가 잘 해결되도록 하는 것이 좋다.

나는 학교 회식이 2차까지 이어지는 경우 동학년 교사들에게 원치 않으면 1차 회식 이후 집으로 가라고 권했다. 평소에는 전혀 그렇지 않던 사람이 술에 취해 함부로 성적인 언동을 하는 모습을 간혹 보았기에 길어지는 술자리는 처음부터 피하는 것이 좋다고 생각했다.

 주의해요 노란불!

성희롱을 당했다면 신뢰하는 선배 교사나 교감에게 도움을 요청하되, 진심 어린 공개 사과 등 자신이 원하는 것을 구체적이고 분명하게 요구하는 것이 좋다.

③ 학생과의 불필요한 신체적 접촉 삼가기

수업을 하면서 교사가 조심해야 할 부분 중 하나는 학생들과의 불필요한 신체적 접촉이다. 평소에는 아이들과 신체적 접촉을 할 일이 거의 없지만, 체육 시간에 실기지도를 할 때는 본의 아니게 학생과 신체 접촉이 일어날 수도 있으므로 주의해야 한다. 교사와 학생 간에 의도치 않은 신체적 접촉이 생기면 해당 학생도 교사도 서로 말하기가 쉽지 않은 난감한 상황이 생길 수 있다.

저학년 학생의 경우 만약 아이가 옷에 설사 혹은 구토를 했다면 교사는 아이와 성별이 같다 하더라도 학부모에게 먼저 사실을 알리고 동의를 구한 후 옷을 갈아입혀야 한다. 만약 학생과 교사의 성별이 다른 경우는 문제 상황 발생 시 성별이 같은 반 친구나 다른 선생님의 도움을 받아야 한다. 요즘은 의도하지 않은 학생과의 신체적 접촉에 대해서도 학부모의 민원제기가 충분히 가능한 시대다.

교사와 학생 간의 성비위 처벌은 강력하다. 미성년자에 대한 성폭력은 최하 '해임'이며 성희롱의 경우도 최소 '정직' 이상이다. 성희롱의 기준은 피해자의 감정이다. 교사의 말이나 행동에서 학생이 성적인 불쾌감을 느꼈다면 성희롱이 된다. 나중에 재판을 통해 성희롱이 아님이 밝혀진다고 하더라도 이미 교사에게는 씻을 수 없는 상처가 남겨진 후이므로 평소 불필요한 오해를 받지 않도록 항상 주의해야 한다.

나는 아이들을 체벌하지 않는 것을 생활교육의 원칙으로 지켜 왔기에, 아이들과 신체적 접촉이 있는 경우는 거의 없었다. 여학생뿐 아니라 남학생들과도 항상 한 걸음 정도의 거리를 두고 상담했다. 생활교육에 있어서 교사와 학생 간의 신뢰는 체벌과 비교할 수 없을 만큼의 훨씬 막강한 영향력을 발휘한다.

주의해요 노란불!

학교에서 아이가 옷에 설사 혹은 구토를 했다면 교사는 학부모에게 먼저 사실을 알리고 동의를 구한 후 옷을 갈아입혀야 한다. 이때 교사가 아이와 성별이 다르다면 성별이 같은 다른 선생님의 도움을 받아야 한다.

④ 학부모가 연루된 미투 상황

교사와 학부모 사이에서 미투 상황이 벌어지는 것은 언론에 보도될 정도로 흔치 않은 일이다. 학부모와 전화통화를 할 일은 있어도 교사와 학부모가 만날 일은 학부모 총회나 학부모 상담 같은 공식적인 학교 행사 외에는 거의 없기 때문이다.

혹시 모를 학부모와의 불미스러운 일을 방지하려면 학교 행사 등 공식적인 자리 외에 사적인 자리에선 학부모와 만나지 않아야 한다. 담임교사가 학부모와 사적인 만남을 가지는 것은 문제 상황의 시작이 될 수 있기 때문이다. 나아가 학교의 공적인 행사에서도 교사와 학부모가 단둘이 있는 상황은 피해야 한다.

교사는 다양한 학부모들을 만난다. 그중에는 가끔 이해할 수 없는 비상식적인 말과 행동을 하는 학부모도 있다. 만약 학생의 아버지가 담임 여교사에게 자주 전화를 한다면 어떻게 해야 할까? 처음에는 자녀 상담을 핑계로 전화를 하더니 나중에는 특별한 일 없이 계속 전화를 한다면 말이다. 이때는 학교 관리자가 개입하여 해당 학부모에게 특별한 사유 없이 담임교사에게 전화하는 것은 학생 교육 차원뿐 아니라 보기에도 좋지 않고 오해의 소지도 있으니 자제해 달라고 공식적으로 요청해야 한다. 관리자의 개입이 필요한 것이다.

학교가 위치한 지역 특성에 따라 또 학부모의 특성에 따라 다양한 일들이 발생할 수 있으니 초임교사 시절에는 학부모와의 관계에서 고민되는 일이 생기면 즉시 학년부장이나 관리자에게 도움을 요청하여 문제를 해결하는 것이 좋다.

❺ 나를 지키는 만남의 규칙

지금은 학교 현장에서 성희롱이나 성추행과 같은 문제를 모두가 아주 조심하는 문화가 자리잡았다. 교사의 성비위에 대해 강력한 처벌이 뒤따랐고, 스쿨 미투가 그동안 무심코 지나쳤던 성희롱 행동을 근절시키는 계기로 작용했으며 교원들의 성인지 감수성도 높아진 덕분이다.

성비위와 관련해 무고를 당하거나 오해를 받는 순간, 지금까지 쌓아온 모든 것을 순식간에 다 잃어버릴 수 있다. 나중에 오해가 풀리더라도 씻을 수 없는 상처는 남는다. 안 좋은 소문은 금방 퍼지지만, 나중에 밝혀진 진실을 알리는 일은 너무나 힘들고 어렵기 때문이다.

교직에 있으면서 사람을 만날 때는 성비위와 관련한 불필요한 오해를 피하도록 조심해야 한다. 성별이 다른 사람과 단둘이서만 만나야 할 상황은 가급적 피하고 꼭 만나야 할 상황이라면 공개된 장소에서 만나는 것이 좋다. 가정방문과 같이 학교 밖에서 학생이나 학부모를 만나야 하는 경우는 혼자 가지 말고 학년부장이나 교감 등과 함께 가야 한다. 학교에서 학생이나 학부모를 일대일로 상담할 때는 교실 문 하나를 열어놓고, 간혹 걱정과 부담이 큰 사람과 학교에서 만나야 한다면 바로 도움을 요청할 수 있도록 동료 교사에게 복도 등 근거리에 있어 줄 것을 부탁해 둔다. 이처럼 상황을 객관적으로 진술할 수 있는 제3의 사람을 확보하여 성비위에 대한 오해를 받지 않도록 해야 한다.

교사는 높은 도덕성이 요구되는 직업군이므로 성비위에 대한 오해로부터 자신을 지킬 수 있도록 스스로의 언행과 인식을 철저히 관리해야 하고 그와 더불어 만약의 경우에 대비한 조치도 철저히 해야 할 것이다.

 주의해요 노란불!

항상 성비위와 관련해 무고를 당하거나 오해를 받지 않도록 조심해야 한다. 무고와 오해를 받는 순간 교사로서 모든 것을 잃어버릴 수 있기 때문이다.

친절한 예둘샘에게
무엇이든 물어보세요

Q1. 성희롱에 해당하는 말과 행동은 어떻게 판단하나요?

성희롱의 판단 기준은 피해자의 느낌입니다. 말하는 사람이 어떤 의도를 가졌는지는 상관없습니다. 농담으로 한 말이라고 해도 그 농담을 들은 사람이 불쾌감을 느꼈다면 성희롱이 됩니다.

Q2. 성인지 감수성이 무엇인가요?

일상생활 속에서 성차별적 요소를 감지하는 민감성을 말합니다. 성인지 감수성은 성차별적 요소가 발생하면 피해자 입장에서 상황을 판단하고 이해하는 데 있어 기본이 됩니다.

Q3. 학생이 성폭력을 당했는데 피해학생 학부모가 경찰서 신고를 원치 않습니다. 어떻게 해야 할까요?

강제추행 이상의 성비위는 수사기관에 즉시 신고해야 합니다. 이것은 법적 의무이므로, 피해자가 원치 않는다고 해도 반드시 신고해야 합니다.

Chapter 6

동료를 얻는
교사 관계

1 자신의 경험으로 남을 판단하지 않기

자신의 생각과 가치관을 후배 교사들에게 주입하려는 선배 교사들이 간혹 있다. 편향된 생각을 갖는 것은 본인의 선택이지만, 한창 많은 것을 경험하고 배워야 할 초임교사들에게 편견을 심어 주는 것은 선배 교사로서 좋은 행동이 아니다. 교직 사회에서 그런 편견에 사로잡힌 사람들을 만난다면 어떻게 해야 할까?

먼저 그 선배 교사가 왜 그런 편견을 가지게 되었는지 원인을 살펴야 한다. 그리고 그 편견에 대해 다른 선배 교사들의 다양한 의견을 들으면 그것만으로도 균형 잡힌 시각을 가지는 데 도움이 된다. 자신이 경험한 것이 전부라고 일반화하는 사례 몇 가지를 살펴보자.

(1) 연구하는 교사는 아이들보다 승진을 더 중요한 목표로 생각한다는 편견

처음 연구대회에 도전하려 했을 때, 내가 승진을 염두에 둔 사람으로 변했다고 이야기하는 분들이 있었다. 승진 제도의 부정적인 측면을 비판하던 내가 교사 전문성에 대한 객관적인 인정을 위해 연구대회에 도전해 보겠다고 하니 아마 그런 생각이 들었을 수도 있었을 것 같다. 하지만 이러한 오해는 연구 점수가 승진에 필요한 3점을 훌쩍 넘어 10점 넘게 쌓이자 자연스럽게 풀렸다.

(2) 자신이 타협했으니 다른 교사도 그럴 것이라는 편견

승진체계에 상당히 비판적인 선생님이 있었다. 그러다 어떤 이유에서인지 승진을 본격적으로 준비하게 되었는데, 문제는 자신이 이전에 비판했던 부조리한 승진체계를 본인 스스로 똑같이 밟아 간 것이다. 가산점을 위해 마음 없는 아부도 하고, 승진에 도움이 되는 선후배 및 관리자들과의 인간관계에 더 많은 신경을 썼다. 문제는 그 선생님이 승진을 준비하는 다른 교사들도 다 자신과 똑같을 것이라고 생각한 데 있다. 하지만 나는 그런 교사도 보았지만 그렇지 않은 교사를 더 많이 보았다.

(3) 교육청 일을 하면 가정을 포기해야 한다는 편견

교육청 일을 시작하기 전에 한 교사로부터 "교육청 일을 하면 장학사 뒷바라지하느라 가정은 포기해야 해."라는 이야기를 들었다. 울음기 섞인 목소리에서 그 교사 본인이 그런 경험을 했던 모양이라고 짐작했다.

그런데 한편으로는 좀 의아한 마음이 들었다. 왜냐하면 교육청 일이 시간을 많이 뺏는 어려운 일만 있는 것도 아니고 가정을 포기해야 할 정도의 일이라면 아예 처음부터 안 하면 되지 않을까 싶었던 것이다. 교육청 일에 과도하게 몰입하는 교사들을 보면 승진이나 성장의 욕구가 매우 강한 분들이 많다. 일에 대한 지나친 욕심을 내려놓으면 교육청을 비롯한 외부 일을 해도 가정을 포기할 일은 생기지 않는다. 나 역시 교육청을 비롯해 많은 외부 일을 했지만 가정을 포기한 적은 한순간도 없었다. 내 상황에 맞지 않는 일은 처음부터 안 하면 된다.

❷ 이용당하는 교사 말고 도와주는 교사 되기

학교마다 다양한 가치관을 가진 교사들이 근무한다. 그래서 모든 선배 교사가 초임교사가 닮고 싶어 할 만한 스승상에 부합하는 것은 아니다. 그중에는 이해관계에 밝고 주변 사람들을 이용하는 교사들도 있다.

자신이 원하는 목적을 위해 관리자를 등에 업고 일을 추진하는 교사를 본 적이 있다. 정작 관리자는 그 일을 진행할 생각이 없는데 자신이 먼저 학교에 이런저런 사업을 해 보겠다고 제의한 후 관리자의 승인이 떨어지면 그 일을 후배 교사에게 떠넘겼다. 관리자에게는 교사들을 설득해서 힘들게 업무를 추진하는 것처럼 말하고, 후배 교사들에게는 '교장 선생님의 지시니 네가 해야 한다'는 식으로 일을 추진한 것이다. 심지어 "그건 제가 해야 할 일이 아닙니다."라고 거절하면 "관리자에게 네가 그렇게 말했다고 전하겠다."라며 압박하기도 했다.

학교 현장에서 나를 이용하려는 교사를 만나면 어떻게 해야 할까? 거절할 수밖에 없는 타당한 이유를 분명히 말하되 싸우지 말고 웃으며 좋은 분위기에서 지혜롭게 거절해야 한다. 사람들에게 이용당하는 교사가 되지 말고 사람들을 도와주는 교사가 되도록 하자.

주변에서 벅찬 업무를 추진하느라 도움이 필요한 교사를 보면 자발적으로 도움을 주는 것이 좋다. 내가 좀 불편하고 힘들어도 다른 사람을 도와주면 결국 내가 나를 돕는 것과 같기 때문이다. 그렇지만 시간적으로나 환경적으로나 도움을 요청하는 사람을 내가 모두 도와줄 수는 없다. 그래서 도움에도 분명한 원칙이 필요하다. 그 원칙 안에서는 도움을 요청하는 교사들을 최대한 도와주도록 한다.

 주의해요 노란불!

나를 이용하려는 교사를 만나면 그 요청에 대한 타당한 거절 이유를 좋은 말로 분명하게 밝혀야 한다. 이때 절대 싸우면 안 된다.

❸ 주변의 도움에 감사 표현하기

신규교사는 현재의 학년 부장교사에게, 그리고 미래에 만날 여러 선배 교사들에게 이런저런 도움을 받게 된다. 그렇게 도움을 받으면 그것이 누구의 어떤 도움이든 그냥 지나쳐서는 안 된다. 다시 말해 다른 사람의 도움을 당연하게 여기면 안 된다는 말이다. 이는 내가 초임교사들에게 꼭 해 주고 싶은 말이다. 선배 교사들이 시간이 남아서 도와준 것이 아니다. 그들은 자신의 시간과 에너지를 신규교사를 위해 사용했다. 그러므로 고마워하는 마음을 가져야 한다. 그리고 그 마음은 말과 행동으로 반드시 전달되어야 한다.

내가 처음 연구대회에 도전했을 때 나를 도와준 두 명의 선배 교사가 있었다. 당시에 나는 연구에 대한 지식이 전혀 없었기에 처음 도전한 연구대회에서 당연히 탈락했다. 결과는 좋지 않았지만, 당시 엉망인 내 보고서의 문제점에 대해 조언해 준 그 선배 교사들이 고마워 간단한 선물과 함께 다음에는 더 열심히 해 보겠노라고 편지를 보냈다. 지금 와서 생각해 보면 그 선배 교사들의 나에 대한 신뢰가 완성된 것은 그때 같다. 결과가 좋지 않았음에도 감사하는 마음을 전한 것이 선배들의 마음을 얻은 계기였다고 생각한다. 이후 선물은 상대방을 오히려 더 부담스럽게 만들 수 있다는 것을 알게 되었다. 그래서 보다 덜 부담스러운 감사방법을 고민하다가 함께 식사하는 것을 떠올렸고, 지금도 계속 식사로 감사를 표현하고 있다. 물론 이것은 같은 교사 사이에서만 가능한 이야기다. 도움을 준 사람이 선배 교사가 아닌 관리자라면 김영란법으로 인해 커피 한 잔도 사 드릴 수가 없다.

물론 식사를 제안했을 때 선배 교사가 거절할 수도 있다. 하지만 내가 먼저 식사를 제안한 것과 식사 제안 없이 조용히 지나간 것은 분명 다르다. 어느 쪽이 선배 교사에게 내 마음을 더 잘 전달해 주었을 것 같은가. 결과적으로는 제안에 불과했지만 선배 교사는 '아, 이 후배가 나에게 고맙다고 말한 것이 진심이었구나. 감사를 표현할 줄 아는 후배구나.'라고 생각하게 될 것이다.

교육현장에서 선배 교사들의 도움을 너무나 당연하게 여기는 후배들을 종종 본다. 그중에는 '내가 이 선배에게 너무 잘하고 있으니까 이 선배도 나에게 잘해 줄 수밖에 없는 거야.'라고 생각하는 후배 교사도 있었다. 감사할 줄 모르는 교사는 주변 사람들을 점점 잃게 된다. 하지만 진실한 감사 표현을 할 줄 아는 교사는 좋은 동료 교사와 선후배 교사들을 점점 더 많이 얻게 된다.

❹ 절제하는 입술로 지혜로운 말하기

학교에서 교육 활동을 하다 보면 나와 의견이 다른 교사를 만날 때가 있다. 의견이 다른 것이 잘못된 것은 아니다. 오히려 대화하고 토의하는 과정에서 서로 다른 입장을 이해하고 함께 성장하는 계기가 되기도 한다. 그러나 그 과정에서 조심해야 할 부분이 하나 있다. 바로 입술의 절제다. 의견이 서로 다르면 상대방의 생각이나 행동을 무턱대고 비판하기 쉽기에 자신이 하고 싶은 말을 다 하지 않는 절제하는 입술이 필요하다. 다시 말해 그 의견에 대해서만 비판해야지 그 의견을 낸 사람까지 함부로 판단하고 비판하면 안 된다는 말이다.

때로는 나와 다른 의견을 가진 사람에게 내 생각을 말하지 않는 것이 더 나을 때도 있다. 의견을 나누는 진정한 대화는 양측 모두 상대방의 의견을 들으려는 마음가짐일 때 가능하다. 어느 한쪽이 그런 마음가짐이 되어 있지 않다면 대화를 이어 갈 필요가 없다. 만약 공식적인 회의처럼 꼭 말을 해야 하는 자리라면 나의 의견만 간단히 말하는 것이 좋다.

같은 말이라도 '아' 다르고 '어' 다르다. 내가 어떻게 표현하느냐에 따라 전달되는 감정도 달라진다. 상대방에게 내 마음을 효과적으로 전달하는 방법은 내가 상대방의 의견을 존중하고 있음을 보여 주는 것이다.

나도 초임교사 시절에는 도전적이고 단호하게 말하는 것을 미덕으로 생각했다. 그러나 교직 경력이 쌓이면서 의견이 다를 경우 상대방의 의견을 존중하면서 동시에 나의 의견을 잘 표현할 줄 아는 지혜로운 말하기가 정말 성숙한 사람의 모습임을 깨닫게 되었다. 교직 사회에서 사람들과 좋은 관계를 맺기 위해서는 입술의 절제와 지혜로운 말하기가 필요하다.

 주의해요 노란불!

학교에서는 대화와 토론이 필요한 상황이 많다. 이때 필요한 것은 절제하는 입술이다. 나와 다른 의견에 대해 이야기할 때 그 의견을 낸 사람을 함부로 판단하고 비판해서는 절대 안 된다.

5 갈등을 해결하는 한 템포 쉬기

학교 교육 활동은 사람을 대하는 일이다. 교실에서는 학생들을, 교무실에서는 같이 근무하는 교사들을, 전화로는 학부모들을 대해야 한다. 이러한 직업 특성상 교사들이 여러 사람들과의 다양한 갈등을 경험하는 것은 이상한 일이 아니다. 갈등이 발생했을 때 가장 지혜로운 처신은 화를 바로 표출하지 않고 자신의 감정을 잘 다스리는 것이다. 즉 어떤 상황에서든 즉각적인 반응을 보이지 말고 마음을 가다듬고 한 템포 쉬는 것이다. 즉각적인 반응은 나도 모르게 격한 감정이 그대로 말에 드러날 가능성이 높기 때문이다.

한번은 아무도 맡으려 하지 않는 6학년 부장을 내년에 한 번 더 맡아 달라는 교감 선생님의 부탁을 받고 6학년 부장을 또 맡기로 한 적이 있었다. 원래 6학년은 기피 학년이기도 하지만 당시 5학년 학생들이 생활교육에 큰 문제가 있어서 모두 6학년 담임을 기피하는 상황이었다. 당연히 6학년 선생님들이 학생 생활교육에 전념할 수 있도록 학교에서 환경을 만들어 주리라 기대했는데, 같은 날 교장 선생님이 갑자기 내년부터 학교의 모든 남교사들이 아침에 학생 운동부 활동을 지도하면 좋겠다고 하는 것이 아닌가.

말도 안 되는 일이라고 교장 선생님께 따질 생각으로 먼저 교감 선생님께 내 생각을 말씀드렸다. 교감 선생님은 이야기를 듣고 나서 한숨을 폭 쉬더니 이렇게 말씀하셨다. "교장 샘 이야기는 3개월 후의 일이라 그 사이에 또 어떻게 바뀔지 모르니 지금은 그냥 넘어갑시다. 내년에 진짜 그렇게 하려고 하면 그때는 내가 이야기하도록 할 테니…. 사실 그냥 지나가는 말일 수도 있어."

다음 해에 그 일은 정말 없던 일이 되었다. 이때 나는 처음으로 '아, 한 템포 쉬어 가는 것이 더 좋을 수도 있구나.' 하고 깨달았다. 나에게 조언해 주셨던 교감 선생님의 판단은 오랜 경험에서 나온 지혜였다.

당장 어떤 사안이 결정되고 실행되어야 하는 상황이라면 즉시 반대 의견을 이야기하고 바로잡아야 하는 것이 맞겠지만 그런 경우가 아니라면 조금 쉬어 가는 것도 갈등 없이 어떤 일을 해결하는 좋은 방법 중 하나다. 선배 교사나 관리자들과 의견이 맞지 않을 때 즉시 "저는 반대입니다."라고 말하기보다는 나의 입장을 보류하고 문제에 대해 깊이 생각하는 것이 낫다. 그러면 나중에 다시 그 문제를 논의할 때 나와 반대 의견을 가진 사람을 설득하는 데도 도움이 된다.

6 후배 교사 기다려 주기

초임교사도 시간이 지나면 경력이 쌓여 선배 교사가 된다. 선배 교사가 되면 새로 교직에 들어오는 후배 교사를 볼 때 가치관이나 생각의 차이를 많이 느끼게 된다. 초임교사인 나를 지켜보던 선배 교사가 그러했던 것처럼 나 역시 후배 교사와 세대 차이를 경험하게 되는 것이다. 후배 교사들은 점점 많아지겠지만 내 마음에 딱 맞는 후배를 만나기는 쉽지 않다. 다들 좋은 면을 가지고 있지만 또 어떤 면은 마음에 들지 않기 일쑤다. 마음에 들지 않는 부분에 대해선 선배 교사로서 기다려 주는 여유가 필요하다.

나 자신도 초임 시절 완벽한 교사가 아니었음을 기억하자. 후배를 향한 조언은 후배와의 신뢰 관계를 형성한 후에 들려주자. 신뢰 없는 조언은 후배에게 좋은 충고가 아니라 비난으로 느껴지기 쉽다.

후배 교사가 만약 내 조언을 받아들이면 감사한 것이고 그러지 않으면 그것으로 그만이다. 선배 교사의 진심 어린 충고를 받아들일 귀가 없는 후배라면 계속 가까이할 필요가 없다. 그 후배를 적대시하거나 미워하라는 의미는 아니다. 더 이상 애써 이야기하지 말고 그냥 그대로 두라는 이야기다. 나중에 그 후배가 나의 조언을 다시 떠올려 자신의 잘못된 행동을 고칠 수도 있으니 선배 교사로서의 도리를 다한 후 후배 교사를 기다려 주라는 말이다.

 주의해요 노란불!

후배를 향한 조언은 후배와의 신뢰 관계를 형성한 후에 들려주자. 신뢰 없는 조언은 좋은 충고가 아니라 비난으로 느껴지기 쉽다.

친절한 예둘샘에게
무엇이든 물어보세요

Q1. 학교에서 늘 교직의 부정적인 부분을 비판하는 교사가 있습니다. 계속 듣고 있자니 너무 힘듭니다.

학교 현장에서 발생하는 문제들에 대한 비판은 필요합니다. 그렇지만 그 비판이 더 나은 방향으로 발전하기 위한 것이 아니라 비판을 위한 비판일 뿐이라면 아무 의미가 없습니다. 교직에 대해 항상 부정적인 이야기만 늘어놓는 사람을 가까이 하다가 내가 많이 힘들고 혼란스러워졌다면 나 자신을 위해서 그의 말을 덜 듣는 것이 좋겠습니다.

Q2. 학교에 나를 경쟁자로 생각하는 교사가 있습니다. 항상 딴지를 걸어요.

보통 이런 상황은 상대방이 선생님과 자신을 비교하는 것이 그 원인입니다. 선생님은 전혀 그런 생각이 없는데 상대방이 혼자 경쟁자로 생각하는 것이죠. 이때는 그 사람과 한번 진지하게 이야기를 해 보는 것도 좋습니다. 만약 그런 이야기를 나누기 어려울 만큼 관계가 망가진 상태라면 그냥 내버려 두세요. 그리고 내년에 동학년이나 같은 업무 부서로 배정되지 않도록 미리 관리자에게 부탁하는 것이 선생님이 할 수 있는 최선일 것입니다.

Q3. 학교 동료 관계 형성에서 주의할 점은 무엇인가요?

우선 다른 교사에 대한 부정적인 이야기는 농담으로도 하지 말기 바랍니다. 그리고 생각이나 가치관이 전혀 다른 사람들과 대화할 때 그들의 생각에 동의하지는 못하더라도 그런 생각 자체는 인정해 주어야 합니다. 다양성을 품을 수 있어야 많은 교사들과 좋은 관계를 형성하고 유지할 수 있습니다.

Q4. 나에게 도움을 주신 교사에게 부담이 되지 않는 감사 표현은 어떤 것이 있을까요?

기본적으로 교사는 김영란법을 지켜서 감사를 표현해야 합니다. 같은 교사끼리라도 때론 상대방이 내가 준비한 간단한 선물이나 식사를 부담스러워할 수 있습니다. 그런 상황이라면 저는 감사를 분명히 표현하는 방법으로 손편지를 추천합니다. 비록 짧은 내용이라도 진심을 담아 쓴 감사의 손편지는 상대방에게 내 감사의 마음을 전달할 수 있는 좋은 방법이라고 생각합니다.

단 교사가 관리자에게 주는 손편지는 김영란법에 직접 저촉되는 건 아니지만 전달 시기가 근평이나 가산점 부여 시기와 밀접하거나 편지로 인해 인사 이익이 주어질 수도 있는 상황이라면 손편지도 문제가 될 수 있습니다. 상황을 잘 분별하여야 한다는 점을 꼭 기억하세요.

제3장

교사의
전문성 성장

Chapter 1

초임교사
성장의 시작

1 교사의 성장을 바라보는 다양한 시선

학교마다 교사의 성장을 바라보는 독특한 시선이 있다. 그것은 학교 문화와 관련이 깊다. 교사 성장의 좋은 롤모델이라 할 만한 교사가 있는 학교에서는 성장을 위한 교사의 노력을 당연하게 생각하고 또 적극 권장한다. 반대로 학생들은 제쳐 두고 스펙 쌓기라는 외적 성장만 추구하는 교사가 있는 학교에서는 교사의 성장을 부정적으로 바라본다.

초임교사들은 교사 전문성 향상이라는 성장을 꿈꾼다. 그래서 교사 성장을 위해 교실 수업에서 어떤 새로운 활동에 도전하려고 하면 그것에 대한 주변 교사들의 반응이 여러 가지로 갈린다. 성장을 위한 새로운 도전을 격려하는 교사도 있고 순간의 열정으로 치부하는 교사도 있다.

때론 신규교사의 도전이 부담스러워 은근히 눈치를 주는 교사들도 있다. 드물기는 하지만 신규교사의 성장 노력을 시기하거나 벌써 승진 준비에만 신경 쓴다는 식으로 매도하는 교사도 있다.

초임교사의 성장 노력을 부정적으로 보고 눈치를 주는 학교 분위기라면 신규교사가 교사로서의 성장을 위해 새로운 도전을 하는 것이 쉽지 않게 된다. 하지만 뒤집어 생각하면 그런 분위기이기에 오히려 더 성장을 위한 노력이 필요할 수 있다. 성장을 위한 새로운 도전과 노력을 할 때 주변 교사들의 시선을 지나치게 두려워하거나 의식할 필요는 없다. 교사로서 성장을 위해 노력하는 것은 당연한 일이고, 특히 교실에서 만나는 아이들을 위해서 꼭 필요한 노력이다.

성장을 위한 노력은 교사가 매너리즘에 빠지는 것을 막아 준다. 초임교사 시절을 지나 중견교사가 되면 학생 생활교육과 수업 전문성이 어느 정도 쌓이기에 교육 활동에서 새로운 도전을 하지 않아도 아이들에게 일정 수준 이상의 좋은 수업을 제공할 수 있다. 만약 그 상태에 그냥 만족해 버리면 매너리즘에 빠지고 교사로서의 성장도 정체되기 시작한다.

 주의해요 노란불!

성장을 위한 새로운 도전과 노력을 할 때 주변 교사들의 시선을 지나치게 두려워하거나 의식할 필요는 없다. 교사로서 성장을 위해 노력하는 것은 당연한 일이고, 특히 교실에서 만나는 아이들을 위해서 꼭 필요한 노력이기 때문이다.

② 학생과 교사의 동반성장을 꿈꾸는 교사

교사가 성장을 추구할 때 항상 기억해야 할 것은 학생과의 동반성장이다. 아이들의 성장 없는 교사의 성장은 엄밀히 말해 교사 성장이 아니다. 그냥 한 개인의 성장일 뿐이다. 교직 사회에는 학생들에게는 관심 없고 오직 자신의 성장만 추구하는 교사도 있다. 그들은 교실에서 여러 교육 활동을 하지만 그것의 목적이 학생의 성장이 아니라 승진가산점이나 경제적 여유, 주위의 평판과 존경 등이다. 같이 근무하는 교사들은 그 교사가 정말 아이들을 위해 교육 활동에 열정적인 것인지 아니면 자신의 목표를 이루기 위해 학생들을 이용하는 것인지 잘 알고 있다.

오로지 자신의 성장을 최고의 가치로 생각하는 교사에게도 학생들에게 존경받고 싶은 욕구가 있다. 이들은 자신이 아이들에게 무관심한 교사라는 사실도 잘 알고 있다. 존경받고 싶은 욕구와 무관심한 성향 사이에서 느껴지는 괴리를 잊기 위해 승진이나 성공, 자신의 성취 등에 더 몰입하는 교사는 결과적으로 참교사로서의 자존감은 가지지 못한다.

반면 학생들과의 동반성장을 추구하는 교사들은 자존감이 높다. 이들은 교사의 성장이 궁극적으로 교실 수업 개선과 학생 성장을 위한 것이라 생각하므로 모든 노력들이 기쁘고 값지다고 여긴다. 당연히 주변 교사들에게 교사 성장으로 이룰 자신의 꿈과 목적을 말하는 것이 멋쩍지 않고 당당하다. 학생과의 동반성장을 추구하는 교사는 학생, 학부모, 동료 교사들의 신뢰를 받는다. 교사로서 자존감이 늘 높을 수밖에 없다.

아이들을 위한 교육에는 전혀 고민이 없고 오로지 승진 준비에만 신경 쓰다가 교장이 된 사람을 만난 적이 있다. 한번은 그가 학교 선생님들을 책망하며 기초학력 부진 학생들을 구제하기 위해 교사들이 더 노력해야 한다고 화내는 모습을 보았다. 그는 불우한 환경에 있는 아이들이 불쌍하지도 않냐고 언성을 높였다. 참 맞는 말씀이었다.

근데 그 당연한 이야기를 하는 교장의 모습이 상당히 어색했다. 본인은 실천하지 않은 교사로서의 삶과 가치관을 마치 자신이 실천해 온 것처럼 교사들에게 이야기하는 모습에 정말 민망하지 않을까 하는 생각도 들었다. 이때 깨달은 것은 자기를 아무리 잘 포장한다고 하더라도 함께 근무했던 사람들까지 속일 수는 없다는 것이다. 더불어 본인이 직접 살아내지 않은 교사로서의 삶과 가치관은 다른 사람들에게 아무런 영향을 줄 수 없음도 깨달았다.

❸ 육아휴직의 불안감 떨쳐 버리기

여교사는 보통 1정 연수를 받을 즈음이면 결혼을 하고 아이를 키우기 위해 육아휴직을 고민하는 시기가 온다. 부부 교사라면 남편과 아내가 번갈아 가며 육아휴직을 할 수 있지만, 대개는 여교사가 더 많이 한다.

나는 후배들에게 특별히 꼭 직장생활을 계속해야 하는 상황이 아니라면 아이를 위해 최대한 육아휴직을 많이 하라고 권한다. 그 이유는 아이가 어릴 때 개인의 승진이나 성장, 육아의 부담 등을 이유로 휴직을 하지 않다가 아이가 유치원에 갈 시기인 5세 이후 정서적인 결핍 때문에 문제가 생기면 육아휴직을 하지 않은 자신의 선택을 후회하는 경우를 주변에서 많이 보았기 때문이다. 아이가 태어나고 엄마와 안정적인 애착 관계를 형성해야 하는 그 시간은 두 번 다시 돌아오지 않는 귀한 시간이다. 그리고 그 애착 관계가 아이의 정서적, 신체적 발달에 지대한 영향을 미친다는 것은 주지의 사실이다.

물론 첫째에 이어 연달아 둘째를 가지면 생각보다 길어지는 육아휴직으로 인해 고민이 깊어질 수밖에 없다. 다른 동기들에 비해 자신이 너무 뒤처지지는 않을까 하는 고민 말이다. 교사들은 학생 때 공부를 잘했고 어려운 임용고시까지 통과한 사람들이기에 대부분 성공적인 삶에 대한 욕구가 강하다. 그렇기에 육아휴직을 선택하기까지 고민을 거듭하는 것은 어쩌면 당연한 일이다.

그러나 나는 그런 염려는 기우라고 말하고 싶다. 나는 대학을 두 번이나 다녔기 때문에 내 나이대의 교사들보다 6년 늦게 교직에 들어왔다. 그리고 발령 후 꽤 오랜 시간 동안 교실에서 아이들과 열심히 살았지만 교사로서 성장하기 위한 노력은 별로 하지 못했다. 결과적으로 나와 같은 나이대의 교사들보다 13년이나 뒤처졌던 것이다. 하지만 내가 교직에서 경험했던 연구 경력이나 기타 교육 활동 경력을 이력서에 쓰면 한 페이지를 훌쩍 넘겨 몇 페이지로 이어진다. 이것이 내가 육아휴직을 한다고 해서 동기보다 반드시 뒤처지는 것은 아니라고 말할 수 있는 근거다.

게다가 육아휴직은 병역휴직과 더불어 교육 경력으로 인정된다. 만약 지금 육아휴직을 고민하고 있다면 더 고민하지 말고 아이와 함께할 수 있는 귀한 시간을 선택하기 바란다. 그리고 복직 이후에는 매년 1개의 수업 연구를 하고, 아이가 유치원에 입학할 무렵에는 시간을 많이 빼앗기지 않는 범위에서 교육청이나 연구회 활동 등 학교 밖 활동에도 도전하여 교사로서 계속 성장하기를 바란다.

 주의해요 노란불!

교사로서의 승진과 성장을 위해 육아휴직을 하지 않았다가 뒤늦게 후회하는 모습을 종종 본다. 육아휴직은 교육 경력으로 인정될 뿐 아니라 복직 후 그 시간을 만회할 수 있으니 가능하다면 육아휴직을 선택하기 바란다.

❹ 성장 표지판

(1) 롤 모델

초임교사들은 근무하는 학교뿐만 아니라 이런저런 연수나 모임에서 전문성을 가진 여러 선배 교사들을 만날 수 있다. 만약 그중에서 자신이 닮고 싶은 교사가 있다면 겸손한 마음으로 배우기를 권한다. 롤 모델이 꼭 선배 교사일 필요는 없다. 나보다 나이가 어릴지라도 내가 그 사람에게서 배울 것이 있으면 좋은 롤 모델이 될 수 있다. 다만 외적인 화려함이 아니라 진실한 교사로서의 삶을 기준으로 롤 모델을 선택했으면 한다. 나는 롤 모델을 선택할 때 교육 활동 중 학생과의 관계에 진실함이 있는지, 근무 학교에서 동료 교사들과 나눔을 실천하고 있는지를 가장 중요하게 본다.

(2) 공문 찾기

공문 찾기는 주변에 교사 성장에 대해 조언해 줄 선배 교사가 없을 때 사용하는 방법이다. 나는 교사 성장에 대한 많은 정보를 학교로 오는 공문을 통해 알았다. 학교에 접수되는 공문에는 업무 공문만 있는 것이 아니라 교육청, 교육부 및 기타 다양한 외부기관들의 여러 교육사업 공문도 많다. 그런 공문을 보면 요즘 학교 현장에서 어떤 교육 활동이 강조되고 있는지 교육정책의 흐름도 읽을 수 있다. 신규교사 때는 대부분 자신의 업무 공문만 확인하는데 학교에 오는 공문들의 내용을 대략적이라도 알고 있으면 자신의 업무 수행뿐만 아니라 교직의 다양한 정보를 이해하고 교육을 바라보는 시야를 넓히는 데도 도움이 된다. 공문은 관리자나 부장교사는 물론 학교에 근무하는 모든 초임교사도 그 내용을 알고 있으면 좋다.

학교에 접수되는 공문들을 살펴보면 의외로 재미있는 것들이 많다. 해외연수에 관한 공문도 있고, 상장이나 상금을 주는 공모전 공문도 있고, 각종 파견을 비롯해 교사들이 평소 궁금해하는 다양한 정보를 확인할 수 있는 공문도 있다. 공문을 교사 성장의 안내서라 부를 만하다.

처음에는 공문 내용을 파악하는 데 다소 시간이 걸릴 것이다. 그렇지만 공문을 꾸준히 읽는 습관을 들이면 나중에는 짧은 시간에 공문 내용을 파악하는 것은 물론이고 공문을 보낸 기관의 의도까지도 읽어 낼 수 있는 능력이 생긴다. 또 이 습관은 나중에 전문직 공부를 할 때 현재 교육청의 교육정책 방향과 강조점이 어느 쪽으로 흘러가고 있는지를 이해하는 데에도 큰 도움이 된다.

 주의해요 노란불! ─────────────────

> 신규교사도 학교에 오는 모든 공문의 내용을 대략적이라도 알고 있는 것이 좋다. 이는 업무 수행뿐 아니라 교직의 다양한 정보를 얻고 교육을 바라보는 시야를 넓히는 데도 도움이 된다.

───

❺ 성장 롤 모델에 대한 지나친 기대 경계하기

신규교사에게 닮고 싶은 성장 롤 모델이 있다는 것은 좋은 일이다. 그렇지만 닮고 싶은 롤 모델을 우상화하지는 않아야 한다. 롤 모델에 대한 지나친 신뢰는 그만큼 큰 실망으로 돌아올 수 있기 때문이다.

초임교사 시절 한 직무연수에서 강사가 자신은 교실에서 기타를 치며 반 아이들과 함께 노래를 부른다고 이야기한 적이 있다. 개인적으로 기타 연주를 좋아했기에 그 강사의 모습이 참 보기가 좋았다. 함께 강의를 들었던 주변의 선생님들도 모두 같은 생각이었다.

그런데 나중에 그 강사가 학교에서 동료 교사들과의 관계가 좋지 않다는 사실을 알게 되었다. 아이들에게는 좋은 선생님이었지만 좋은 동료 교사는 아니었던 것이다. 그래서 학교 교육 활동보다는 본인의 교실 수업과 외부강의에 더 많은 관심을 두는 교직 생활을 하고 있었다. 외부 기관 활동보다는 자신이 속한 학교의 교육 활동을 우선시해야 한다는 나의 교직 가치관과는 조금 다른 삶이었다. 닮고 싶은 롤 모델이 생겼을 때 그 롤 모델 교사의 교직 생활이 내가 꿈꾸고 바라는 교직 생활과 같을 것이라고 기대해서는 안 된다. 사람은 모두가 다르고 조금씩은 부족한 면을 가지고 있기 때문이다.

수업 연구 전문가로 전국에 알려진 후 여러 연수를 통해 선생님들을 많이 만나면서 나를 롤 모델로 생각하는 있는 교사들도 있음을 알게 되었다. 이는 개인적으로 조금 부담이 되었다. 나의 실제 모습이 아니라 과장되거나 포장된 모습 때문에 나를 롤 모델로 생각하는 것은 아닐까 하는 염려 때문이다. 그래서 나는 2가지 기준을 가지고 나 자신을 되돌아보는 시간을 종종 갖고 있다. 하나는 내가 주변 선생님들에게 선한 영향력을 주고 있는가이고, 다른 하나는 지금 내가 근무하고 있는 곳에서 인정받고 있는가이다. 내가 아무리 뛰어난 전문성을 가지고 있다고 하더라도 정작 내가 근무하고 있는 곳에서 선한 영향력을 주지 못한다면, 그리고 인정받지 못하고 있다면 그것은 롤 모델이 될 만한 교사의 모습은 아닐 것이기 때문이다.

❻ 성장을 경험한 선배 교사들의 공통점

교육현장에서 성장을 꿈꾸는 많은 후배 교사들을 만났다. 그들은 교사의 성장을 위해 필요한 것이 무엇인지 늘 궁금해했다. 그 궁금증에 답하기 위해 성공적인 성장을 경험한 교사들이 공통적으로 보여 준 모습을 찾아 정리해 보았다.

(1) 겸손

겸손은 배움에 있어 가장 기본적인 자세다. 배우고자 하는 겸손함이 없으면 성장도 없다.

(2) 도전

아무리 겸손한 사람이라도 게으르다면 아무것도 이루지 못한다. 배우고자 하는 마음이 있으면 망설임 없이 도전하고 성실하게 배우는 실천력이 뒤따라야 한다.

(3) 관계

주변 교사들과 좋은 관계를 유지해야 더 큰 성장을 경험할 수 있다. 마음 맞는 동료 교사와 자신이 경험한 성장에 대해 나누고 공동연구를 하는 것은 교사 개개인의 성장에 시너지 효과를 가져온다.

(4) 학생

교사 성장은 개인의 자아실현과 더불어 학생 성장이라는 가치를 함께 추구해야 한다. 학생의 성장 없는 교사 성장은 빈껍데기에 불과하다.

(5) 가정

나는 가정에 충실하지 못한 교사 성장은 의미 없다고 생각한다. 교사 성장의 기반은 가정이다.

학교 현장에서 나는 함께 근무했던 후배들에게 이런저런 일들에 도전해 보라고 자주 권하곤 했다. 그렇지만 나의 조언을 귀담아듣고 실제로 도전한 후배 교사들은 10%가 안 되었다. 대부분은 마음으로만 그런 성장을 원할 뿐 실제로 노력은 하지 않는 것이다. 아무리 좋은 조언을 많이 들어도 그 조언을 받아들여 교사 성장의 밑거름으로 삼는 선택은 결국 자기 자신의 몫이다.

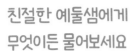

친절한 예둘샘에게 무엇이든 물어보세요

Q1. 육아휴직의 조건과 기간이 궁금합니다.

육아휴직은 자녀가 만 8세 이하 또는 초등학교 2학년 이하의 자녀를 가진 남교사, 여교사 모두가 할 수 있습니다. 휴직 가능 기간은 3년이고, 동일 자녀에 대해 부부 모두 각각 휴직이 가능합니다. 쌍둥이의 경우에도 각각의 자녀에 대해 휴직이 가능하지요. 육아휴직은 3년 안에서 여러 차례로 나누어 사용할 수 있습니다. 육아휴직이 가능한 자녀가 세 명이 있다면 휴직 순서만 잘 맞추면 최대 9년까지 휴직할 수 있습니다.

Q2. 육아휴직 때 월급이 나오나요?

1년 범위 이내에서 나오지만, 액수는 월별로 다릅니다. 육아휴직 시작일부터 3개월까지는 월봉급액의 80%(최소 70만 원에서 최대 150만 원)가 나옵니다. 그리고 4개월부터 12개월까지는 월봉급액의 50%(최소 70만 원부터 최대 120만 원)가 나옵니다. 단 지급액의 15%는 복직 후 6개월 이상 근무할 때 일괄 지급됩니다. 그렇지만 2021 인사혁신처 보도자료에 의하면 앞으로는 1~12개월 모두 동일하게 급여의 80%가 지급됩니다.

Q3. 육아휴직은 교육 경력으로 몇 퍼센트가 인정되나요?

육아휴직은 휴직 전 기간을 교육 경력으로 인정합니다. 다만 호봉승급(월급인상)은 첫째, 둘째 자녀는 최초 1년만, 셋째 자녀부터는 3년의 휴직 기간 전체를 인정해 줍니다. 승진 평정에서 육아휴직은 100% 교육 경력으로 인정해 주기에 경력단절이 아닙니다. 아이와 함께 집에서 육아 근무를 하는 소중한 시간이죠.

Q4. 아빠 육아휴직 보너스가 무엇인가요?

엄밀히 말하면 남교사가 육아휴직을 해서 받는 보너스가 아니라 같은 자녀에 대해서 부모가 순차적으로 육아휴직을 하게 되었을 경우 두 번째 육아휴직 교사가 급여를 더 받는 것을 말합니다. 예를 들어 부부 교사 중 첫 번째 육아휴직을 한 교사는 휴직 개시일부터 3개월까지는 통상임금의 80%(최소 70만 원에서 최대 150만 원)를 받습니다. 그렇지만 동일 자녀에 대해 다른 배우자 교사도 육아휴직을 하게 되면 최초 3개월의 육아휴직수당으로 육아휴직 개시일 현재 호봉 기준 월봉급액 100%에 해당되는 금액을 받게 됩니다. 단, 월봉급액이 250만 원을 초과하는 경우에는 250만 원을 받습니다.

Chapter 2

교사의 성장 경력
포트폴리오

❶ 교육 활동 경력과 자기소개서

교육청 파견근무나 연구년 선발, 교육부의 해외파견 교사 선발 등 각종 선발공문에서 항상 요구하는 서류가 하나 있다. 교사 자기소개서다. 그리고 증빙할 자료도 함께 요구한다. 해당 교육사업에 많은 교사들이 지원한다면 그들이 어떤 교직 생활을 했는지, 또 어떤 전문성을 가졌는지 객관적인 확인이 필요하기 때문이다. 교실에서 평소에 아무리 좋은 수업을 해 왔다고 하더라도 그 활동들을 공식적으로 증빙할 자료가 없다면 심사기관에선 자기소개서의 내용을 믿지 않는다.

나는 교사로서 매년 다양한 수업 연구에 도전하면서 교육 활동을 하나씩 하나씩 기록으로 남겼다. 그리고 지원하고 싶은 선발공문이 나오면 그동안 기록해 온 나의 교육 활동들을 바탕으로 자기소개서를 썼다.

내가 처음 쓴 자기소개서는 경기도교육청에서 진로상담교사단을 공개 선발할 때였다. 당시 나는 상담 석사학위를 아직 따지 못했기에 석사학위 취득예정이라고 썼고 대학생 때 했던 탈북학생 학교적응 자원봉사 및 수업 연구 실적도 같이 적었다. 나중에 알고 보니 당시 선발된 인원의 절반가량이 박사까지 공부한 분들이었다. 나는 석사학위도 없는 상황이었으니 자기소개서의 교육 활동 경력 덕분에 뽑힌 것이라고 생각한다.

내가 마지막으로 쓴 자기소개서는 전문직 시험 합격 후에 도전했던 '올해의 스승상'에 제출한 것이다. 그동안 꽤 많은 자기소개서를 써 보았음에도 이때는 조금 더 힘이 들었다. 15년간의 교사 생활을 모두 정리하는 자기소개서였기 때문이다. 교육 활동 경력과 자기소개서는 교사 때만 필요한 것이 아니라 이후 공모교장 등 여러 선발 때도 계속 필요하다.

❷ 교육 활동 포트폴리오

수업 연구 도전을 시작하고 3년쯤 지나자 내가 수상한 상장들과 교육 유공 활동 위촉장, 신문기사, 관련 공문들이 점차 많아졌다. 마침 그즈음 한 선배 교사에게 교육 활동 포트폴리오를 정리해 놓으면 나중에 자료가 필요할 때 편리하게 이용할 수 있다는 이야기를 들었다. 그래서 내가 실천했던 모든 교육 활동 관련 자료들을 스캔해서 정리하기 시작했다. 간혹 하드디스크가 날아가는 경우를 대비해 백업용 하드를 포함해서 항상 2곳에 자료를 저장해 놓았다.

　지금부터 교사 교육 활동 포트폴리오 작성을 나이스 인사기록카드를 중심으로 소개한다. 교사의 교육 활동은 대부분 나이스에 등록되는데 나이스에 새로운 교육 경력을 등재하는 인사추기는 1년에 상반기와 하반기 총 두 번을 할 수 있다. 올해 인사추기를 못한 내용은 내년에 하면 되므로 걱정할 필요는 없다.

　초임교사들은 자신의 인사기록카드를 잘 확인하지 않는다. 나 역시 나이스 인사기록카드를 보게 된 것은 연구대회 입상 후 수상 실적을 인사기록카드에 등재할 때였다. 그때 이전의 농어촌학교 근무 경력이 누락되어 있음을 발견하여 바로 근무 학교에서 근무경력확인서를 발급받아 농어촌학교 근무 경력을 추기했다.

　나이스 인사기록카드는 포상/서훈, 연구 실적, 연수, 자격취득, 학위취득, 가산점 업무 등의 영역으로 구성되어 있다. 교육청 업무 등 외부 교육 활동 실적을 올리는 곳은 없으므로 증빙자료를 별도로 보관해야 한다. 특히 위촉장은 전문직 시험을 비롯해 교육청의 각종 선발시험의 서류 평정 자료로 쓰이기 때문에 평소에 잘 정리해 두는 것이 좋다.

 주의해요 노란불!

　초임교사들은 자신의 인사기록카드를 잘 확인하지 않는데, 누락이 없도록 평소에 관리해 두면 그 자체가 교육 활동 포트폴리오가 되어 나중에 편리하게 이용할 수 있다.

❸ 포상, 서훈

나이스 포상, 서훈 탭은 자신이 받은 표창을 등재하는 탭이다. 표창은 교육공로를 인정받아 받는 상인데 상장보다 쓰임이 더 많다. 표창 수여 실적은 학교를 이동할 때 전보 가산점으로 쓰이기도 하며 각종 선발 서류 평정에서 가산점이나 성과급 지표로 활용된다. 보통 1년에 1개 표창 실적만을 인정해 주기에 여러 개의 표창을 받아도 서류 평정에서는 1개만 사용할 수 있다. 인사 전보 가산점으로 표창을 사용할 때는 동일연도에 받은 모든 표창을 인정해 주는 교육청도 있다. 다른 기관에서 받은 표창도 나이스 인사기록카드에 등재되지만 별다른 쓰임은 없다.

교사가 받는 대표적인 표창 종류를 살펴보면 다음과 같다.

> **교육장 표창** – 교육지원청 교육장이 수여하는 표창
>
> **교육감 표창** – 시도교육감이 수여하는 표창
>
> **장관 표창** – 장관이 수여하는 표창
>
> **국무총리 표창** – 국무총리가 수여하는 표창
>
> **대통령 표창** – 대통령이 수여하는 표창

표창은 개인 표창과 기관 표창으로 나뉜다. 개인 표창은 말 그대로 교사 개인이 받는 표창이고 기관 표창은 학교가 받는 표창이다. 기관 표창은 학교 관리자 실적으로 사용된다. 표창은 교육 활동의 결과로 얻게 되

는 것이므로 표창을 받으려는 목적으로 교육 활동을 하는 것은 주객이 전도된 잘못된 태도다. 표창은 다음과 같은 경우에 수여된다.

(1) 교육청 교육 유공 활동

교육청의 각종 지원단 활동, 우수 연구회 활동 등과 같이 교육 유공 활동의 공로로 주어지는 표창이다. 상반기와 하반기로 나눠서 수여되기도 하지만 주로 연말에 교육청 각 부서별로 일괄 수여된다. 모든 교육 유공 활동에 표창이 주어지는 것은 아니다.

(2) 비정기적인 각종 대회 입상

교육청에서 비정기적인 각종 대회를 열어 입상하는 교사에게 수여하는 표창이다. 우수 교육사례를 발굴하기 위해 표창이라는 인센티브를 내건 경우도 있으며 각종 대회에 학생들이 입상하면 지도교사의 공로를 인정하여 표창을 수여하기도 한다.

(3) 학교 교육 활동 우수사례 선정

교육청에서 학교 업무의 한 영역에서 우수사례를 접수해 그중 몇 편을 선정해 수여하는 표창이다. 보통 1년의 교육 활동을 마무리하는 학년 말에 수여한다. 교육청 공모사업을 학교에서 운영한 업무 담당자에게 표창을 수여하거나 학교 교육 활동 영역에서 우수사례를 받아 표창을 수여한다.

(4) 스승의 날 정기 표창

5월 스승의 날이 되면 교육청에서는 각 학교별로 대상자를 추천받아 교육지원청 공적심사를 거쳐 표창을 수여한다. 학교마다 표창 대상자 추천 인사 내규가 있는데 학교에서 표창 수여 대상자를 선정해 교육청에 명단을 제출하면 표창이 수여된다. 스승의 날에 수여되는 표창은 교육부 장관 표창, 시도교육감 표창, 교육장 표창이다. 표창은 수여 인원이 한정되어 있기에 학교에서 각 표창 대상자를 추천하더라도 모두에게 수여되지는 않는다.

 주의해요 노란불!

표창은 교사의 교육 활동에 대한 보상이다. 간혹 표창을 받으려는 목적으로 교육 활동을 하는 교사를 볼 수 있는데 이는 주객이 전도된 잘못된 태도다.

4 연구 실적

연구 실적 탭에는 교사가 받은 상장을 등재한다. 연구대회 입상으로 주어지는 상장뿐만 아니라 공모전 등 각종 대회에서 받은 상장도 나이스에 등재된다. 그러나 연구 점수는 연구대회 입상 실적에만 부여된다. 상장은 표창과 달리 대회 입상 실적이기에 등위가 있고 등위 명칭은 대회마다 조금씩 다르다. 상장을 나이스에 올릴 때는 해당 대회명과 입상

등위를 함께 올린다.

시도교육청에서 주관하는 연구대회는 입상자에게 교육감상이 수여되고, 교육부에서 주최하는 전국 단위 연구대회 입상자에게는 교육부 장관상이 주어진다. 그 외 기관에서 주최하는 연구대회는 연구대회 주최 기관장상이 수여되는데, 교육부 장관상이 수여되는 대회도 있다. 연구대회 중 전국교육정보화연구대회, 전국현장교육연구대회, 전국교육자료전의 1등과 2등에게는 대통령상과 국무총리상이 수여된다.

연구대회는 교육부 및 시도교육청이 주관하는 연구대회와 교육부의 인정을 받은 외부기관이 주관하는 연구대회가 있는데 대략 20개가 넘는다. 그렇지만 교사들이 많이 도전하는 연구대회는 인성교육 실천사례 연구대회를 비롯해 4개 정도다.

연구대회는 시도대회로 끝나는 대회와 전국대회까지 진행되는 대회가 있다. 시도 연구대회는 연구 보고서 제출자의 40%가 시도 1, 2, 3등급으로 입상한다. 시도대회에서 입상한 40%의 입상 보고서들 중 일부는 전국대회에 다시 출품되고 그중 40%가 다시 전국 1, 2, 3등급을 받는다. 시도대회 없이 바로 열리는 전국 연구대회는 보고서 제출자의 20%만 전국 1, 2, 3등급으로 입상한다.

초임교사로 발령을 받은 후 학교에 적응하려면 어느 정도 시간이 걸린다. 그래서 보통 연구대회의 첫 도전은 교직 3년 차가 적당하다. 이즈음 되면 학교 교육 활동 시스템이 익숙해지는 시점이고, 연구대회 도전이 교사 성장의 자극이 되고 수업내용을 더 풍성하게 해 주기 때문이다.

연구대회의 장점은 나의 수업 연구 노력을 기록으로 남길 수 있다는 것이다. 또 꾸준한 수업 연구에 대한 동기부여도 된다. 연구대회 도전은 수업 연구 방법과 연구 계획서 및 보고서 작성법만 공부하면 생각보다 어렵지 않다. 신규교사도 바로 도전해 볼 수 있는 것이 바로 수업 연구 대회다.

5 연수

연수 탭은 교사가 이수한 각종 온오프라인 연수를 등록하는 곳이다. 교사들은 교직에서 다양한 연수를 받는다. 의무적으로 들어야 하는 연수도 있고 자발적으로 듣는 연수도 있다. 연수는 직무연수, 자율연수, 자격연수로 구분되는데, 직무연수는 교직 직무수행과 관련한 내용으로 교육청의 인가를 받은 연수를 의미하고, 자율연수는 직무연수로 인가받지는 못한 연수를 의미한다. 자격연수는 교사의 자격이 달라질 때 받는 연수로 1정 자격연수와 교감 자격연수, 교장 자격연수가 대표적이다.

초고속 인터넷망이 보편화된 2000년대 중반부터 유료 원격연수원이 많이 설립되면서 다양한 원격 직무연수가 시작되었다. 이어 교육부 중앙교육연수원을 비롯해 전국 17개 시도교육청의 교육연수원에서도 여러 무료 원격 직무연수 콘텐츠를 매년 개발하여 교사들에게 제공하고 있다. 교사들은 온라인 연수 수강신청 기간에 연수를 신청하고 승인되면 원격연수를 듣는다. 교육청 주관 연수 실적은 자동으로 나이스에 등재되지만, 그렇지 않은 기관의 직무연수는 연수 이수증을 출력해서 인사추기 때 연수 탭에 등재해야 한다.

교사 대상 무료 원격 직무연수는 교육청 외의 기관에서도 많이 운영한다. 발명진흥회의 아피티처, 한국저작권위원회의 원격교육연수원이 대표적이다. 무료 원격 직무연수를 소개하는 공문이 종종 학교에 오니 참고해서 연수를 들을 것을 권한다. 직무연수는 매년 최소 60시간 이상 듣는 것이 좋다.

 주의해요 노란불!

연수 이수 실적이 나이스에 자동 연계 전송되지 않는 연수기관의 연수 이수 실적은 연수 이수증을 출력해서 인사추기 때 연수 탭에 등재해야 한다.

---

6 자격취득, 자격면허, 학위취득, 가산점

자격취득 탭은 교사가 취득한 각종 자격증을 등재하는 곳이다. 교사들이 주로 많이 따는 자격증으로는 워드프로세서 자격증과 컴퓨터활용능력 자격증이 있다. 자격취득 실적은 가산점 등 특별한 혜택은 없다. 내가 이 탭에 등록한 자격증은 워드프로세서 1급과 컴퓨터활용능력 2급, 정보처리 산업기사와 정보처리기사 자격증이다.

자격면허 탭은 교사가 가진 자격을 등재하는 곳으로 대학졸업 후 받은 정교사 2급 자격면허, 1정 자격연수 이후에 생기는 정교사 1급 자격면허를 등재한다. 전문상담교사 1급 자격면허도 이곳에 등재한다.

학위취득 탭은 석사와 박사학위를 받았을 때 그 내용을 등재하는 곳이다. 본인이 관심 있는 교육영역에서 학위를 취득한 후 인사추기 때 등재하면 된다.

가산점 탭은 승진과 관련한 가산점을 등재하는 곳이다. 학교폭력 유공 가산점, 농어촌학교 근무 가산점 등을 기재한다. 가산점 부분은 승진과 관련이 있는 내용이라 4장에서 좀 더 상세하게 설명하고자 한다. 승진가산점이 주어지는 학교에서 근무했다면 그 내용이 가산점 탭에 잘 기록되었는지 매년 확인해야 한다. 선택가산점 업무 실적 중에는 나이스에 등재되지 않고 교육청의 가산점 업무 유공 교원 명부에만 등재되는 것도 있다. 이런 경우에는 나중에 승진 서류 평정을 할 때 교육청 담임 장학사의 원본대조필을 받아 해당 가산점 업무 실적을 증빙해야 한다.

7 징계

꼭 비어 있어야 하는 탭이다. 교사는 공무원의 품위를 손상하거나 기타 법을 위반했을 때 징계를 받는다. 징계는 중징계(파면, 해임, 강등, 정직 1~3개월)와 경징계(감봉 1~3개월, 견책)로 나뉘고, 징계처분 기간이 지나면 말소된다. 그렇지만 징계말소는 징계말소 일자가 기록될 뿐 나이스 인사기록카드에서 징계기록이 사라지는 것은 아니다.

교육청의 징계위원회에 회부될 사안이 발생하면 징계위원회에서 징계 심의를 한다. 관리자 징계와 교사 중징계는 시도교육청에서, 교사 경징계는 교육지원청에서 담당한다. 징계감경 사유가 적용될 수 있는 사안이고 징계 대상자에게 교육감 표창 수여 등의 감경 사유가 있을 경우에는 징계가 1단계 감경된다. 다만 가장 낮은 징계인 견책을 받았을 때는 징계가 아닌 '불문경고'를 받는다. 불문경고는 징계는 아니지만 인사기록카드에 그 내용이 기록된다는 점에서 징계와 유사한 면이 있다.

징계위원회가 징계 심의 결과 교사에게 징계까지 줄 정도의 잘못은 아니라고 결정하면 '불문'(징계를 내리지 않음)으로 의결한다. 그러면 징계 요구를 의뢰한 교육청 감사부서에서 행정처분인 '주의'나 '경고'를 주기도 한다. '경고'가 '주의'보다 강한 행정처분이다. 그렇지만 행정처분은 징계가 아니기에 인사기록카드에 기록되는 것이 아니고 또 해가 바뀌면 그 효력이 사라진다. 그러므로 교육청 징계위원회에 회부된 후 징계가 아닌 '주의'나 '경고'의 행정처분을 받았다면 다행으로 생각해야 한다. 다만 행정처분을 받으면 그해 근평이나 성과급에서는 불이익을 피할 수 없다. 징계에 대해 더 자세한 사항이나 사례 등이 궁금하다면 시도교육청 인사관리규정과 정부 인사혁신처의 '징계업무편람'을 참고하면 된다.

친절한 예둘샘에게
무엇이든 물어보세요

Q1. '4대 비위'는 어떤 것을 말하나요?

4대 비위는 학생체벌로 인한 폭력, 성폭력, 성적 조작, 금품수수 및 향응을 말합니다. 4대 비위로 징계를 받으면 경징계를 받아도 승진이 안 됩니다. 음주운전도 4대 비위에 준하여 징계되는 심각한 비위에 해당합니다.

Q2. 초임교사가 도전하기 좋은 연구대회는 무엇이 있나요?

인성교육 실천사례 연구대회입니다. 많은 교사들이 도전하기에 입상자 수도 많아져서 다른 연구대회에 비해 입상이 수월합니다. 초임교사라도 연구 방법과 보고서 작성법을 잘 배우면 연구 첫해라도 전국대회에서 충분히 입상할 수 있습니다. 반면 연구 방법과 보고서 작성법을 잘 배우지 못하면 몇 년을 연구해도 입상하기 어려울 수 있습니다.

Q3. 인사기록카드에 추기할 증빙자료는 어떻게 발급받나요?

증빙자료를 발급해 주는 기관에 직접 찾아가서 발급받거나 팩스민원을 신청하여 팩스로 발급할 수 있습니다. 보통 학교에서 근무한 경력은 해당 근무지에서 발급하지만, 증빙자료 내용에 따라 교육청에서 발급해 주는 것도 있습니다.

Q4. '인사추기'를 하려고 하는데 어떻게 신청하는 건가요?

인사추기 기간이 되면 개인별로 인사추기 신청서를 작성하게 됩니다. 나이스 로그인 후, 기본메뉴 – 나의메뉴 – 인사기록 – 개인정보변경신청에서 신규 신청이나 기존자료 정정 신청을 합니다. 인사기록 항목에 따라 제출해야 할 증빙자료가 다르며, 개인이 직접 신청하는 경우도 있지만 학교 인사업무 담당자(보통 교감 선생님)가 인사기록(인사권한)에서 등록해야 하는 경우도 있습니다. 인사추기는 매년 상반기, 하반기 두 번 이루어집니다.

교사 성장
버킷리스트 ①

❶ 교사 생애주기와 버킷리스트

교사 생애주기란 교직에 들어와서 퇴임하기까지의 교직 평생을 연령
과 시기별로 구분한 것을 말한다. 교사 생애주기를 이해하면 교직이라
는 삶의 사이클이 어떻게 진행되는지, 각 시기에는 어떤 것을 준비하는
것이 좋은지를 알 수 있다. 교사 성장 버킷리스트는 교사에게 꾸준한 자
기 성장의 푯대 역할을 하기에 한 번쯤은 관심을 가지는 것이 좋다. 교
사 생애주기 구분은 다양한데 여기에서는 다음과 같이 구분해 설명하
고자 한다.

(1) 신규 2급 정교사 시기(경력 5년 미만)

교직에 처음 들어와 아이들과 신뢰 관계를 맺으며 자신만의 창의적인 수업과 학급경영을 만들어 보는 시기다. 또 자신이 좋아하는 교육영역을 찾아 수업 연구에 도전할 수 있는 시기다. 이때 석사파견 시험을 준비한 후 1급 정교사가 되는 시점을 전후해서 시험을 치면 좋다. 연구대회에 도전하면 연구 계획서 및 보고서 작성법을 익힐 수 있는데 이는 앞으로 교직에서 여러 업무를 처리하는 데 큰 도움이 된다. 이 시기에 만나는 선배 교사에 따라 신규교사의 교직 가치관과 교직의 진로 선택이 많이 달라지므로, 학교 안팎의 다양한 전문적 학습공동체 활동에 적극 참여하여 교사로서 성장하기를 바란다.

(2) 1급 정교사 초기(경력 5~9년)

1정 자격연수는 보통 30대 전후에 받는데, 이즈음은 결혼과 더불어 육아휴직을 고민하는 시기이기도 하다. 학교에 계속 근무해야 하는 특별한 상황이 아니라면 육아휴직은 하는 것이 좋다. 자녀를 양육하는 경험은 교사로서 최고의 배움이다. 결혼을 아직 하지 않았거나 자녀의 나이가 많지 않다면 해외파견 근무에 도전해 보는 것도 좋다. EBS 강사 도전도 추천한다. 그리고 학교에서 부장을 맡을 수 있으면 해 보길 바란다. 학교에서 부장을 맡아 업무를 해 보면 많은 것을 배울 수 있다. 교육청 지원단 같은 교육 유공 활동이나 교육청 파견근무도 해 보면 좋다.

(3) 중견 교사 시기(경력 10~15년)

학교에서 부장 등의 중책을 맡는 시기로, 승진에 대해 깊이 고민하게 되는 즈음이다. 수업 연구를 지속하되 연구대회나 공모전 외에도 다양한 도전을 해 보기 바란다. 지난 10년간의 교육 연구 활동으로 자신만의 교육 브랜드가 완성되는 시기이므로 SNS 교육 나눔이나 책 집필, 연수 개발, 전문 강사 활동을 할 수도 있다.

(4) 고경력 교사 1기(경력 16~20년)

연구년을 도전해 볼 수 있는 시기다. 연구년은 쉼과 함께 자신이 관심 있는 교육영역의 연구를 통하여 본인의 전문성을 심화할 수 있는 시간이다. 이때는 학교에서 교무부장을 맡으며 승진을 목전에 둔 시기이기도 하다. 학교 업무가 많아서 이전처럼 외부활동을 많이 하기는 어려우므로 자신의 상황에 맞춰 이를 조절해야 한다. 다양한 스승상에 대한 도전이 가능하다.

(5) 고경력 교사 2기(경력 20년 이상)

승진해 관리자로 학교를 경영하거나 고경력 부장교사로 학교의 든든한 버팀목이 되는 시기다. 퇴임 때까지 평교사로 교실에서 아이들과 함께하며 끊임없는 성장과 열정을 보여 줌으로써 후배 교사들에게 좋은 롤모델이 될 수 있다. 관리자로 승진한 경우라면 해외 한국학교 학교장 파견이나 한국교육원장 파견에 도전해 볼 수 있다.

❷ 석사학위 받기

　요즘은 대부분 석사학위를 가지고 있다. 석사학위는 가능하면 신규 교사 시절에 빨리 받는 것이 좋다. 대학원 파견으로 석사를 하는 방법도 있고, 학기 중 야간에 수업을 듣는 교육대학원 석사과정이나 방학 중에 이루어지는 계절제 석사과정도 있다. 석사과정이 4학기(2년)로 끝나는 대학도 있고 5학기 이상을 해야 하는 대학도 있다. 석사과정이 빡빡하게 진행되는 곳도 있지만, 높은 자율성 아래 직무연수를 듣듯이 편하게 진행되는 곳도 있다. 석사 논문을 필수적으로 써야 하는 대학원도 있지만, 다른 연구 보고서나 시험 등으로 논문을 대신할 수 있는 대학원도 있다. 모교 대학원에서 석사과정을 해도 되지만 다른 대학에서 석사과정을 밟아도 된다.

　석사학위를 어떻게 취득할 것인지는 선배 교사들의 경험과 조언을 듣고 자신의 상황과 석사학위 취득 목적에 맞게 결정하면 된다. 교육대학원에서 교육상담을 전공하면 전문상담교사 1급 자격증이, 특수교육을 전공하면 특수교사 2급 자격증이 나온다. 그렇지만 대학원에 따라 해당 교사 자격증이 수여되지 않는 곳도 있기에 대학원에 그 부분을 잘 확인해야 한다.

❸ 석사파견 제도 이용하기

석사파견은 교육 경력으로는 인정되지만, 연수파견이어서 교육 실경력(실제 학교에서 근무한 경력)으로 인정하지 않는 시도교육청도 있다. 그래도 석사파견은 월급을 받으며 대학원 공부를 할 수 있는 제도이기에 한번 도전해 볼 만하다. 석사파견의 대표적인 예로는 교육부 차원에서 전국 공통으로 이루어지는 교원대 석사파견과 서울대 석사파견이 있다. 그리고 시도교육청에서 지역대학에 석사파견을 하기도 한다. 대학원 석사파견 교사 선발은 시험 및 면접 점수와 대학에서 원하는 서류로 결정된다. 보통 시험 준비 기간은 6개월에서 1년 정도이고, 파견 시험은 기출문제를 토대로 공부하는 것이 효과적이다.

교원대와 서울대 석사파견은 시도교육청별로 파견 정원이 할당된다. 교육부에서 매년 전국 시도교육청에 파견할 수 있는 정원을 보내 주는데 경기도와 서울은 교사 수가 타 시도에 비해 많기에 파견 정원도 더 많다. 예전에 함께 근무했던 후배 교사 부부가 교원대 파견을 1년간 준비했다. 같은 해 경기도 교원대 파견 정원이 15명이었는데 부부가 나란히 파견 시험에 합격해 2년간 석사파견을 다녀왔다. 교원대 파견은 교사들끼리의 경쟁이므로 학부생과 함께 경쟁해야 하는 서울대 파견보다는 합격하기가 좀더 수월하다.

서울대 석사파견은 서울대 재학생과 함께 시험을 보고 경쟁해야 한다. 선발인원이 적어 매년 전국 시도교육청별로 돌아가며 정원을 주는

데, 내가 서울대 시험에 합격했다 하더라도 그해에 내가 소속된 시도교육청에 서울대 석사파견 정원이 배정되지 않았다면 석사파견이 불가능하다. 이 경우 서울대 석사학위 공부를 하려면 연수휴직을 해야 한다. 그러나 연수휴직은 월급이 나오지 않기에 석사파견 제도를 이용하기 위해 다음 해에 다시 시험을 치는 교사도 있다.

교사 석사파견은 교육부에서 정원을 배정했기에 시험에 붙으면 모두 석사파견이 가능할 것이라고 생각할 수 있는데 실제론 그렇지 않다. 교육부 정원으로 석사파견 시험에 합격했다고 하더라도 대학에서 받아주지 않으면 파견되지 않는다. 석사파견의 최종 칼자루를 대학에서 쥐고 있는 셈이다.

서울대 파견은 교원대 파견과 다르게 어학 점수와 학사 논문을 제출해야 한다. 그러면 대학을 졸업할 때 학사 논문을 쓰지 않았다면 서울대 석사파견은 불가능한 것일까? 그렇지는 않다. 학사 논문 대신 제출할 수 있는 것이 있는데 바로 논문에 준하는 연구 보고서다.

박사파견 제도는 아직 없다. 그래서 교사들은 학교에서 근무하며 혹은 박사과정 마지막 한 해만 연수휴직을 하며 박사학위를 딴다. 박사학위까지 밟는 이유는 교사에 머물지 않고 대학교수가 되려 하거나 혹은 전공 분야를 더 공부하고 싶어 하는 경우가 대부분이다.

주의해요 노란불!

석사파견의 최종 칼자루는 대학에서 쥐고 있다. 즉 교육부에서 정원을 배정한 후 석사파견 시험에 붙어도 대학에서 받아 주지 않으면 석사파견은 불가능하다는 점을 기억하자.

④ 전문적 학습공동체 활동하기

전문적 학습공동체는 그 활동 영역에 따라 학교 안과 학교 밖 전문적 학습공동체로 구분할 수 있다. 학교 안 전문적 학습공동체는 학교 안에서 이루어지는 교사 학습공동체를 의미하고, 학교 밖 전문적 학습공동체는 교육연구회를 의미한다.

교사 성장에 있어 전문적 학습공동체 활동은 매우 중요하다. 이는 교사 개인의 성장은 물론 교사 공동체의 성장을 가능하게 하고 마음을 나눌 동료를 얻을 수 있는 것이 장점이다. 전문적 학습공동체는 학교 현장의 다양한 교육주제에 대해 함께 연구하고 교육현장에서 연구한 내용을 실천하는 것이 그 목적이다. 그러므로 인적 네트워크 형성을 위한 친목 모임이나 취미 동아리와는 근본적으로 다르다.

규모가 있는 전문적 학습공동체는 학기 초에 신입회원을 공문을 통해 공개모집하므로, 자신이 관심 있는 교육주제 영역의 전문적 학습공동체에 가입하여 활동하면 된다. 만약 가입한 전문적 학습공동체가 알고 보니 연구하는 모임이 아니라면 참여하지 않는 것이 좋다. 마음에 드는 전문적 학습공동체가 없으면 자신이 직접 만들어도 된다. 잘 운영되는 기존의 전문적 학습공동체에 들어가면 활동에 큰 부담이 없어서 좋고, 직접 전문적 학습공동체를 만들면 자신이 원하는 공동체의 모습을 만들어 갈 수 있어서 좋다. 다만 후자는 공동체 활동이 어느 정도 자리를 잡을 때까지 신경 써야 할 일들이 많은 것은 단점이다. 초임교사라면 성장을 위해 학교 안과 학교 밖의 전문적 학습공동체를 모두 경험해 보는 것이 좋다.

5 공동연구 도전하기

연구대회 중에는 공동연구로 참여할 수 있는 연구대회 분과가 있다. 공동연구가 가능한 연구대회는 다음과 같다.

교육정보화연구대회 학교분과 (2인)

현장교육연구대회 (2~4인)

교육자료전 (2~4인)

교육방송연구대회 (2인)

자유학기제 연구대회 (4인)

공동연구는 참여하는 인원에 따라 연구 점수가 줄어든다. 2인 공동연구는 입상 등급 연구 점수의 70%, 3인은 50%, 4인 이상은 30%만 부여된다. 그렇지만 공동연구는 개인연구와는 또 다른 매력이 있다. 우선 개인연구에 비해 함께 수업을 연구하는 즐거움도 크고 교사로서 성장의 시너지가 크다. 또 보고서 작성의 부담은 줄어든다. 무엇보다 함께 연구하며 동료 교사를 얻을 수 있다는 것이 가장 큰 장점이다. 학년 구성원이 모두 마음이 맞는 교사들로 구성되었을 때 진행할 수 있는 학년 공동연구는 잘 활용하면 매일의 학교 생활을 행복하게 만들어 준다.

많은 장점이 있는 공동연구이지만 처음 도전할 때는 신중해야 한다. 무임승차를 생각하거나 자신이 맡은 일에 불성실한 사람처럼 공동연구를 하기에 아직 준비되지 않은 교사들도 있기 때문이다. 이들과는 절대 공동연구를 하면 안 된다.

공모전도 공동으로 도전할 수 있는 것이 있다. 보통 공모전 출품자격은 개인이지만 공동연구를 허락하는 공모전도 있으니 마음이 맞는 동료 교사와 함께 도전해 보자.

주의해요 노란불!

공동연구는 개인연구에 비해 동료 교사와 함께 수업을 연구하는 즐거움도 크고 교사로서 성장의 시너지도 크다. 또 보고서 작성의 부담은 줄어든다. 다만 참여하는 인원이 늘어날수록 개인의 연구 점수는 줄어든다는 사실을 기억하자.

❻ 교사 공모전 및 학생 공모전 도전하기

공모전을 주최하는 기관은 교육부 외에도 다양하다. 공모전은 연구대회와 달리 최우수 한 명, 우수 두 명 등 상장 수여자의 수가 정해져 있다. 그래서 연구대회보다 수상자가 적다. 또 연구대회가 아니기에 연구 점수도 부여되지 않는다. 대신 상금과 부상이 주어진다. 입상자에게 주어지는 상장은 공모전 주최 기관장상이다. 간혹 어떤 공모전 요강을 보면 주최기관 외에 후원기관이 나오는 경우가 있는데, 후원기관은 대회에 상장이나 상금을 지원해 주는 기관을 말한다. 만약 한 기관에서 공모전을 열었는데 교육부 장관상이 수여된다면 교육부의 후원을 받은 공모전이라는 의미다.

교사 대상으로 열리는 공모전은 대부분 수업사례 공모전이다. 공모전 주최기관에서 어떤 수업주제에 대해 공모전을 열면 교사는 자신이 교실에서 실천한 수업사례를 보고서로 작성해 제출하여 심사받는다. 수업사례 보고서 외에 UCC과 같은 자료를 제작하여 제출하는 공모전도 있다.

나는 연구대회 못지않게 전국 단위 공모전에서도 많이 입상했다. 경험상 전국 연구대회 보고서 80% 수준의 수업사례 보고서라면 공모전 입상이 가능하다. 하지만 공모전이라도 최상위 입상작은 보고서 수준이 전국 연구대회 1등급 못지않다.

처음에는 가급적 제1회 대회나 방학을 앞두고 갑자기 개최되는 공모전에 도전하는 것이 입상에 유리하다. 도전자가 적기 때문이다. 공모전

정보는 주로 학교로 발송되는 공문을 통해 확인할 수 있다.

내가 처음 입상한 공모전은 예전 교과부(현 교육부)에서 개최한 'IPTV 활용 수업 공모전'이었다. 제1회 대회이기도 했고 보고서 분량도 20쪽밖에 되지 않아 개인적으로 도전했는데, 입상하여 우수상 이상 입상자에게 주어지는 해외연수까지 다녀올 수 있었다. 그 후 한동안 해외연수를 보내 주는 공모전이나 교육사업에 관심을 가지고 응모해 두 번 더 다녀왔다.

학생들이 참여하는 공모전 역시 매년 다양하게 열린다. 지도교사에게 표창 등의 인센티브를 주는 학생 공모전은 교사에게도 동기부여가 된다. 인센티브가 아니더라도 학생들이 공모전에 도전하는 것을 지도해 보는 것은 보람되고 좋은 경험이다.

🗨7 교육 유공 활동 도전하기

교육청 업무 중에는 사업 성격에 따라 현장교사의 의견을 수렴하거나 현장교사의 지원을 받아야 하는 것이 있다. 이 경우 해당 업무 담당자는 교사에게 소속 기관장 명의로 위촉장을 수여하고 업무 지원을 받는다. 이러한 교사 활동을 교육 유공 활동이라고 부른다. 위촉장은 인사기록카드에 들어가지 않으나 교육청 각종 선발시험의 서류 평정에 점수로 사용되기에 생각보다 중요하다. 교육장 위촉장을 서류 평정 점수로 인정하는 경우도 많지만 교육감 위촉장만 인정하는 경우도 있으므로 확인이 필요하다.

내가 했던 교육 유공 활동은 처음 한 번을 제외하고는 모두 공개모집으로 이뤄졌다. 요즘도 교육청에서 업무 지원단으로 교사를 위촉할 때 공개모집을 많이 한다. 이 경우 자기소개서의 교육 활동 경력에 해당 업무 지원단에 적합한 교육 실적과 경력이 많으면 선발에 유리하다.

교육청의 교육 유공 활동을 비롯해 학교 밖 외부기관의 일을 하다 보면 교육을 바라보는 시야가 넓어진다. 그리고 교육 각 분야의 능력 있는 교사들도 만날 수 있다. 교육청 일에 도전하려는 초임교사에게 해 주고 싶은 당부는 2가지다.

첫째는 성실하게 최선을 다하라는 것이다. 이것은 자신을 믿고 뽑아 준 사람과 또 자신을 소개해 준 사람들에 대한 기본 예의다. 업무를 쉽게 수행하려고 눈 가리고 아웅 하는 식의 행동을 해서는 안 된다. 성실함이 없는 교사는 주변 사람들에게 신뢰받지 못한다.

둘째는 업무 수행의 조언자 역할만 하고 주관자 역할은 하지 말라는 것이다. 업무 수행의 주관자는 그 사업을 주관하는 장학사 혹은 지원단 중 가장 경력이 많은 팀장(관리자 혹은 교사)이다. 위촉된 지원단의 역할은 자신이 맡은 역할과 위치에서 장학사 혹은 팀장을 잘 돕는 것이다.

내가 초임교사 때 들었던 한 교육 유공 활동 팀장님의 말을 초임교사들에게 그대로 전해 주고 싶다.

"처음부터 일을 잘하는 사람은 없어. 일을 잘 모르면 배우면서 하면 돼. 그런데 사람의 기본성향은 잘 변하지 않아. 어떤 사람과 일을 함께 할 때는 현재 전문성이 얼마나 있는가를 보는 것이 아니라 그 사람이 어떤 사람인가를 먼저 보아야 해."

교육청 일은 대단한 사람들만 하는 것이 아니다. 교사들은 기본 능력이 다들 우수하기에 교육청 일은 기회가 주어진다면 누구든 할 수 있다. 교육청 일을 하지 않은 교사 입장에서는 교육청 일을 하는 사람을 보면 뭔가 다른 세계에 살고 있는 것 같은 느낌을 가질 수도 있지만 실상은 그렇지 않다. 그냥 기회가 되어서 그 일을 하게 되었을 뿐이고 그 일을 하다 보니 그 분야의 전문성이 생긴 것뿐이다.

 주의해요 노란불!

교육청의 교육 유공 활동을 할 때는 업무 수행의 조언자 역할, 즉 자신의 위치에서 주관자인 장학사나 팀장을 돕는 역할에만 충실하면 된다. 조언자의 역할을 넘어 사업을 주관하는 장학사나 팀장 역할까지 하려는 실수는 하지 않아야 한다.

8 교사 해외 파견근무 도전하기

교사의 해외파견은 한국 정부에서 외국에 설립해 운영하는 학교 혹은 외국에 설립된 학교 중 한국 정부의 인가를 받은 학교에 고용되어 근무하는 것을 말한다. 해외파견은 한국에서 고용휴직을 하고 파견 가는 경우와 정식으로 파견 가는 경우로 나뉜다. 또 정식파견은 일반승진에 사용되는 공통가산점을 받는 파견과 그렇지 못한 파견이 있는데 공통가산점이 부여되는 파견은 전체 파견교사 중 비중이 적다.

고용휴직은 해외 한국학교에 교사로 고용되면 교육청에서 그 사유를 인정해서 휴직을 허가해 주는 제도다. 이때 해외 학교 근무를 교육 실경력으로는 인정하지 않는 시도교육청이 있기에 해외 파견근무 계획을 세울 때는 소속 시도교육청 인사규정을 먼저 잘 살펴보아야 한다.

파견 기간은 3개월의 단기 파견부터 2년의 장기 파견까지 다양하다. 2년 해외파견의 경우는 보통 1년을 더 연장할 수 있는 규정이 있기에 최대 3년까지 근무할 수 있다. 일반승진 공통가산점이 부여되는 해외파견은 3년을 근무하면 만점이 되기 때문에 대부분 3년을 꽉 채우고 한국으로 복귀한다.

예전에 베트남 한국국제학교에서 파견교사를 뽑는 공고문에 '현지 물사정이 좋지 않고 물가도 싸지 않다'라는 문구가 있었다. 실제로 해외파견 국가는 일본과 싱가포르를 제외하고는 대부분 우리나라보다 환경이 열악한 나라들이다. 따라서 교사 해외파견을 생각한다면 가급적 젊을 때 가는 것이 좋다.

파견 시험에서 중요하게 보는 것은 어학 점수다. 영어는 기본이며 파견 국가 현지어를 잘하면 가산점이 부여된다. 그리고 연구 경력을 비롯해 자신의 교육 전문성을 어필할 수 있는 객관적인 증빙자료가 있으면 더 유리하다. 해외파견 정보는 네이버의 '재외국민교육기관 교사' 카페에서 얻을 수 있고, 교육부 홈페이지에서도 파견교사 모집공고를 확인할 수 있다.

해외파견 학교 수는 중국과 일본이 가장 많다. 그 외 파견 가능한 국가는 대만, 베트남, 사우디, 인도네시아, 싱가포르, 태국, 필리핀, 파라과이, 아르헨티나, 러시아, 이란, 이집트, 말레이시아 등이다. 앞으로 새로 추가될 학교를 비롯해 재외한국교육기관 정보는 교육부의 재외교육기관 포털(http://okep.moe.go.kr)에서 확인할 수 있다.

 주의해요 노란불!

고용휴직 제도를 이용해 해외파견을 가는 경우, 해외 학교 근무를 교육 실경력으로는 인정하지 않는 시도교육청도 있으므로 해외파견 신청 전에 소속 시도교육청의 인사규정을 확인하자.

⑨ 관리자 해외 파견근무 도전하기

관리자 해외파견은 재외교육기관 학교장 파견 및 한국교육원장 파견과 교감 파견으로 구분된다. 학교장 파견은 외국에 있는 한국학교의 교장으로 파견을 가는 것이며 한국교육원장은 교장 신분이 아니라 외국에 있는 한국교육원의 대표(원장)로 파견을 가는 것이다. 학교장 파견 국가는 우리나라보다 교육환경이 좋지 않은 곳이 대부분이지만 한국교육원장 파견 국가는 미국, 영국 같은 영어권 국가나 프랑스 등과 같은 선진국도 있다. 학교장 파견은 교장 자격증 소지자만 지원이 가능하나 한국교육원장 파견은 연구관이나 장학관 경력이 있거나 3년 이상의 전문직(교육연구사·장학사) 경력이나 교감 경력이 있는 사람도 지원 가능하다. 관리자 해외파견은 교육부에서 바로 선발하는 것이 아니고 시도 교육청별로 자체 선발기준에 따라 대상자를 교육부에 2~3배수로 추천하면 교육부에서 시험을 실시해 최종 선발한다. 시험은 교사 파견과 동일하게 외국어 점수 및 경력 점수 등이 사용된다. 선진국은 지원자가 몰려 경쟁률이 높다.

한국교육원은 일본과 미국, 러시아가 가장 많다. 그 외 한국교육원이 있는 국가는 캐나다, 호주, 뉴질랜드, 영국, 프랑스, 독일, 태국, 베트남, 카자흐스탄, 우즈베키스탄, 키르기스스탄, 우크라이나 등이다. 관리자 해외파견은 보통 일찍 승진하여 교장 8년을 근무해도 정년이 남았을 때 가는 경우가 많았는데, 2020년부터는 해외 학교장 파견근무도 국내 교장 근무 경력에 포함되었다.

재외교육기관 학교장 및 한국교육원장 파견은 매년 이루어지지만 교감 파견은 현지 사정에 따라 이루어지는 것이라 흔치 않다. 그리고 지원자도 많지 않다. 2017년에는 교육부에서 교감 파견으로 중국 두 명(초등, 중등 각 한 명), 인도네시아 한 명을 공고했는데 교감 파견근무를 독려하기 위해 공통가산점이라는 승진 점수까지 부여했음에도 미달되어 추가모집을 해야 했다.

🔟 EBS 강사 활동하기

EBS 강사는 매년 EBS에서 공개모집한다. EBS 강사에 도전할 때는 EBS 홈페이지의 'EBS 공고' 게시판을 보면 된다. EBS 강사 활동은 전국에 자신의 수업 전문성을 알리는 효과적인 수단이다. EBS 강사 경력이 있다는 것은 해당 과목의 강사로서 전문성을 검증받았다는 의미가 크다. EBS 강사로 활동을 했던 한 후배를 보니 한 차시 강좌 영상을 찍기 위해 쏟아붓는 에너지가 어마어마했다. 그 정도의 강의 준비 노력이면 수업 전문성이 안 생기는 것이 오히려 이상할 정도라는 생각이 들었다.

EBS 강사의 모집 영역은 다양하다. 초등, 중학 학습콘텐츠 제작 신규 강사는 매년 정기적으로 모집하지만 다른 영역은 필요에 따라 비정기적으로 교사들의 신청서를 받아 강사로 선발한다. 응시자격은 해당 과목 교사 경력 2년 이상 혹은 학원 강의 경력 3년 이상인 자다. 선발시험이므로 당연히 자기소개서와 경력증명서 등이 첨부되며 샘플 강의 동영상도 함께 제출해야 한다. 심사는 보통 제출서류 및 강의 동영상 심사를 통해 1차 합격자를 선발하고, EBS 스튜디오에서 시범강의 및 카메라 테스트로 2차 합격자를 선발한다. 그리고 마지막 면접 심사를 통해 최종 합격자가 결정된다.

EBS 중학 프리미엄의 경우에는 출연강사 외에 검수교사도 함께 선발하는데, 교직 경력 2년 이상이면 지원 가능하다. EBS 초등 강사는 EBS에서 사용하는 교재를 잘 강의하는 형태가 많은데, EBS 중등 강사는 자신의 노하우로 직접 개발한 교재를 강의에 사용하기도 한다.

EBS는 공기업이기에 EBS 강의는 외부강의에 속한다. 그리고 활동 기간이 한 달을 넘기면 외부강의 신고 결재가 아니라 겸직 허가 결재를 받아야 한다. EBS 강사에 뽑혔다면 자신이 소속된 교육청의 복무규정을 확인하고 겸직 허가를 꼭 받도록 하자.

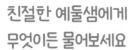

친절한 예둘샘에게
무엇이든 물어보세요

Q1. 부부교사인데 배우자가 해외파견을 가면 다른 배우자도 같이 갈 수 있나요?

배우자가 해외 파견근무를 가면 동반 휴직을 할 수 있습니다. 휴직 기간은 최대 3년의 범위에서 연장 가능하나 총 휴직 기간이 배우자의 해외 파견근무 기간을 초과할 수는 없습니다.

Q2. 석사와 박사를 꼭 해야 하나요?

학위를 따는 것이 의무는 아닙니다. 그렇지만 대부분의 교사들이 석사 정도는 가지고 있습니다. '석사는 필수, 박사는 선택'이라는 말이 있을 정도죠. 그렇지만 석사나 박사 학위를 딸 때는 개인의 필요에 따라 결정해야 합니다. 굳이 필요 없는데 남들이 한다고 억지로 할 이유는 없습니다.

Q3. 관리자가 학교 밖 외부출장을 싫어합니다. 출장을 허락하지 않으면 갈 수 없나요?

관리자가 외부출장을 허락하지 않으면 출장을 갈 수 없습니다. 출장 복무 승인 권한이 학교장에게 있기 때문입니다. 만약 관리자가 교사의 외부출장을 싫어한다면 그 이유를 한 번쯤 살펴볼 필요가 있습니다. 타당한 이유가 없다면 본받을 만한 관리자는 아니라고 생각하면 됩니다.

Q4. 석사학위 2개를 취득해서 연구 점수로 모두 사용할 수 있나요?

석사학위가 2개 있더라도 승진 평정에는 그중 1개만 연구 점수로 사용할 수 있습니다. 석사학위 취득은 개인의 선택에 의해 교사의 전문성을 신장하는 방법입니다. 만약 원한다면 석사학위를 몇 개라도 취득할 수 있지만, 비용과 시간 및 목적을 고려해 석사학위 취득을 결정하는 것이 좋습니다.

교사 성장
버킷리스트 ②

1 연구년과 가족 해외여행

　시도교육청 중 연구년 제도를 운영하는 교육청이 있다. 연구년을 안
식년으로 잘못 알고 있는 교사들도 있는데 연구년은 안식년과는 다르
다. 안식년은 말 그대로 1년을 쉬는 것이지만, 연구년은 쉼과 함께 평소
에 자신이 하고 싶었던 교육 관련 연구 활동을 해야 한다. 연구년에 선
발되면 일정 액수의 연구비를 교육청에서 지원받는데 이를 1년간 사용
한 후 연구년을 마칠 즈음에 정산서를 제출해야 한다. 그렇게 하지 않고
교육청에서 대학 등의 기관에 연구비를 위탁한 후, 교사는 위탁기관의
연수 프로그램에 참여하고 연구비 집행은 위탁기관에서 하는 경우도
있다.

나는 2016년에 연구년을 수행했는데 그해에 5주 동안 가족과 함께 미국 형님 댁을 방문하기도 했다. 다음 해의 연가 일수까지 당겨서 미국 여행 일정을 최대치로 잡은 것이다. 처음에는 미국 동부 시카고 형님 댁에서 3주가량 지내면서 캐나다 나이아가라 폭포를 비롯해 일리노이주를 여행했고, 후반의 2주는 미국 서부 LA로 옮겨서 캘리포니아 일대를 여행했다. 여행경비를 아끼기 위해 비행기는 일본 경유를 선택했고 차는 직접 렌트해서 운전했다. 처음에는 차량 렌트를 망설였는데 가족 다섯 명의 여행경비를 아낄 수 있는 최선의 방법이었다. 매일 적게는 4시간에서 많게는 13시간을 운전하는 일정이었지만 가족들과 함께 많은 것을 보고 느낄 수 있는 시간이었다. 연구년이 아니었으면 평생에 해 볼 수 없는 긴 가족여행이었다.

연구년은 교직 생애 중 단 한 번 주어지는 시간이다. 평소에 교사의 전문성 성장 노력을 많이 한 교사는 연구년 선발에 유리하다. 소속 시도교육청에서 연구년 제도를 운영하고 있으면 꼭 도전해 보기 바라며, 연구년을 이용한 가족 해외여행을 추천한다.

 주의해요 노란불!

연구년은 교직 생애 중 단 한 번만 주어지는 시간으로, 소속 시도교육청에서 이 제도를 운영하고 있다면 꼭 도전해 보자.

❷ 교육청 파견근무 도전하기

교육부를 비롯한 각 시도교육청 및 산하 교육지원청에서는 다양한 교사 파견 제도를 운영한다. 파견근무는 교사가 학교 대신 파견된 다른 기관에서 근무하는 것을 말한다. 매년 뽑는 정기적인 파견도 있지만, 비정기적으로 필요에 따라 운영되는 파견도 있다. 정기파견은 파견에 필요한 영역을 조금씩 준비하면 되지만 비정기적으로 운영되는 파견에 뽑히기 위해서는 평소 교육 전문성 성장을 위한 꾸준한 노력과 함께 그런 자신의 성장을 객관적으로 증빙하는 노력도 필요하다.

파견선발 서류 평정에서는 기본적으로 연구대회 입상 실적과 표창 실적, 교육 유공 활동 실적(위촉장)이 많이 사용되기에 평소 준비가 잘 되어 있으면 뽑힐 확률이 높다. 그리고 파견 교육영역에 적합한 교육 활동 실적이 있으면 선발에 좀더 유리하다.

교육부에서 운영하는 파견에는 특수교사를 대상으로 하는 국립특수교육원 파견과 교사를 대상으로 하는 국립국제교육원 영어교육센터 파견 등이 있다. 시도교육청의 파견에는 경기도교육청의 경기도융합과학교육원 파견 등이 있다. 한편 교육지원청 단위에서 파견 제도가 운영되는 곳도 있다. 타 기관의 파견 제도도 있는데, 탈북학생 교육을 지원하는 통일부 하나원의 하나둘학교 파견이 대표적이다.

초임교사들은 파견 시험의 공정성에 대해 많이 궁금해한다. 파견선발 공문의 요강을 보면 지원자 조건을 비롯해 지원자 심사항목이 정량평가 및 정성평가 항목으로 세세하게 구분되어 있다. 심사의 공정성을 위해 심사위원은 외부 심사위원을 포함하여 다수로 구성된다. 교사 이력서를 보고 심사위원별로 뽑고 싶은 사람이 다를 수는 있겠지만 교육 활동 경력이 많은 교사를 탈락시키고 내가 뽑고자 하는 사람을 뽑기란 불가능하다. 심사는 공정하다.

③ 해외연수 기회를 찾아 도전하기

교직에서 해외연수 기회는 의외로 많다. 해외연수는 포상형, 전문성 향상형, 프로젝트형으로 구분할 수 있다. 포상형 해외연수는 연구대회나 공모전에서 입상했을 때 부상으로 주어지는 해외연수를 말한다. 연구대회 중 해외연수를 보내 주는 대회가 있는데, 교육정보화연구대회와 통일교육연구대회가 이에 해당된다. 두 연구대회에서 전국 1등급을 받은 교사들은 방학 때 해외연수를 갈 수 있다. 통일교육연구대회는 입상자에게 상금까지 수여한다.

공모전 중에도 상금과 함께 해외연수를 보내 주는 것이 있다. 보훈처의 나라사랑 수업 공모전이 대표적인 예다. 법무부에서 실시했던 헌법수업 공모전도 포상형 해외연수에 해당한다. 공모전 해외연수 제도는 매년 조금씩 변하기에 도전 시점에 정확한 정보를 확인하고 준비해야한다.

전문성 향상형 해외연수는 교사의 전문성 향상을 목적으로 이루어지는 해외연수를 말한다. 국립특수교육원의 해외 특수교육 이해 연수나 보건복지부의 해외 교사 교류 사업, 교육부의 선진 외국학교 교류 사업, 한국미디어재단의 해외 미디어 교육 교사연수, 두산연강재단의 해외경제시찰 등이 그에 해당한다.

나는 2017년에 두산연강재단의 한국사와 연계한 '일본의 문화 및 역사체험 연수'에 선발되어 8일 정도 해외연수를 다녀왔다. 시도교육청에서 자체 규정으로 인원을 선발하여 추천하면 두산연강재단에서 추천받은 명단 중에서 해외연수 최종 대상자를 선정한다. 나는 연구 경력이 많았기에 서류 평정에서 점수가 높아 연수 대상자에 선발되었고 전국에서 모인 선생님들과 연수 기간 동안 많은 것을 배울 수 있었다.

프로젝트형 해외연수는 교사가 해외연수 프로젝트 계획서를 제출하면 사업을 담당하는 기관에서 심사하여 예산을 지원하는 형태다. 교사들은 지원받은 예산을 해외 프로젝트 학습에 사용하고 정산서와 연구 결과물을 제출한다. 2009년부터 동북아역사재단이 시행하고 있는 역사교사 해외 방문수업과 교육부의 국외 역사 현장답사단이 그 예다. 역사교사 해외 방문수업은 역사교육 교사팀을 선발, 일본과 중국의 학교를 방문하여 수업한다. 교육부의 국외 역사 현장답사단은 교사들이 답사단을 만들어 프로젝트 계획서를 제출하면 시도교육청 및 교육부에서 선발하여 예산을 지원하는 사업이다. 시도교육청 배정팀과 전국 단위 공모팀으로 구분하여 팀을 선발한다. 예산 사용 후 보고서 및 결과물을 제출해야 하지만 자신이 원하는 해외연수 일정을 교사들이 직접 세우고 연수를 진행할 수 있다는 것은 장점이다.

　해외연수 대상자에 선정되면 복무에 대한 결재를 올려야 한다. 보통 연가를 사용하지만, 교육청 주관 사업은 해외출장으로 복무를 올릴 수 있다. 연가를 사용하면 결과 보고서를 제출하지 않아도 되지만 해외출장으로 복무를 올리면 해외연수 후 결과 보고서를 제출해야 한다. 그리고 해외연수 중에 발생할 수도 있는 각종 안전사고가 공무수행 중에 생긴 사고로 인정된다. 그러므로 연가보다는 해외출장으로 복무를 상신하는 것이 좋다. 공무수행 중 사고는 보상을 비롯해 국가에서 주는 각종 혜택이 따르기 때문이다. 극단적인 예이기는 하지만 해외출장 중 사망은 공무 중 사망이므로 가족이 국가유공자로 지정받을 수 있지만, 연가 중 사망은 그렇지 못하다.

　초임교사들 대부분은 해외연수와 관련한 공문을 보면 다른 세상에서 살고 있는 교사들의 이야기라고 생각한다. 전국 단위에서 최우수, 우수, 장려 몇 명만 뽑는 각종 공모전도 입상자 수가 매우 적기에 자신과는 거리가 멀다고 생각하기 쉽다. 하지만 꼭 그렇진 않다. 평소에 자신의 전문성 성장을 위해 꾸준히 수업 연구를 하는 교사라면 충분히 도전하여 입상할 수 있다.

　나의 경우만 보더라도 첫 번째 해외연수를 부상으로 가게 된 것은 수업 연구를 많이 했던 때가 아니라 처음으로 도전한 공모전에서 입상했을 때였다. 도전하는 모든 교사들에게 항상 좋은 결과가 있는 것은 아니다. 그러나 도전하는 교사만이 좋은 결과를 얻을 수 있는 기회를 가지게 된다.

❹ SNS 교육지식 나눔 활동하기

요즘은 많은 교사들이 교육 SNS 활동을 한다. 대표적인 SNS로는 페이스북, 블로그, 인스타그램, 유튜브 등이 있다. SNS 활동으로 전국의 교사들과 나의 교육지식을 나누는 것은 의미 있는 일이다. 영향력 있는 교육 SNS 활동을 하기 위해서는 다음 6가지가 필요하다.

첫째는 꾸준함이다. 블로그는 포스팅한 내용이 포털사이트에서 상단검색(사람들의 키워드 검색 결과 첫 페이지에 보여지는 정보)되려면 매주 2~3개 이상의 포스팅을 꾸준히 올려야 한다. 만약 1주일 이상 포스팅을 쉬면 검색 노출 순위가 눈에 띄게 떨어진다.

둘째는 콘텐츠의 질이다. SNS 방문객과 팔로우가 늘어나려면 포스팅하는 내용이 좋아야 한다. 방문객들은 SNS에 공유된 글을 보고 새로운 정보를 얻을 수 있어야만 계속 해당 SNS를 방문한다.

셋째는 교육 가치관과 교육 활동 나눔에 대한 진실함이다. 진실함이 없는 SNS 활동은 정보만을 제시할 뿐 방문객들과 의미 있는 소통을 할 수 없다. SNS를 통해 자신을 홍보하고 자랑하려는 것인지 아니면 진실하게 아이들을 위한 교육을 함께 고민하려는 것인지는 SNS를 방문하는 교사들이 더 잘 안다. 교사의 교육 가치관과 삶의 태도는 글 속에 자연스럽게 묻어 나오기 때문이다.

넷째는 정보의 객관성이다. SNS에 어떤 정보를 제시할 때는 내용이 정확해야 한다. 변동이 있을 수 있는 경우는 꼭 그 사실을 함께 언급해 주어야 하고, 서로 다른 의견이 존재하는 이슈는 양쪽 입장을 모두 소개하여 최대한 중립적인 시선을 잘 유지해야 한다.

다섯째는 감정의 절제다. SNS에 방문객이 많아지면 글을 읽는 사람들도 많아진다. 그러면 내가 올린 글의 파급력이 점점 커지게 된다. 그래서 공유하는 글은 감정의 절제가 필요하다. 특히 매우 기뻐하거나 크게 분노하는 등의 감정을 표현해야 할 때는 더 유의해야 한다. 감정이 지나친 글은 문제가 될 소지가 많기 때문이다.

여섯째는 포스팅 댓글에 대한 긍정적 피드백이다. 블로그 운영 초기 5년 동안 내가 쓴 글에 대해 노골적인 반대 의견을 댓글로 올린 사람은 한 명이었고 조금 다른 생각을 밝힌 사람은 두 명이었다. 반대 의견은 내가 학년부장일 때 2차 노래방 친목 행사가 있을 때 동학년 여교사들 중 원하는 교사를 제외하고는 1차 식사 후 모두 집으로 보낸 행동에 대한 것이었다. 관리자 접대 성격으로 이루어지는 노래방 문화에 대한 나의 부정적인 인식이 포스팅 글에 드러나자 누군가 비아냥대는 부정적인 댓글을 달았다. 그 댓글은 금세 삭제됐지만 내 생각에 모든 사람이 공감할 수는 없음을 깨닫는 계기가 되었다.

SNS 글에 간혹 이상한 댓글이 올라오면 논쟁이 아니라 긍정적인 피드백을 주도록 노력해야 한다. 때론 상대방 의견을 듣기만 하고 그에 대해 반응하지 않는 것이 좋을 때도 있다.

 주의해요 노란불!

SNS에 서로 다른 의견이 존재하는 이슈를 언급할 때는 특히 주의해야 한다. 양쪽 입장을 모두 소개하여 최대한 중립적인 시선을 유지하는 것이 중요하다.

5 교육 관련 도서 출간하기

교육의 한 분야에서 5년 이상 연구를 지속하면 책을 한 권 집필할 만한 교육지식과 노하우가 생긴다. 이것을 책으로 출간하는 것은 의미 있는 일이다. 책 출간은 도서 집필 계획서나 완성된 원고를 출판사에 보내는 것이 시작이다. 출판사는 내가 보낸 원고나 집필 계획서를 심의하여 출판 여부를 결정한 후 결과를 알려 준다.

출간하려는 책의 교육 콘텐츠가 아무리 좋아도 시장성이 없으면 출간되지 않는다. 시장성은 저자의 인지도와 교육 콘텐츠의 필요성과 내용의 독창성으로 평가된다. 인지도가 부족한 저자라도 교육 콘텐츠의 필요성과 독창성이 있으면 책을 출간할 수 있다. 책을 처음 출간하는 저자는 책 판매가격의 8~9%를 인세로 받지만, 책을 출간한 경험이 있는 저자는 10%의 인세를 받는다.

몇 년 전부터 주문형 출판Publish On Demand 서비스를 제공하는 업체가 생겨났는데, 교보문고와 부크크가 대표적이다. 주문형 출판은 책을 대량으로 만들어 가격을 낮춰 파는 방식이 아니라 주문이 들어온 권수만큼 책을 제작하는 방식이다. 내가 원하는 내용대로 책을 쓸 수 있고 인세도 30% 내외로 높으며 재고도 없는 장점이 있지만, 대량 출간이 아니기에 책 단가를 낮출 수 없어 가격이 비싸지는 단점이 있다. 그리고 원고 교열 및 편집, 표지 및 내지 디자인, 책 소개, 마케팅 등을 저자가 모두 다 해야 하는 어려움도 있다.

❻ 다양한 직무연수 개발하기

예전에는 대부분의 연수가 교육청에서 만든 커리큘럼에 교사가 수동적으로 참여하는 탑다운 방식이었다. 그래서 교사의 수요를 반영하지 못한다는 비판도 있었다. 이에 교사들이 연수의 주체가 되어 연수를 직접 기획하고 운영하는 보텀업 방식의 연수에 대한 필요성이 제기되었고, 2016년 경기도교육청의 교사가 직접 기획하고 운영하는 공모연수를 시작으로 점차 다양한 교사 주도 연수가 생겨났다. 그 이전에는 교육연구회가 교육청에서 위탁을 받아 운영하는 위탁 연수가 보텀업 연수와 흡사했으나 교육연구회만 연수를 운영할 수 있다는 한계가 있었다.

교사가 직무연수를 직접 만들어 운영하는 공모연수에 부담을 느낄 필요는 없다. 물론 '나의 수업 연구 사례가 다른 교사에게 소개할 만큼 괜찮은 것일까?'라는 고민이 있겠지만 공모연수는 교사들이 수업 연구를 통하여 배운 것을 함께 나누고 학습해 가는 과정을 더 중요하게 생각하는 연수다. 학교에서 자신의 연구 수업 사례 나눔을 1~2시간 정도 한다고 가정하면 교사 일곱 명이 모이면 현장성 있는 1학점(15차시) 연수가 가능하다.

교육청의 직무연수 개발 운영 외에도 사설 원격연수원을 통해 원격연수 콘텐츠를 개발하여 운영하거나 오프라인 연수를 개발하여 운영하는 방법도 있다. 원격연수 개발은 책 출간과 마찬가지로 교사가 해당 연수원에 연수 개발 제안서를 제출하면 해당 기관에서 심의 후 결정한다. 보통은 책을 먼저 출간하고 반응이 좋으면 책 내용을 원격연수로 만드는 방식이 많다.

교육부 중앙교육연수원과 전국 17개 시도교육청의 교육연수원은 매년 다양한 교육주제에 대해 예산을 투자해서 원격연수를 개발하고 있다. 교육청의 원격연수는 강사가 강사료를 받고 강의를 찍은 후 강의에 대한 저작권을 연수 제작 기관에 넘기는 방식으로 제작된다. 1차시당 강의료는 시도교육청별로 차이가 있는데 보통 50만 원 내외다. 반면 사설 원격연수원에서 개발하는 원격 직무연수에는 도서의 인세처럼 연수생들의 연수 수강비용 중 10~15%를 받는다.

　　강사 활동은 자신의 교육 전문성을 다른 교사들과 함께 나눌 수 있다는 점에서 좋은 경험이다. 강의를 통해 전국의 많은 교사들과 만나서 함께 교류하는 자체가 자신의 성장에 큰 도움이 된다. 모든 교사들이 처음부터 강의를 잘하는 것은 아니다. 타고난 언변과 강의 능력을 가진 사람들도 있겠지만, 대부분은 강의를 하면서 능력이 향상된다. 그러니 내가 좋은 강사가 될 수 있을까를 먼저 고민할 필요는 없다. 교사들은 항상 교실에서 아이들 앞에 선 선생님이자 수업 교과에 대한 전문 강사가 아닌가.

　　강의 경험은 우선 자신의 수업 연구 사례를 교육연구회 모임이나 교육청 연수 때 1~2시간 정도 함께 나누는 것으로 시작하면 좋다. 자신의 수업 사례를 나누는 것이므로 부담이 크지 않을 것이다. 그렇게 수업 연구 노하우와 경험이 더 쌓이면 한 주제를 더 깊이 다루는 6시간 강의가 가능해진다. 그리고 전문성이 더 쌓이면 15시간 강의도 가능하다.

　　가장 어려운 강의는 학교장을 대상으로 하는 강의와 학교에서 교사들을 대상으로 하는 강의라는 우스갯말이 있다. 이는 교육경험이 많은 학교장들의 연수는 보통 교수급 정도의 유명한 강사진을 섭외하기 때문에 웬만한 강의 능력과 뛰어난 콘텐츠 없이는 좋은 강의로 인정받기 쉽지 않기 때문이다. 또 학교에서 하는 교사 대상 강의는 참석자 대부분이 의무적으로 연수에 참석하기 때문에 집중도가 매우 낮아 강의가 쉽지 않다는 의미다. 그렇지만 강사의 강의 능력과 내공을 더 단단하게 만들어 주는 강의가 바로 학교 강의이기도 하다.

교육의 한 분야의 전문 강사가 되었을 때도 기억해야 할 것이 하나 있다. 강의는 자기 자랑이 아니라 동료 교사들과 성장을 함께 나누는 것이라는 사실이다.

 주의해요 노란불!

전문 강사에 도전하려는 순간, 내가 좋은 강사가 될 수 있을까 고민하게 된다. 물론 타고난 언변과 강의 능력을 가진 사람도 있겠지만, 대부분의 강사들은 강의를 거듭하면서 강의 능력이 향상된다. 그러니 강의 하나 하나에 최선을 다하자.

❽ 승진 혹은 전직 도전하기

승진은 꼭 도전해 보라고 말하고 싶진 않다. 승진의 과정이 그렇게 쉽지만은 않기 때문이다. 또 승진하는 사람이 모두 행복한 것도, 승진하지 않은 사람이 모두 불행한 것도 아니기 때문이다. 어떤 사람에게는 승진하지 못한 것이 큰 괴로움일 수도 있지만, 다른 사람에게는 승진을 준비하는 과정이 괴로움일 수 있다. 다만 승진을 처음부터 부정적으로만 바라보지는 않았으면 한다. 승진이 잘못되거나 나쁜 것은 아니다.

오히려 승진하면 학급이 아니라 학교를 경영하며 교사들의 교육 활동을 지원하는 위치에 서게 된다. 자신에게 부여된 권한으로 교사들의 성장을 지원하고 객관적인 인사로 교사들의 신뢰를 받으며 학교 민주주의와 교육혁신을 위해 노력하는 교장의 모습은 그 자체로 존경받는 교육자상이다. 만약 교실 단위를 벗어나 학교 단위에서 꿈꾸는 교육 이상과 목표가 있다면 승진을 준비하기 바란다. 교사로서의 위치와 관리자로서의 위치는 가지고 있는 권한과 의무 면에서 분명 차이가 있다.

전직은 교사에서 시도교육청의 장학(연구)사나 교육부의 교육연구사로 직종을 옮기는 것을 말한다. 교사는 국가직 공무원이지만 장학사나 연구사 등 전문직원들은 지방직 공무원이다. 전문직원은 교육청의 교육정책을 직접 만들고 선도하는 일을 한다. 장학사가 학교에 방문한다고 하면 학교에 비상이 걸려 대청소를 했던 예전과 달리 요즘의 장학사들은 교육현장을 섬기고 지원하는 역할이 핵심이다. 장학사로서 5년 내외를 근무하면 학교 교감으로 전직해 다시 학교 현장으로 갈 수 있다.

 주의해요 노란불!

승진은 꼭 도전을 권하고 싶지는 않다. 승진하는 사람이 모두 행복한 것도, 승진하지 않은 사람이 모두 불행한 것도 아니기 때문이다. 또 어떤 사람에게는 승진을 준비하는 과정 자체가 큰 괴로움일 수 있기 때문이다.

⑨ 다양한 교사상에 도전하기

우리나라에는 다양한 교사상^賞이 있다. 과학기술정보통신부의 '올해의 과학 교사상'은 5년 이상 교육 경력을 가진 교사를 매년 40명 선발하는데, 수상자에게는 장관상과 함께 포상금 500만 원을, 소속 학교에는 200만 원을 지급한다. 한국과학창의재단이 이 사업을 진행한다.

'대한민국 수학 교육상'은 교육부와 한국과학창의재단이 진행하는 사업이다. 매년 전국에서 10명의 교사를 선발, 수상자에게는 장관상이 수여된다. '대한민국 경제 교육상'은 기획재정부와 경제교육협회에서 주관하는 상으로, 장관상 및 경제교육협회장상이 상금과 함께 수여된다.

'대한민국 인성교육 대상'은 2013년부터 매년 교육부와 여성가족부, 중앙일보가 공동으로 주최하는 상으로 3년 이상 인성교육을 실천하며 인성교육에 공헌한 개인 세 명, 단체 3개를 선발한다. 장관상과 함께 상금(개인 500만 원, 단체 1,000만 원)을 수여한다.

여러 교사상 중에 가장 의미 있는 상은 스승상이다. 스승상은 교육부 및 다양한 기관에서 운영하는데, 대부분 교사만 지원 가능하다. 전문직에 있거나 학교 관리자가 된 교원은 스승상 수상 대상에서 대부분 제외된다. 스승상 중에서 가장 권위가 있는 상은 '대한민국 스승상'과 '올해의 스승상'이다.

'대한민국 스승상'은 예전 '으뜸교사'와 '한국교육대상'을 통합한 후, 교육부와 한국교직원공제회가 매년 공동으로 주관하는 상이다. 보통

12~1월에 선발 요강이 공문으로 온다. 매년 유, 초등, 중등, 대학, 특수로 구분해 전국 10명 이내로 선발한다. 초등과 중등 배정 인원은 각각 세 명으로 추천 인원이 시도교육청별로 할당된다. 5년 이내에 타 스승상을 수상한 자는 제외된다. 교사만 지원 가능하며 훈장이나 포장이 수여된다. 부상은 대상 한 명은 2,000만 원, 나머지 수상자들은 1,000만 원이다.

'올해의 스승상'은 교육부와 방일영문화재단, 조선일보가 공동으로 주관하는 상이다. 매년 10~15명을 선발하고 부상으로 1,000만 원의 상금을 수여했는데, 2019년부터는 일곱 명을 선발하는 대신 상금이 2,000만 원으로 올랐다. '올해의 스승상'도 '대한민국 스승상'처럼 교사만 지원 가능하며 교육부 장관상이 수여된다. 한때 연구 점수도 주어졌으나 타 스승상에 비해 혜택이 너무 크다는 지적에 따라 2019년부터는 이를 부여하지 않는다.

나는 2018년에 전문직원 시험에 합격한 후 장학사 발령을 기다리면서 교사로서 해 온 교육 활동을 정리하며 '대한민국 경제 교육상'과 '올해의 스승상'에 도전해 수상했다. 관리자의 권유도 있었지만 전문직 전직 전에 내가 살아온 교사로서의 삶을 제3자의 시선으로 객관적으로 평가받을 수 있는 마지막 기회였기에 도전했다. 장학사로 전직한 2019년에는 '대한민국 인성교육 대상'을 수상했는데, 스승상과는 달리 전문직도 도전 가능했기 때문에 수상할 수 있었다.

친절한 예둘샘에게
무엇이든 물어보세요

Q1. 연구년 제도는 모든 시도교육청에 있나요?

연구년 제도를 운영하는 시도교육청도 있고 그렇지 않은 곳도 있습니다. 어떤 제도는 새롭게 생겨났다가 몇 년 뒤에 사라지기도 합니다. 그러니 관심이 가는 제도가 시행되면 빨리 도전해 그 혜택을 누리는 것이 좋습니다. 자신이 소속된 교육청에 연구년 제도가 있으면 꼭 도전해 보기 바랍니다.

Q2. 교사가 강의할 때 강사료는 얼마를 받나요?

시도교육청별로 규정이 다른데, 매년 조금씩 변합니다. 강사료는 보통 기본 1시간 강의료와 초과시간 강의료로 구분됩니다. 그리고 원고료도 함께 지급될 수 있습니다. 보통 1시간 강의료는 10만 원 내외, 원고료는 4만 원 정도로 생각하면 됩니다. 직급이나 교육 경력이 높아지면 강사료 지급 액수도 함께 높아집니다.

Q3. 롤 모델로 존경받는 선배 교사의 요건은 뭘까요?

후배 교사들에게 존경받는 교사이자 롤 모델로 인정받는 것은 대단히 명예로운 일입니다. 저는 롤 모델 교사의 요건은 전문성과 진실함이라고 생각합니다. 후배 교사들이 선배 교사의 교직 가치관이 아닌 전문성만을 닮고 싶어 한다면 그는 전문성 성장 롤 모델밖에 되지 못합니다. 그래서 롤 모델 교사는 전문성과 함께 교육에 대한 진실함이 필요합니다.

Q4. 전국 단위의 여러 교사상은 초임교사 입장에선 멀게만 느껴집니다. 초임 교사도 도전할 수 있을까요?

전국 단위의 교사상은 매년 소수에게 수여되고 선발 기준도 높을 뿐 아니라 검증절차도 까다롭습니다. 그리고 전국에 교육 활동에 헌신하는 능력 있는 선생님들이 매우 많기에 교사상 수상이 결코 쉬운 것은 아닙니다. 그렇지만 교육 활동에 최선을 다하는 선생님이라면 도전해 볼 만한 의미 있는 상이라고 생각합니다. 저 역시 교사상을 받기 몇 달 전까지도 제가 교사상에 도전하여 수상할 수 있을 것이라고 전혀 생각하지 못했습니다.

제4장

승진 제도에 대한 이해

Chapter 1

초임교사와 승진

❶ 승진이라는 벽을 마주하는 시기

초임교사들은 승진이라는 벽을 언젠가 한번은 마주한다. 그 시기는 조금씩 다르겠지만 말이다. 첫 번째 벽은 보통 1정 자격연수 때 마주한다. 처음 신규 발령받은 학교가 승진을 준비하는 교사가 많은 농어촌학교라면 모를까 대부분의 학교에서는 승진과 관련한 정보를 듣기가 쉽지 않다. 어쩌다 승진과 관련한 이야기를 들어도 별 상관없는 먼 미래의 일처럼 여겨 흘려듣기 일쑤다. 게다가 첫 발령 학교에서 비민주적인 관리자를 경험하거나 승진 제일주의에 빠진 교사를 만나면 승진에 대한 부정적 인식을 갖게 될 수도 있다.

그러다 1정 자격연수에 참석하면 자신과 다른 가치관을 가진 교사들을 많이 만나게 된다. 그중에는 첫 발령 때부터 동문 선배나 근무 학교 선배들의 조언으로 열심히 승진 준비 중인 교사들도 있다. 그들을 만나면 이전까지 별생각 없었던 승진에 대해서 한 번쯤은 고민하게 된다.

승진의 두 번째 벽을 경험하는 것은 30대 중반을 넘어설 때다. 그즈음은 세 번째로 근무해야 할 학교를 선택하는 시기이자 교육 경력 10년을 넘어서 중견교사가 되는 시기다. 임용 동기들을 만나면 승진을 준비하는 친구들과 그렇지 않은 친구들의 교직 생활이 많이 다름을 확인할 수 있다. 그러면서 일찍부터 승진을 준비해 온 친구들이 교감이 될 무렵 고경력 교사로 학교에 남아 있는 내 모습도 상상해 본다.

세 번째 벽은 40세 전후에 만나게 된다. 승진가산점 준비는 보통 10년 정도 걸리기 때문에 승진 준비를 더는 미룰 수 없다는 생각이 드는 시기다. 지금까지 특별히 승진을 준비하지 않았음에도, 우연히 첫 발령 학교가 농어촌학교 가산점이 있는 학교였거나 두 번째 학교가 연구학교 가산점이 있는 학교여서 자신의 의지와는 상관없이 승진 준비가 자연스럽게 된 사람들은 이 시기에 더더욱 승진에 대해 고민하게 된다.

승진의 마지막 벽을 마주하는 것은 40대 중반으로, 50대 중반에 교감이 되어 짧게나마 교장직을 수행할 수 있는 마지막 선택의 시기다. 이때는 일반승진보다는 전문직 시험에 합격해 교감으로 전직하는 것이 더 빠르기에 전문직 시험을 준비하거나 내부형 공모교장을 고려하기도 한다.

❷ 승진을 준비하는 유형

"옛날에 학교 관리자를 못해 본 것이 아쉽고, 요즘에 평교사를 못해 본 것이 아쉽다." 이 말은 옛날에는 학교에서 관리자들이 막강한 권력을 누렸지만, 요즘은 관리자들이 오히려 평교사의 눈치를 봐야 하는 시대임을 드러낸 것이다. 현실이 이런데도 왜 많은 교사들이 승진을 준비하는 것일까? 대표적인 관리자 승진 준비 유형을 살펴보자.

(1) 교육에 대한 이해와 철학을 가진 관리자

관리자가 되어 학생들과 교사 모두가 행복한 학교를 경영하고자 하는 꿈과 사명감으로 승진 준비를 하는 경우다. 이런 유형의 관리자는 자신이 꿈꾸는 교육에 대한 분명한 가치관과 철학을 가지고 있다. 교육에 대한 이해가 깊고 교사의 교육 활동을 지원하는 데 헌신적인 관리자다.

(2) 좋은 관리자

특별한 교육철학을 가진 것은 아니지만 본의 아니게 승진가산점이 주어지는 학교에 근무하게 되었거나 혹은 주변의 권유로 승진을 준비한 경우다. 승진 전에 학생들에게 좋은 교사였듯이 승진 후에는 학교 교사들을 잘 배려하고 지원해 주는 좋은 관리자 역할을 수행한다.

(3) 고경력 교사 부담 회피 관리자

자신보다 나이 어린 교감이나 교장을 대해야 하는 것과 주변 교사들이 승진하지 못한 자신을 바라보는 시선이 싫어서 승진을 준비한 경우다. 교육에 대한 뚜렷한 철학과 비전이 있어서가 아니라 교실 수업이나 학생 생활지도의 부담을 줄이고 50대 이후 명퇴 없이 교직의 마지막 시기를 적절한 위치에서 보내고 싶어 승진을 준비한 관리자다.

(4) 권력형 관리자

왕과 같은 권력을 누리고 싶은 욕망이 승진의 목적인 관리자다. 교육에 대한 철학은 없고, 학교 인사권을 휘두르며 교내 정치를 즐긴다. 이런 관리자는 이전 관리자들의 갑질을 답습하고 교사들이 자신이 교사 때 관리자에게 했던 것만큼 자신에게 해 주기를 기대한다.

만약 승진을 생각하는 교사라면 교육에 대한 이해와 철학을 가진 관리자 혹은 좋은 관리자가 되기를 진심으로 바란다.

❸ 성장과 승진은 다른 것일까?

나는 초임교사가 교사로서의 성장과 승진을 이분법적으로 구분하지 않기를 바란다. 대신 승진을 성장으로 가는 하나의 길로 생각하면 어떨까. 교사 성장을 추구할 때 승진을 처음부터 완전히 배제하는 것은 바람직하지 않다. 승진을 준비하는 과정에서 성장하는 사람도 있고, 성장을 추구하다 보니 승진하는 사람도 있다. 승진을 준비하지 않는 것이 잘못된 것이 아니듯 승진을 준비하는 것도 잘못된 것은 아니다.

승진에 대해 부정적으로 말하는 교사들 중에는 학생 중심 교육에 뜻이 있는 교사는 승진이 불가능하다는 인식을 가진 경우가 간혹 있다. 나는 그에 동의하지 않는다. 힘들 수는 있지만 불가능하지는 않기 때문이다.

승진 제도의 문제는 누구나 쉽게 말할 수 있다. 그렇지만 그 문제를 개선하고 교직 사회를 변화시키기 위해서는 그렇게 할 수 있는 누군가가 관리자가 되어야 한다. 어렵다고 다들 포기할 것이 아니라 교육에 대한 분명한 철학과 가치관, 학교 민주주의 역량을 가진 많은 교사들이 관리자가 되어야 한다. 그래야 교직이 더 발전할 수 있다.

초임교사들 역시 학교 교육에 대한 철학과 교육 혁신에 대한 꿈과 이상이 있다면 교사 성장과 더불어 승진 준비도 함께 했으면 좋겠다.

 주의해요 노란불!

초임교사가 교사 성장을 추구할 때 승진을 처음부터 완전히 배제하거나 승진을 최우선으로 두는 것은 바람직하지 않다. 승진을 준비하는 과정에서 성장하기도 하고, 성장을 추구하다 보니 승진하기도 하는 것이 현실이라는 사실을 기억하기 바란다.

❹ 승진을 대하는 양극단의 태도

초임교사들은 승진을 대하는 양극단의 태도를 조심해야 한다. 바로 승진을 교직 최고의 목표로 삼고 준비하는 태도와 승진에 대한 환멸주의적 태도다. 특정한 선배 교사로부터 일방적이고 지나친 영향을 받는 것은 바람직하지 않다. 주변의 이야기는 충분히 듣되 최종 가치판단은 초임교사 스스로 해야 한다.

(1) 승진을 교직 최고의 가치로 여기는 교사

승진을 교직의 최고 가치로 생각하는 교사들을 만나기란 생각보다 어렵지 않다. 본인만의 교직 가치관이니 누가 뭐랄 수는 없다. 하지만 승진이 심지어 가정보다 더 우선시 되는 가치라면, 그래서 빠르게 승진에 성공했지만 승진 외에 아무것도 남은 것이 없다면 무슨 의미가 있을까. 나는 후배 교사들이 승진 지상주의에는 빠지지 않았으면 한다.

(2) 승진을 맹목적으로 비판하는 교사

승진을 맹목적으로 비판하는 교사들을 만나기도 그리 어렵지 않다. 가끔 그런 교사들이 자신의 편향된 가치관을 초임교사들에게 심어 주는 모습을 보면 참으로 안타깝다. 선배 교사의 역할은 초임교사들이 다양한 교직 진로를 스스로 판단하고 선택할 수 있도록 돕는 것이지 자신의 교직 가치관을 일방적으로 따르게 만드는 것이 아니다.

주의해요 노란불!

초임교사는 자신의 편향된 가치관을 심어 주는 선배 교사를 경계해야 한다. 선배 교사의 역할은 초임교사가 다양한 교직 진로를 스스로 판단하고 선택할 수 있도록 돕는 것이면 충분하다.

❺ 승진을 준비하는 초임교사들

"어떻게 하면 장학사가 될 수 있나요?"

임용에 갓 합격한 한 신규교사에게 내가 받은 질문이다. 예전에도 신규교사 때부터 승진을 준비하는 교사들이 있었지만 지금처럼 많지는 않았다. 세대가 또 많이 바뀐 것 같다. 블로그에서 교대생을 자녀로 둔 학부모로부터 교사의 승진에 대한 질문을 받은 적이 몇 번 있다. 미루어 짐작건대 부모로부터 승진 준비를 독려받는 신규교사들도 꽤 있는 듯하다.

지금의 신규교사들은 대부분 부모의 전폭적인 지지와 돌봄 속에 공부를 정말 잘했던 사람들이다. 그러다 보니 자기만족과 더 나은 위치로 올라가기 위한 교직 생활을 추구하는 성향이 짙어졌다. 그래서 신규교사답지 않은 신규교사를 많이 보게 된다. 자신의 편안한 삶만을 추구하거나 발령 직후부터 승진가산점을 따기 위해 학교 관리자에게 정치하는 신규교사도 드물지 않다.

한번은 학교에서 아이들을 가르치는 것이 적성에 맞지 않고 또 수업도 하기 싫다며, 나중에 장학사가 되어 교육정책이나 만들다가 교장으로 전직하고 싶다는 신규교사를 만난 적이 있다. 교육에 대한 최소한의 고민도 없는 그런 교사가 나중에 전문직이나 학교장이 된다면 정말 끔찍한 일이다.

임용시험 합격 후, 아직 교사로 발령이 나지도 않았는데 전문직을 준비하는 교사 모임에 참석하는 신규교사도 보았다. 신규교사들이 승진에 대한 생각이 많아지게 된 배경을 보면 부모 외에 교육현장에 먼저 나간 선배들의 영향도 크다. 학교 선배들이 임용을 준비하는 후배들에게 교사 성장이나 교육철학에 대한 조언이 아니라 임용 후 어떻게 하면 승진할 수 있는지에 대해 코칭하면서 생긴 현상이다.

개인적으로 학교에서 마음이 가는 신규교사들은 승진보다는 성장을 위해 노력하는 교사들이었다. 좋은 수업과 반 아이들을 존중하는 생활교육에 대해 고민하는 신규교사를 보면 왠지 모르게 마음이 간다. 학생들과 교사 모두가 행복한 교육을 꿈꾸며 주어진 학교 업무에도 최선을 다하고 동료와 선후배 교사들을 돕기 위해 애쓰는 신규교사를 보면 정말 많은 것을 가르쳐 주고 싶은 마음이 든다. 이것은 모든 선배 교사들이 가지는 공통된 마음일 것이다. 그리고 이런 초임교사들은 분명 성장을 경험하고 승진하여 교육현장을 혁신하는 좋은 관리자의 길을 걸었으면 한다.

6 인적 네트워크 만들기의 함정

교사 성장에서 인적 네트워크는 매우 중요한 부분이다. 내가 잘 모르는 영역이 있을 때 해당 분야의 전문가에게 도움을 받을 수도 있고, 반대로 내가 가진 전문성으로 다른 사람을 도와줄 수도 있기 때문이다. 그러나 지나치게 많은 모임에 참여하는 것은 좋지 않다. 초임교사 시절에는 다양한 모임에 참여해 경험을 쌓는 것도 필요하지만 경력이 쌓여 감에 따라 우선순위를 두고 점차 정리해야 한다. 그러지 않으면 학교수업과 가정생활이 지장을 받을 수 있다.

정기적인 교사 모임을 매월 7개나 참여하는 교사를 본 적이 있다. 한 달에 모임 회비로 내는 금액만 100만 원에 육박한다고 하기에, 회비가 왜 그렇게 많은지 물으니 모임 중 몇 개는 회비를 모아 해외여행까지 가기 때문이라고 했다. 함께 근무했던 교사들과 만든 모임이 아니라 승진을 위한 인적 네트워크를 만들려는 목적의 모임이었기에 편한 자리도 아니었다. 게다가 그런 모임은 술자리가 기본이기에 1주일에 한두 번 정도는 술에 취해서 집에 들어갔을 것이다. 그 교사를 보며 굳이 그렇게까지 해서 인적 네트워크를 만들 필요가 있을까 하는 생각과 더불어 그저 사람과 술을 좋아하는 성향 때문은 아닐까 하는 생각도 들었다. 시간이 있으면 집에서 가족들과 함께 있고 싶고 여행을 가더라도 가족여행을 가고 싶은 나의 가치관으로는 이해하기 어려운 모습이었다.

교사들과의 인적 네트워크 형성은 중요하지만, 그것을 목적으로 지나치게 많은 모임에 참여하는 것은 좋지 않다. 시간은 한정되어 있다. 모임을 좋아해 모임에 많은 시간을 투자하고 집중하다 보면 당연히 가정에는 그만큼 소홀해질 수밖에 없다. 결혼 전에는 이런저런 모임에 자유롭게 참여하더라도 결혼 이후에는 가정에 우선순위를 두고 모임 수를 조절하는 것이 필요하다.

 주의해요 노란불! ─────────────────────────

교사들과의 인적 네트워크 형성은 중요하지만, 그것을 목적으로 지나치게 많은 모임에 참여하는 것은 좋지 않다. 그러다 보면 당연히 학교수업과 가정생활이 지장을 받을 수밖에 없다.

───

친절한 예둘샘에게
무엇이든 물어보세요

Q1. 승진에 대해 아직 고민 중인데, 어떻게 해야 하나요?

본격적인 승진 준비는 경력교사가 되어서 시작해도 됩니다. 다만 아무런 기반이 없는 상태에서 승진을 준비하려면 무척 힘듭니다. 그러므로 혹시 모를 승진을 생각한다면 저경력 교사 때 농어촌학교나 연구학교 등 승진가산점이 주어지는 학교에서 근무하는 것이 좋습니다.

Q2. 농어촌학교처럼 지역근무 가산점이 부여되는 학교에서 근무하려면 어떻게 해야 하나요?

교사 전보는 자신이 소속된 시도교육청의 인사규정에 따라 전보점수가 부여되고 그에 따라 이루어집니다. 농어촌학교같이 승진가산점이 부여되는 학교로 전보를 가기 위해서는 이전 학교에서 전보점수를 높게 쌓거나 혹은 해당 학교 학교장의 초빙교사로 가는 방법이 있습니다. 혹은 농어촌학교라도 너무 멀어서 아무도 가려고 하지 않아 매년 전보교사가 미달되어 신규교사들이 발령을 받는 학교에 내신을 쓰는 방법도 있습니다.

Q3. 학교마다 승진에 대한 교사들의 분위기가 다른가요?

그렇습니다. 학교에 승진을 준비하는 사람들이 별로 없다면 승진에 관해 이야기하는 것이 어색할 것이고, 상당수의 교사가 승진을 준비하는 학교에서는 승진에 대해 별다른 생각이 없는 사람이 미래에 대한 준비도 없는 무계획적인 사람으로 여겨질 것입니다.

Q4. 학교에서 근무하는 교사들 상당수가 승진에 대한 규정과 정보를 잘 모르는 이유는 뭘까요?

승진에 대해 궁금해하는 교사들은 많아도 실제로 학교에서 승진을 준비하는 교사는 많지 않기 때문에 그렇습니다. 승진을 준비하는 교사를 바라보는 일부 교사들의 부정적인 시선도 굳이 승진에 대해 드러내 이야기하지 않는 이유 중 하나입니다. 학교에선 관리자와 교감 승진을 앞둔 교무부장 정도가 최근 승진 규정과 관련 내용을 가장 잘 알고 있다고 생각하면 됩니다. 승진규정은 초임 교사가 한 번 읽고 이해할 만큼 그렇게 간단하지 않습니다. 그렇다고 관련 연수가 따로 있는 것도 아니죠. 상황이 이렇다 보니 승진에 관심 있는 교사들 사이에서만 승진 정보가 공유됩니다.

Chapter 2

교육계의 승진체계

❶ 일반직의 승진 제도

　교사의 승진 제도를 이해하려면 학교 행정실로 대표되는 일반직의 승진 제도도 알고 있는 것이 좋다. 교육계에 근무하는 사람들은 국가공무원인 교원, 지방공무원인 전문직과 일반직으로 구분된다. 일반직은 학교에서는 소수이지만 교육청에서는 다수다. 교육청에 근무하는 전문직과 일반직은 모두 지방직 공무원이지만 전문직은 다시 학교 교감이나 교장으로 전직해야 하기에 일반직과는 그 성격이 조금 다르다.

　교사 승진체계는 교사 위에 교감, 교장밖에 없기에 매우 단순하다. 반면에 교육행정직을 비롯한 일반직의 승진은 9급부터 시작해 3급까지 직위가 세분화되어 있다. 각 급수에 해당하는 명칭도 모두 달라서 복잡

하지만, 보통 6~9급의 일반직을 주무관으로 총칭한다.

일반직인 교육행정직 시험에 합격해 9급에서 6급으로 승진하기까지 대략 20년 내외가 걸린다. 사실 6급까지는 시간이 지나면 대부분 승진한다. 하지만 5급 사무관으로 승진하는 것은 매우 어렵다. 사무관인 5급 승진은 6급에서 승진시험을 치르고 평가를 받아야 한다. 일반직 9급에서 시작해 5급 사무관이 되는 것은 교사로 따지면 교감으로 승진한 것과 같다. 이는 공직자로서 승진에 성공한 것이다. 그렇지만 행정고시 출신들은 바로 5급 사무관이 된다. 4급은 서기관, 3급은 각 부서의 국장(전문직에서는 교육국장), 교육청 직속기관의 원장 등이 해당된다.

② 교원의 승진 제도

예전에는 교원의 승진 제도가 일반승진 트랙과 전문직승진 트랙으로 양분되어 있었다. 하지만 공모교장 제도가 교육현장에 도입되면서부터 교사가 교감을 거치지 않고 바로 교장이 되는 내부형 공모교장이라는 트랙이 새롭게 생겼다.

일반승진은 승진가산점을 기준으로 순위를 내어서 정량평가 점수 순서대로 교감이 되는 제도다. 최근에는 교감 승진에서 학교 동료 교사들의 온라인평가나 면접 등 정성평가가 점차 비중을 높이는 추세다.

전문직승진은 교원이 시도교육청의 전문직 시험 합격 후, 장학(연구)

사로 전직하여 교육청에서 일정 기간 근무하고 교감 자격을 얻어 학교 교감으로 전직하는 것을 말한다. 시도교육청별로 차이가 있지만 보통 전문직 시험은 교직 경력 12년 이상이면 응시할 수 있기에 빠르면 30대 중후반에 시험에 합격하기도 한다.

일반승진은 학교에 교감으로 근무할 때부터 교감 경력이 인정되지만, 전문직승진은 교감 자격을 받은 직후부터 인정된다. 이는 전문직 경력이 교감 상응직 근무 경력으로 인정되기 때문으로, 이로 인해 예전에는 전문직 출신들의 승진이 좀더 빨랐다. 그러나 요즘은 교감 자격연수를 받을 수 있는 전문직 근무 기간이 예전보다 늘었고 교감 자격을 받았어도 교육 경력 20년이 넘어야 학교 교감으로 전직이 가능하기 때문에 일반 승진자와 전문직 승진자가 승진하는 나이가 크게 차이 나지는 않는다.

교육부 전문직 시험은 시도교육청의 자체 선발기준을 통해 대상자를 뽑아 교육부에 추천한 교사들을 대상으로 이루어진다. 시험에 합격하면 교육부 전문직원인 교육연구사로 근무한다. 교육부 전문직원은 업무 강도가 세기 때문에 큰 혜택이 주어지는데, 그것은 바로 교육부 전문직 근무를 7년 동안 하면 교감 자격 및 교장 자격까지 얻는 것이다. 그렇다 보니 30대 중반에 교육부 전문직에 합격하면 40대 초반에 너무 일찍 교장이 되는 문제가 생긴다. 그래서 정년을 채우기 위해 전문직 근무 후 바로 원소속 시도교육청의 학교 교장으로 전직하지 않고 교육부에서 연구관 이상의 지위로 승진하여 근무하기도 한다.

교사가 바로 교장이 되는 승진은 3가지 공모교장 유형(초빙형, 내부형,

개방형) 중에서 내부형 공모교장 제도를 통해 가능하다. 혁신학교 같은 자율학교는 내부형 공모교장 제도가 운영되는데 교장 자격증을 소지한 교원뿐만 아니라 그렇지 않은 교원도 지원 가능해서 교사가 교감을 거치지 않고 바로 교장이 될 수 있는 제도다. 대신 공모교장 임기 4년이 끝나면 원래 직위로 돌아가야 한다. 그러나 내부형 공모교장 제도를 시행해도 교장 자격증이 있는 교원이 공모교장으로 많이 선발되기에 아직 교사가 바로 교장이 된 경우는 전체 승진자 중 소수에 불과하다.

 주의해요 노란불!

> 교감 승진에서 동료 교사들의 온라인 평가 등 정성평가가 점차 비중을 높이는 추세이므로 평소 학교에서 교사들과의 관계가 좋지 않으면 교감 승진이 어려워질 수도 있다.

③ 교사에서 교감으로, 교감에서 교장으로

시도교육청은 매년 연말에 교감 자격연수 대상자 선정을 위해 승진 점수가 일정 수준 이상이 되는 교사들의 교감 지격 평정 시류를 받고 점수를 계산해 순위를 낸다. 매년 교감 자리의 성원이 달라지므로 교감 자격연수 대상자 커트라인도 매년 조금씩 변한다. 교감 자격연수를 받은 후 교감 승진 평정 서류를 제출하면 다음 해부터 등수대로 학교 교감으로 발령받는다. 교감 자격을 받은 후 교감으로 발령을 받기 전까지의 근무 기간에 받은 점수도 교감 승진 평정에 사용되기에 교감 발령을 보다 빨리 받기 위해서는 계속 승진가산점에 신경 써야 한다.

교감에서 교장이 되기 위해 필요한 승진 점수들은 교사에서 교감이 되기 위해 필요한 점수와 거의 같다. 교감이 되면 교사 때 준비한 모든 승진 점수가 리셋된다. 하지만 학교에는 보통 한 명의 교장과 한 명의 교감이 있기에 교감이 되고 난 후에 교장이 되는 것은 시일이 좀 걸릴 뿐 교사가 교감이 되는 것보다는 쉽다.

교감이 교장으로 승진하기 위해서는 자격 평정과 승진 평정을 거쳐야 한다. 교감이 교장 자격연수를 받아도 보통 1~3년은 교감으로 더 근무해야 교장으로 발령이 나기 때문에 늦은 나이에 교장 자격연수를 받은 교감은 공모교장에 응모하는 길을 선택하기도 한다.

교장으로 4년간 근무하면 교장 중임 평가를 받는데 이 평가를 통과하면 다음 교장 임기 4년을 더 수행할 수 있다. 교장 임기는 최대 8년이다. 일찌감치 교장이 된 사람들은 교장 임기 8년이 지나면 원로교사(정년 전에 교장, 원장으로 임기를 마친 후 다시 교사로 근무하는 경우)가 되어야 하기에 교육청 전문직으로 전직하거나 공모교장에 응모한다. 전문직 경력과 공모교장 경력은 교장 임기 8년에 포함되지 않기 때문이다. 하지만 50대 중반 넘어서 교장으로 승진하는 경우가 많으므로 중임하지 않고 4년 근무 후 퇴임하는 분들도 많다. 너무 늦게 교감으로 승진하면 교감으로 근무하다 정년을 마칠 수도 있다.

❹ 교육청 전문직 전직 근무에 대해

과거에는 전문직 시험 합격이 승진과 동일한 의미로 쓰였다. 그러나 현재는 전문직 전직 후 승진하지 않고 다시 교사로 되돌아오는 순환보직형 장학사 제도도 생겼고, 경기도교육청에서는 전문직이 되더라도 3년 뒤 받는 평가결과에 따라 다시 교사로 되돌아가야 하는 제도도 시행 중이라 예전과는 상황이 다르다.

시도교육청 전문직원은 장학사와 연구사로 구분되는데, 장학사는 교육청에서 근무하는 전문직원을 말하며, 연구사는 연구원이나 연수원에서 근무하는 사람을 말한다. 연구사로 근무하다가 장학사로 전직하기도 하고 반대의 경우도 있다.

전문직의 수는 전체 교원의 약 0.4% 정도다. 전문직 시험에 합격하면 3월 1일 자 발령 혹은 9월 1일 자 발령을 받게 된다. 이는 국가공무원인 교사에서 지방공무원인 행정직이 되는 것이기에 전문직으로 근무하는 동안에는 방학이 없다. 대신 학교에서 아이들을 가르치는 일이 아니라 교육행정 업무를 하기에 연가 사용이 자유롭다. 전문직의 업무 강도는 상당히 높은 편이다. 지역 학부모와 교사의 다양하고 많은 민원을 담당하는 것도 높은 업무 강도의 이유 중 하나다. 어떤 때는 근무시간에는 민원만 처리하고 자신의 본 업무는 퇴근 시간인 6시 이후부터 해야 하는 경우도 생긴다.

전문직 근무 기간 중 교감 자격연수를 받으면 교감으로 다시 전직하게 된다. 교감으로 근무하다 다시 교육청 장학관으로 전직하기도 하고 교장까지 승진한 후 장학관으로 전직하기도 한다. 예전에는 전문직 출신 장학관이 많았지만, 지금은 공모를 통해 일반승진 관리자가 장학관이 되기도 하고 교감을 거치지 않고 장학사에서 바로 장학관이 되기도 한다. 이처럼 전문직 전직 트랙도 다양화되고 있다. 교육청 전문직원으로 정년을 마무리하기도 하지만 학교 교감이나 교장으로 다시 전직해 정년을 마무리하기도 한다. 장학관 직급에는 과장, 부장, 국장, 원장, 교육장 등의 다양한 직위가 있다.

❺ 승진 제도의 변혁기

승진가산점을 꾸준히 쌓아서 교육 경력 20년 이후부터 승진가산점 순위대로 관리자로 승진시키는 제도는 전 세계적으로 보기 드문 우리나라만의 독특한 승진 제도다. 정성적인 요소 없이 서류 평정 점수인 정량적 요소만으로 순위를 매겨 승진시키기에 예상 가능한 승진 제도라는 긍정적인 평가도 받는다. 그리고 다들 기피하는 업무에 승진가산점을 주기에 교사들이 자발적으로 기피 업무를 담당하도록 하는 역할도 하였다.

하지만 그에 따른 부작용도 많았다. 학교에서 인사권을 가지고 있는 교장에게만 잘 보이면 가산점 업무와 좋은 근평을 받을 수 있기에 교사로서의 인성이 현저히 떨어져도 승진하는 현상이 생겼고, 제왕적인 권력을 행사하는 관리자가 생기는 문제도 발생했다. 그래서 일각에서는 일반승진 제도를 마일리지 교장 제도라고 비판한다.

이러한 문제를 해결하기 위해 승진 제도를 개혁해야 한다는 요구는 예전부터 꾸준히 제기되었다. 2009년 경기도를 시작으로 혁신교육이 확산되면서 승진 제도 개선에 대해서도 본격적으로 논의되기 시작했다. 그중 하나가 내부형 공모교장 승진 제도다. 이는 승진가산점을 쌓지 않더라도 학교 교육 활동에 헌신적으로 노력한 교사가 교감을 거치지 않고 바로 교장이 될 수 있는 제도다. 내부형 공모교장 제도를 지지하는 사람들은 이것이 권위적인 교직문화를 변화시키고 학교 민주주의를 정착시킬 수 있는 효과적인 제도라고 말한다. 반면에 반대하는 사람들은 기피 근무지역에서 근무할 교사와 기피 업무를 맡을 교사를 확보하지 못할 뿐 아니라 교감을 거치지 않는 무자격 초고속 승진이라고 비판한다. 일반 승진 제도를 지지하는 사람들과 내부형 공모교장 승진 제도를 지지하는 사람들 모두 나름의 논리와 정당성이 있다.

초임교사들이 그것을 어떻게 받아들일지는 각자의 몫이다. 승진 제도가 앞으로 어떻게 변할지 정확히 예측할 수는 없지만, 현재 승진 제도가 큰 변혁기에 접어든 것은 사실이다. 현 추세로 볼 때 공모교장 승진 제도는 앞으로 더 확산될 것으로 보이며 교장임용뿐만 아니라 교감임용 방식도 다양화될 것으로 보인다.

⑥ 보직형 교장 제도의 가능성

한 후배가 보직형 교장 제도가 과연 학교 현장에 정착될지에 대해 물은 적이 있다. 보직형 교장 제도는 교장을 승진의 개념으로 보는 것이 아니라 학교부장처럼 보직으로 보는 것이다. 대학에서 총장을 교수들의 투표로 뽑고 일정 기간 총장직을 수행한 후 다시 교수로 돌아가는 것처럼, 학교의 교감과 교장도 교사들의 투표를 통해 선출하고 일정 기간 역할을 수행한 후 다시 교사로 되돌아가는 것이다.

학교자치가 강조되는 현시점에서 보면 보직형 교장 제도가 학교자치의 가장 이상적인 제도라는 것은 맞는 말이다. 그렇지만 보직형 교장 제도가 단기간에 학교 현장에서 시행되기는 쉽지 않을 것이다. 그렇게 생각하는 가장 큰 이유는 법률 개정의 어려움이다. 교사는 국가공무원이다. 그래서 교원 승진 제도의 변경은 법률 개정이 수반되어야 가능하다. 그러나 사회적인 큰 공감대가 형성되지 않은 상태에서 기존의 승진 제도를 뒤집는 법률 개정은 쉽지 않다. 그러므로 보직형 교장 제도가 도입된다 하더라도 꽤 많은 시간이 소요될 것이다.

⑦ 승진 제도 변혁기에 승진 준비하기

승진 제도는 항상 조금씩 바뀌어 왔지만 2010년대에 접어들어 급격한 변화를 맞이했다. 그리고 그 변화는 앞으로도 계속될 전망이다. 승진 제도의 변혁기라 볼 수 있는 요즘, 승진을 준비하고 싶다면 어떻게 해야 할까? 승진 제도의 변화를 기대하며 이제 없어질 것으로 예상되는 승진 관련 교육 활동을 하지 않아도 되는 것일까?

확실한 것은 승진 제도는 점차 변하겠지만 앞으로 언제 어떤 방식으로 바뀔지는 아무도 모른다는 것이다. 그리고 앞으로 바뀔 승진 제도가 나에게 혜택을 줄 것이라고 생각해서는 안 된다는 것도 기억해야 한다. 제도의 변화는 동전의 양면과 같아서 누군가 혜택을 받게 된다면 반대로 누군가는 피해를 볼 수밖에 없다. 그리고 내가 어느 편에 속하게 될지는 아무도 모른다.

또 승진 제도의 변화가 생각보다 느리게 진행될 수도 있다. 현재 추진되는 승진 제도의 변화 중에는 학교 현장의 반발로 무산되는 부분이 분명 있을 것이다. 그러므로 장차 도입될 어떤 승진 제도에 대한 막연한 기대 대신 현재 자신이 준비할 수 있는 부분을 최선을 다해 준비해야 한다. 애써 준비한 승진 점수들이 승진 제도의 변화로 쓸모없게 되는 상황이 닥칠 수도 있겠지만 그 반대의 경우도 충분히 가능하기 때문이다.

나는 일반승진을 준비하는 사람들의 연구대회 도전을 많이 도와주었다. 그러나 정작 나는 일반승진은 준비하지 않았다. 왜냐하면 승진을 꼭 해야겠다는 생각도 없었고 그냥 교실 수업 연구가 좋았을 뿐 승진 제도에 대해서도 잘 몰랐다. 시간이 흘러 내가 고경력 교사가 되었을 때 내가 경험했던 교육혁신과 교사들의 공동성장, 학생과 교사 모두가 행복한 교육, 동료 선후배 교사들의 수업 연구 지원 등을 볼 때 나에게는 교육 전문직이 더 적합하다는 것을 깨달았다. 한 학교의 관리자보다는 교육청의 장학사나 연구사가 되는 것이 학교 현장의 교사들을 지원하는 데 더 큰 역할을 할 수 있을 것 같다는 생각이 들었던 것이다. 그래서 전문직 시험을 치르게 되었다.

나는 승진이 내 인생의 최고 목표가 아니었기에 인사권을 가진 관리자를 대할 때 항상 자유로웠다. 그냥 내게 주어진 상황에서 최선을 다할 뿐이었다. 초임교사들도 승진에 매이지 않는 그런 자유로운 교직 생활을 누리기 바란다.

 주의해요 노란불!

승진 제도가 앞으로 언제 어떤 방식으로 바뀔지, 그리고 그 변화가 혜택을 줄지 피해를 줄지는 아무도 모른다. 승진 제도 변화에 대한 막연한 기대 대신 현재 준비할 수 있는 부분을 최선을 다해 준비하자.

친절한 예둘샘에게
무엇이든 물어보세요

Q1. 학교 행정실에서 근무하는 주무관이 교육청에서 근무하기도 하나요?

일반직 시험에 합격한 주무관은 학교 행정실로 발령받아 근무할 수도 있고 교육청으로 발령받아 근무할 수도 있습니다. 그리고 교육청에서 근무하다가 내신을 내어 학교 행정실에서 근무할 수도 있고 그 반대의 경우도 가능합니다.

Q2. 신규교사가 승진 제도에 대해 궁금해한다고 학교에서 이상한 시선으로 봅니다.

승진 제도에 대해 궁금해하는 것은 잘못된 것이 아닙니다. 학교에 승진을 준비하는 것을 부정적으로 보는 분이 있다면, 승진을 준비했던 이전 교사들과의 관계에서 부정적 경험이 있었나 보라고 이해하기 바랍니다. 그러므로 주변 시선에 크게 개의치 말고 궁금한 것은 묻고 배우며 공부하기 바랍니다. 모르는 것보다는 아는 것이 더 낫습니다.

Q3. 타 시도로 전보를 가면 이전 교육청에서 얻은 승진가산점은 사용할 수 없나요?

 시도교육청별로 조금씩 다릅니다. 일반적으로 공통가산점은 전국 공통이므로 타 시도에서 받은 가산점도 승진 평정에서 사용할 수 있습니다. 하지만 타 시도에서 받은 선택가산점은 인정해 주는 항목도 있지만 그렇지 않은 항목도 많으므로 전보 전에 확인하기 바랍니다.

Q4. 전문직원 선발 시험에 대한 정보는 어디서 찾아볼 수 있나요?

 전문직원 선발 시험정보는 매년 시도교육청에서 학교로 보내는 전문직원 선발 시험 요강 공문에서 확인할 수 있습니다. 시도교육청별로 선발 기준과 시험과목이 조금씩 다르고 또 시험 방법도 매년 조금씩 변경되기에 자신이 속해 있는 시도교육청의 응시하는 해의 기준을 잘 살펴야 합니다.

Chapter 3

승진에 대한
단상들

① 남교사가 받는 승진 스트레스?

"남교사는 승진하지 않으면 교직 생활이 힘들다." 초임교사들이 자주 듣는 말 중 하나다. 여교사는 승진하지 않아도 큰 문제가 없지만, 남교사는 승진하지 않으면 정년을 채우기 어렵다는 말도 자주 들을 것이다. 승진에 관해 남교사와 여교사를 바라보는 시선 차이가 아직 남아 있는 게 현실이다. 그래서 일부 남교사는 교육 경력이 높아질수록 승진에 대한 압박감을 여교사보다 크게 느낀다고 토로한다. 예전에는 남교사 10명 중 9명이 승진을 준비한다는 말이 있을 정도였으니 그럴 법도 하다.

하지만 지금은 그렇지 않다. 승진을 준비하는 여교사가 많다. 교육부의 '교육기본통계'에 의하면 매년 여성 관리자 수가 증가하고 있으며,

특히 초등학교의 경우 2018년부터 여성 관리자 수가 남성 관리자 수를 앞질렀다. 승진 스트레스는 성별이 아니라 사람마다 다른 것이다.

나이와 선후배 관계에 민감한 사람은 자신보다 나이가 어린 후배를 교감이나 교장으로 모시는 상황이 생기면 당연히 스트레스를 받는다. 어떤 사람에게는 승진 준비 과정이 승진하지 못한 것보다 더 큰 스트레스일 수도 있고, 또 어떤 사람에게는 그 반대일 수도 있다. 교사로서 아이들을 계속 가르치는 것이 행복한 사람들도 있고, 관리자로서 학교를 경영하거나 교육청에서 교육정책을 펼치는 것에서 더 큰 보람을 느끼는 사람들도 있다. 당연히 어느 것이 더 옳다고, 더 좋다고 말할 수는 없다.

정년퇴임 때까지 아이들과 교실에서 함께하는 것에서 더 큰 행복을 느낀다면 그런 삶을 사는 것이 정답이다. 관리자로 승진하는 것이 더 행복하다면 승진을 준비하는 것이 맞다.

확실한 것은 교사로서의 뛰어난 전문성을 가지고 있는 교사가 승진하지 않을 때는 승진 스트레스가 크지 않다는 것이다. '저 선생님은 저렇게 뛰어난 교사인데도 승진을 하지 않고 학생들의 교육에 헌신하시는 분이야.'라는 평판을 듣기 때문이다. 교사가 승진에 대한 스트레스를 많이 받는 상황이 생기는 것은 승진을 하지 못했기 때문이 아니라 교사로서의 전문성을 주변에서 인정받지 못했기 때문인 경우가 더 많다.

초임교사는 승진 제도를 비롯해 교직 생활과 관련한 다양한 이야기를 여러 선배 교사들에게 듣고 난 후 그 모든 것을 종합적으로 생각해 자신의 미래를 스스로 선택해야 한다.

 주의해요 노란불!

승진에 대한 스트레스를 많이 받는 것은 승진을 하지 못했기 때문이 아니라 교사로서의 전문성을 주변에서 인정받지 못했기 때문인 경우가 더 많다. 그러므로 전문성 확보가 승진 스트레스에서 벗어나는 지름길이다.

❷ 교장과 교무부장의 관계

승진을 앞둔 마지막 코스가 1등 수 근평을 3년간 받아야 하는 교무부장 자리다. 교무부장은 학교의 모든 업무를 총괄하는 위치이므로 업무 능력도 좋아야 하고 교사들과의 융화력도 뛰어나야 한다. 그러다 보니 교장 입장에서는 유능하고 신뢰할 만한 교무부장을 원하게 된다. 그래서 예전에 자신과 같은 학교에서 근무했거나 혹은 이런저런 인연으로 평소에 잘 알고 있는 사람에게 교무부장 자리를 맡기곤 한다.

교장이 새로 부임하면 가장 긴장하는 사람은 교무부장이다. 보통 새로 부임한 교장은 특별한 문제가 있지 않다면 기존 교무부장이 근평을 받아야 하는 3년을 기다려 준다. 대신 그 기간에 자신이 차기 교무부장으로 임명하고자 하는 교사를 학교에 초빙 등으로 불러 보통 연구부장을 맡긴다. 물론 학교에 부임하자마자 자신이 원하는 교사를 초빙해 바로 교무부장을 교체하는 교장도 있다.

새로운 교장이 기존의 교무부장과 연구부장을 그대로 인정해 주면 학교에서 승진 근평으로 인한 교사 간 갈등은 크게 일어나지 않는다. 교무부장은 교장과 교감 모두에게 근평을 받아야 하는 입장이라 두 사람의 사이가 좋지 못하면 교무부장의 입장이 제일 난처해진다.

만약 내년에 자신이 교무부장을 할 수 없는 상황이 벌어질 것 같다면 어떻게 해야 할까? 교무부장을 할 수 있는 방법은 다른 학교로 전보 가는 것뿐인데 이것 역시 쉬운 일이 아니다. 학교마다 교무부장을 하려는 교사가 한 명씩은 있기 때문이다. 이때는 친분이 있는 학교 관리자의 도움을 받는 것이 좋다. 관리자들 역시 친한 사람들끼리 자주 연락하고 이런저런 정보를 주고받으며, 자기 학교의 선생님을 다른 학교로 초빙해 줄 것을 부탁하기도 하고 반대로 부탁받기도 하기 때문이다.

❸ 우연히 승진가산점을 받을 기회가 온다면

어떤 신규교사가 첫 발령을 받은 곳이 근무 가산점이 있는 농어촌학교였는데 다들 승진을 준비하는 경쟁적인 분위기에 적응하기 힘들어서 2년 만에 다른 시군으로 관외전보를 내었다. 관외전보는 대부분 승진가산점과 거리가 먼 학교로 배정되는데 그가 발령난 곳은 또 농어촌학교였다. 높은 경쟁률이 예상되자 많은 교사들이 그 학교로의 전보를 포기했고, 전보 신청 미달로 관외 전보교사가 배정된 것이었다.

또 어떤 교사는 승진에는 전혀 관심이 없고 학교에서 퇴근 후 교사들과 배구하는 것을 좋아했다. 그래서 집 가까이 있는 학교 중에 배구를 할 수 있는 강당이 있는 학교로 전보했는데, 마침 그 학교가 그해부터 3년간 연구학교로 지정되어 본의 아니게 연구학교 근무 가산점을 받게 되었다. 그리고 초등돌봄교실이 선택가산점으로 주어지는 한 지역학교에서는 아무도 맡으려 하지 않는 이 업무를 신규교사에게 맡겼고 그는 원치 않은 가산점을 얻게 되었다.

이처럼 초임교사들은 자신이 원치도 않았는데도 이런저런 상황으로 승진가산점을 얻는 경우가 종종 있다. 그런 상황이 생겼을 때 굳이 승진 점수를 받는 것을 이상하게 생각하기보다는 행운이라 여겼으면 좋겠다.

초임교사들은 경력이 쌓여 감에 따라 교직을 바라보는 시선이 많이 변한다. 승진에 대한 생각도 그중 하나다. 그래서 나는 신규교사 때 절대 승진하지 않겠다고 자신의 미래를 미리 단정하는 것은 바람직하지 않다고 생각한다. 초임교사 시절의 가치관을 고경력 교사가 되어서도 그대로 유지하는 사람도 보았지만, 초임교사 시절 승진 제도를 부정적으로만 생각하다가 나중에 생각이 변하는 사람도 많이 보았기 때문이다.

그러나 승진가산점을 따기 위해 나에게 주어진 것이 아닌 가산점 업무에 집착하지는 않았으면 한다. 자연스럽게 기회가 되어 승진에 도움이 되는 업무를 내가 하는 것은 좋은 모습이지만, 내게 허락된 것이 아닌 것을 억지로 내 것으로 만들려고 집착하는 것은 좋은 모습일 리 없다.

당장 승진을 준비하지는 않더라도 학교 교육 활동과 업무 중에서 승진에 도움이 될 교육 활동 기회가 생긴다면 지나치지 말고 최선을 다해 도전하기 바란다.

 주의해요 노란불! ─────────────────────

신규교사 때 절대 승진하지 않겠다고 자신의 미래를 미리 단정하는 것은 바람직
하지 않다. 승진에 대한 생각은 경력이 쌓이면서 그대로 유지될 수도 있지만 완전
히 바뀌기도 하기 때문이다.

───

❹ 승진을 권하고 싶은 초임교사

학교 현장에서 승진 준비를 하지는 않지만, 교실 수업 활동과 아이들
교육 활동에 매우 열심인 초임교사들을 종종 만난다. 그들 중 대부분은
승진 제도가 뭔지도 잘 모른다. 그런 교사들을 보면 절로 마음이 간다.
어떻게든 교사로서의 전문성 성장에 도움을 주고 싶은 마음이다.

나는 교실 속 아이들에게 헌신적인 후배들을 보면 신규교사일지라도
"너는 승진을 하는 것이 좋겠다."라고 말해 준다. 그러면 대부분 쑥스러
워하며 자신 없어 하는 반응을 보인다. "저 같은 사람이 그렇게 할 수 있
겠어요?" 그러면 나는 이렇게 말해 준다.

"승진은 준비하는 사람이 하는 거야. 너같이 학생을 사랑하는 좋은 교
사들이 관리자가 되어야 해."

아이들을 위한 참교육에 뜻이 있고 수업에 대한 열정이 넘치고 아이

와 교사의 동반 성장을 꿈꾸는 초임교사라면 승진을 꼭 준비하라고 말하고 싶다. 그리고 승진을 최고의 우선순위로 생각하는 초임교사들에게는 잠시 그 생각을 내려놓고 진지하게 자신의 교직과 가치관을 되돌아보라고 권하고 싶다. 교육에 대한 깊은 고민 없이 승진하게 된다면 그가 관리자로 근무하는 학교의 선생님들과 아이들은 물론이고 관리자 자신도 불행할 것이기 때문이다.

관리자라는 자리를 보고 인사하는 교사들이 주변에 넘치는 관리자의 삶보다는 존경심을 가지고 나에게 인사하는 교사들이 주변에 넘치는 평교사의 삶이 더 값지다.

나는 신규 때부터 승진을 준비하는 것이 잘못되었다고 생각하진 않는다. 다만 승진을 추구하는 결정이 교실 속 아이들의 성장과 학교 교육의 변화라는 진지한 고민에서 나온 것인지에 대한 깊은 성찰은 필요하다고 생각한다. 만약 학생과 교사 모두가 행복한 학교 교육과 교육 혁신의 가치를 실현하기 위해 승진을 생각하게 되었다면 승진의 성공과 실패 여부를 떠나서 그 선택은 참 좋은 선택이다.

초임교사들은 아이들과 교사 모두가 행복한 교육을 늘 고민하되, 후일 승진에 대한 고민을 진지하게 해야 하는 시점이 왔을 때 승진 도전 여부를 직접 선택할 수 있도록, 또 나중에 승진 준비가 너무 힘들지 않도록 지금 할 수 있는 일들을 꾸준히, 천천히, 그리고 집착하지 않고 해나가기 바란다.

나는 초임교사들이 나중에 승진하기로 마음 먹었을 때 다음 3가지를 꼭 기억했으면 한다.

첫 번째는 승진이 교직 생활의 최종 목표가 아니라 꿈꾸는 교육 활동을 펼치기 위한 하나의 과정이라는 사실이다. 승진이 교직 생활의 목표가 되어 버리면 자신도 모르는 사이에 승진의 노예가 되기 쉽다. 그러면 교사로서 자존감도 사라지고 권력자 앞에서의 당당함도 사라진다. 또 교직 생활의 자유와 여유도 사라진다.

두 번째는 평소 관리자가 가져야 할 뚜렷한 학교경영의 철학과 비전을 고민해야 한다는 것이다. 기존에 불합리하게 생각되던 관행이나 학교문화 등이 있다면 그것이 모두 개혁된 학교의 모습을 꿈꾸도록 하자. 그리고 이 꿈을 이룰 수 있도록 교사들의 교육 활동과 성장을 잘 지원하고 교육 열정을 이끌어 낼 수 있는 관리자가 되도록 노력하자.

세 번째는 겸손함을 잃지 말아야 한다. 주변 사람들에게 유능한 교사로 조금씩 인정받기 시작하면 나도 모르게 자만에 빠지기 쉽다. 자만은 자신을 망치는 지름길이다. 나에 대한 자부심이 교만으로 바뀌는 순간 나를 향한 주변의 평가가 낮아지는 것도 순식간이다.

관리자로서 겸손하게 교육현장에 헌신할 마음의 각오가 되어 있다면, 또 관리자로서 대접받기보다 권위를 내려놓고 교사들을 섬길 마음이 있다면, 그리고 교사들의 다양한 의견을 반영해 관리자로서 분명한 교육 방향을 제시하고 학교 교육 활동 결과에 대해 모든 것을 직접 책임질 의지가 있다면, 이러한 초임교사는 관리자로 꼭 승진해야 한다.

 주의해요 노란불!

승진이 교직 생활의 목표가 되면 자신도 모르는 사이에 승진의 노예가 되기 쉽다. 교사의 자존감과 당당함, 교직 생활의 자유와 여유를 지키고 싶다면 승진은 목표가 아니라 성장을 위한 수단이 되어야 한다.

친절한 예둘샘에게
무엇이든 물어보세요

Q1. 승진을 위한 인맥 관리를 꼭 해야 하나요?

사람마다 다릅니다. 다만 주변에 아는 사람이 많다면 이런저런 정보를 얻거나 도움을 주고받기가 수월해 승진에 유리한 면이 있습니다. 그렇지만 승진이라는 목적을 위한 모임이나 인맥 관리는 권장하고 싶지 않습니다. 왜냐하면 공통의 목적이 사라지면 관계도 금방 끊어지기 때문입니다. 사람이 좋아서 자연스럽게 만들어지는 인적 네트워크는 훨씬 단단하고 진실하며 오래갑니다.

Q2. 관운이란 무엇을 말하는 것인가요?

관운官運은 한자 의미 그대로 '관리로 출세할 수 있도록 타고난 복'을 말합니다. 어떤 사람은 열심히 노력해도 원하는 승진가산점을 받을 수 없는데, 또 어떤 사람은 전혀 뜻하지 않았는데 옮기는 학교마다 승진가산점을 얻는 경우 같은 것이죠. 그런 사람을 관운이 좋다고 말합니다.

Q3. 승진 준비는 왜 빠르면 빠를수록 좋다고 하는 건가요?

승진 평정에서의 승진가산점은 가산점 영역별로 1년에 1개의 실적만 인정하는 것이 많습니다. 그래서 필요한 승진가산점을 단기간에 쌓는 것은 불가능합니다. 승진 준비 시작이 늦으면 당연히 승진도 늦어집니다.

Q4. 초임교사가 농어촌학교에 발령받으면 승진에 유리하나요?

그렇습니다. 도서벽지나 농어촌학교 같은 지역 근무 가산점이 있는 시도교육청에서 승진하려면 지역 근무 가산점은 만점을 받아야 합니다. 첫 발령을 농어촌학교로 받게 되면 만기 근무 후에 다음 학교로 전보할 때 다시 농어촌학교로 가기가 수월합니다. 보통 농어촌학교에서 근무하는 기간에는 전보가산년수가 부여되어 전보점수가 높기 때문입니다. 반대로 지역 근무 가산점이 없는 학교는 전보가산년수가 부여되지 않기 때문에 농어촌학교로 전보하기가 어렵습니다.

일반승진 준비의
이해

❶ 일반승진을 준비한다면

일반승진을 준비할 때는 자신이 속한 시도교육청에서 승진을 위해 필요하다고 정한 학교근무를 저경력 교사 때 미리 해 두는 것이 좋다. 그중 대표적인 것이 바로 농어촌학교 근무다. 시도교육청에서 농어촌학교 근무가 승진가산점 항목이라면 그것은 기본적으로 만점으로 만들어야한다. 농어촌학교 근무가 승진가산점 항목이 아닌 시도교육청에 근무하고 있다면 이를 대신하는 다른 항목을 확인해 챙겨야 한다.

경력이 어느 정도 쌓인 후 농어촌학교에서 근무하면 될 거라고 생각할 수도 있다. 하지만 농어촌학교에 근무하면서 필요한 다른 승진가산점을 채우기는 쉽지 않다. 농어촌학교에 근무하는 교사들 대부분이 승진을 준비하므로 승진가산점 업무를 맡기 위한 경쟁이 치열하기 때문이다. 그래서 승진가산점을 매년 꼭 받아야 하는 중경력 이상의 교사에게는 농어촌학교 근무가 쉽지 않은 것이 현실이다.

농어촌학교에서는 승진가산점 업무를 배정하는 관리자에게 인정받기 위해, 승진 경쟁 관계에 있는 교사들과의 원만한 관계를 위해 받는 스트레스도 만만치 않다. 그래서 저경력 시절에, 특히 결혼하지 않았거나 자녀가 아직 어린 시절에 농어촌학교 근무를 10년 정도 해 두면 30대 중반 이후의 승진 준비에 대한 부담을 줄일 수 있다.

승진을 준비하는 교사가 적은 학교에서는 승진가산점 업무를 쉽게 맡을 수 있는데, 이런 학교에서는 교사 간의 승진 경쟁이 거의 없으므로 승진가산점이 부여되는 여러 공모사업에 계획서를 여러 번 제출할 수도 있다. 보통 학교에서는 승진가산점 업무를 승진을 목전에 둔 교무부장이 우선적으로 선택한다. 그리고 나서 경력교사에게 배정하는데 업무를 맡을 경력교사가 없다면 신규교사에게 배정하기도 한다. 반대로 교사들이 대부분 승진을 준비하는 학교에서는 내가 원한다고 승진가산점 업무를 맡을 수 있는 것이 아니다.

만약 초임교사 때 농어촌학교에서 10년 정도 근무해 일찍 승진 지역 근무 가산점을 받아 놓으면 이후 일반승진은 본인의 선택에 따라 이뤄진다. 승진 경쟁이 치열하지 않은 학교에서 1년에 1개의 가산점 업무를 할 경우 빠르면 40대 중반에 교감으로 승진할 수 있다.

가산점 업무를 수행한다는 것은 해야 할 업무가 꽤 늘어난다는 의미다. 가산점 업무를 할 때는 승진 점수를 얻기 위한 일이라고만 생각하지 말고 교사로서 더 많은 것을 배울 수 있는 기회라고 생각하며 수행하는 것이 좋다. 그러면 그 업무는 분명 나를 성장시킬 것이다. 다양한 업무를 해 본 사람은 그렇지 않은 사람보다는 교육 활동에 대한 이해의 폭이 넓어지고 문제의식, 현장의 경험 등이 더 많아지기 때문이다.

교감으로 승진 가능한 점수 커트라인은 매년 변하는데, 갈수록 높아지는 추세다. 이는 예전과 달리 승진을 준비하는 교사들이 많다는 의미다. 먼저 자신이 소속된 시도교육청의 일반승진 가능 점수 커트라인을 확인한 후, 교육청에서 매년 학교에 보내는 평정기준표를 기준으로 자신의 점수를 계산해 보자. 그러면 얼마의 승진 점수가 더 필요한지 확인할 수 있어서 앞으로 몇 년 동안 어떤 가산점을 받을지에 대한 계획을 세울 수 있다.

교감 승진을 좌우하는 것은 선택가산점 부분이다. 보통 10년 정도 선택가산점을 매년 빠지지 않고 받는다면 일반승진이 가능한 점수대가 되는데, 매년 자신이 원하는 가산점을 모두 받는 것은 어려우므로 실제로 소요되는 시간은 더 길 수밖에 없다.

 주의해요 노란불!

농어촌학교 근무는 저경력 교사 때 미리 해 두는 것이 좋다. 농어촌학교에서는 승진을 준비하는 교사가 많기 때문에 승진가산점을 받기가 어렵다. 승진가산점을 매년 받아야 하는 경력교사의 입장에서는 이것이 큰 부담이 된다.

❷ 시도교육청마다 다른 승진 평정 기준

승진가산점 부여 규정은 매년 조금씩 변한다. 그리고 점수체계는 시도교육청마다 다르다. 그래서 승진 평정 기준을 파악하기 위해서는 먼저 자신이 소속된 시도교육청에서 매년 학교로 보내 주는 승진 평정 기준 공문을 잘 읽어 보아야 한다. 내용이 잘 이해되지 않는다면 교무부장이나 교감에게 물어보는 것이 좋다.

승진 제도에 대해 물어보는 것은 결코 부끄러운 일이 아니다. 신규교사들도 당장 승진을 생각하지 않더라도 대략적인 내용을 알고 있는 것이 좋다. 그래야 교직 생활 중 승진을 준비할지 혹은 준비하지 않을지를 결정해야 할 때 객관적인 판단을 스스로 내릴 수 있기 때문이다.

만약 승진 제도에 대해 아는 것이 별로 없다면 승진에 대한 편향된 가치관을 무비판적으로 받아들이는 문제적 상황이 발생할 수 있다. 교직 가치관은 다른 사람의 영향을 받아 만들어서는 안 되고 나 스스로 판단하고 해석하며 만들어야 한다. 그래야 후회가 없다.

내가 일반 승진체계에 대해 제대로 이해하게 된 것은 40대가 되어서 다들 일반승진을 준비하는 농어촌학교에 근무할 무렵이었다. 그 이전 학교에서는 승진 제도에 대해 말해 주는 사람도 없었고 또 잘 알고 있는 사람도 없었다. 아마도 교사 대부분이 나와 같지 않았을까 생각한다. 반면 농어촌학교에서는 그런 이야기가 교사들 사이에 자주 오가기 때문에 일반승진을 준비하지 않는 나도 자연스럽게 그 내용을 알게 되었다.

일반 승진체계를 알고 보니 역시나 그렇게 쉬운 길은 아니었다. 그렇지만 승진에 뜻이 있는 교사라면 도전해 볼 만한 길이기도 했다.

③ 일반승진 점수 산정 기준

승진 평정 기준은 매년 조금씩 변경된다. 그러므로 지금 설명하는 평정 기준이 절대적인 것은 아니니 승진체계를 이해하는 데 참고만 하기를 바란다. 또 경기도교육청(초등) 기준이므로 선택가산점 부분에서 다른 시도교육청과 조금 다른 면이 있음을 먼저 밝혀 둔다. 그 외 교육부가 부여하는 공통가산점은 전국 시도교육청이 동일하다.

교사의 일반승진 평정 점수 배점 영역과 만점 기준은 다음과 같다.

제1영역 : 경력 평정 - 70점 (20년)

제2영역 : 근무성적 평정 - 100점 (3년)

제3영역 : 연수성적 평정 - 30점 (교육성적 27점+연구실적 3점)

제4영역 : 가산점 평정 - 11.75점 (공통가산점 3.5점+선택가산점 8.25점)

이 중 공통가산점 3.5점은 2022년 4월 이후에 적용되는 점수이다. 전에는 5점이었는데, 3가지 공통가산점 영역에서 점수가 축소되었다. 이는 연구학교 1.25점 → 1점, 재외교육기관 근무 0.75 → 0.5점, 학교폭력

예방 기여 교원 2점→1점이다.

경기도는 보통 교감 승진을 위한 승진 평정 서류제출에 따른 점수가 근무성적 평정을 제외하고 107점을 넘어야 가능하다. 이 점수는 매년 조금씩 변한다. 보통 승진 점수를 말할 때 근무성적 평정 100점을 제외한 점수로 말하는 이유는 승진을 준비하는 교사들은 대부분 교무부장 3년으로 근평 점수가 만점이기 때문이다.

④ 경력 평정, 근무성적 평정, 연수성적 평정

(1) 제1영역 : 경력 평정

기본 경력 15년, 초과 경력 5년, 총 20년을 근무하면 경력 평정 만점 70점이 된다. 그래서 교감 승진은 교육 경력이 최소 20년이 되어야 가능하다. 근무 경력은 '가' 경력과 그보다 점수가 조금 적은 '나' 경력으로 구분되는데, 기간제 교사 경력은 '나' 경력에 해당한다.

(2) 제2영역 : 근무성적 평정

승진 평정 서류제출을 앞둔 최근 5년 근무성적 중 가장 근평이 높은 3년을 사용한다. 이 점수는 승진을 준비하는 대부분의 교사가 만점인데 1등 수 근평은 보통 학교에서 가장 많은 업무를 수행하는 교무부장이 받는다. 기타 승진가산점이 높은 교사는 교무부장 1등 수 근평 2년 만에 교감 자격을 받기도 한다. 자신이 교감으로 승진 가능한 점수대가 되는 시점에 맞추어 학교에서 1등 수 근평을 받을 수 있는 교무부장을 3년간 해야 한다. 승진의 마지막 관문은 학교 교무부장인 것이다.

(3) 제3영역 : 연수성적 평정

가. 교육성적 평정

교육성적 평정은 직무연수 성적과 자격연수 성적 2개 항목으로 구성되어 있고 27점이 만점이다. 직무연수는 만점을 받을 수 있지만, 자격연수 성적은 1정 자격연수 점수이므로 모든 사람이 만점일 수는 없다. 2020년부터는 1정 자격연수에 점수가 부여되지 않고 PASS/FAIL 형태로 평가되어 앞으로는 일반승진에 그 점수가 사용되지 않을 예정이다.

— 직무연수 성적

승진 서류제출 시점으로부터 최근 10년 동안 60학점 연수 3개를 듣고 그중 1개 직무연수 점수가 95점보다 높으면 18점 만점이 된다. 그래서 승진 가능 시점에 맞추어 60시간 직무연수를 듣고 성적을 만점으로 만들어 놓아야 한다.

— 자격연수 성적

1정 자격연수 점수다. 1정 자격연수의 점수가 앞으로는 승진 평정에 쓰이지 않겠지만, 유예 기간 동안에는 기존대로 승진 평정에 쓰인다. 1정 자격연수 점수는 다음과 같이 계산하여 승진 평정 점수로 사용한다. 만점은 9점이다.

$$자격연수\ 환산\ 점수 = 9점 - (연수성적\ 만점 - 연수성적) \times 0.025$$

위 계산식에 의하면 만약 1정 자격연수 점수를 만점인 100점을 받으면 환산 점수는 9점이 되고, 최하점인 80점을 받으면 환산 점수는 8.5점이 된다. 1정 자격연수 1등과 꼴등의 점수 차이는 0.5점이다.

나. 연구실적 평정

교육 관련 학위를 받거나 연구대회에 입상해서 받는 점수로 3점 만점을 채워야 한다. 연구대회 입상 순위에 따른 연구 점수 부여는 다음과 같다.

전국 1등급 : 1.5점

전국 2등급 : 1.25점

전국 3등급 = 시도 1등급 : 1점

시도 2등급 : 0.75점

시도 3등급 : 0.5점

직무 관련 석사학위 연구 점수는 1.5점(그 밖의 학위는 1점)이며 직무 관련 박사학위 연구 점수는 3점(그 밖의 학위는 1.5점)이다. 예를 들어 직무 관련 석사학위를 따고 연구대회에서 전국 1등급을 한 번 받으면 연구 점수가 3점 만점이 된다. 그러나 1년에 1개 최상위 연구대회 입상 결과만 승진 평정에서 인정하고 또 전국 1등급을 받는 것이 쉬운 일은 아니기에 연구 점수 만점을 받기 위해서는 연구대회 참여를 보통 2년 이상은 해야 한다.

연구 점수를 2점으로 축소하자는 이야기도 나오는데 만약 연구 점수가 2점으로 축소된다면 석사학위 취득 후 연구대회에 한 번만 입상하면 만점이 된다.

 주의해요 노란불!

2020년부터는 1정 자격연수에 점수가 부여되지 않고 PASS/FAIL 형태로 평가된다. 따라서 앞으로는 일반승진에 이 점수가 사용되지 않을 예정이다.

⑤ 가산점 평정

• 제4영역 : 가산점 평정

경력 평정, 근무성적 평정, 연수성적 평정은 1정 자격연수 점수를 제외하고는 다들 만점을 받는다. 1정 자격연수 점수는 적용 유예 기간이 끝나면 사용하지 않을 것이므로 실제 교감승진은 제4영역 가산점 평정의 결과에 의해 좌우된다. 가산점 영역은 1년에 1건의 가산점 교육 활동만 인정해 주기에 단기간에 점수를 채울 수 없다. 그래서 가산점 업무를 빨리 시작하면 그만큼 승진도 빨라진다.

제4영역 가산점 평정은 경기도교육청 초등의 경우 11.75점으로, 공통가산점 3.5점과 선택가산점 8.25점으로 되어 있다. 공통가산점은 교육부에서 부여하는 점수로 전국 시도교육청 모두에 적용되는 공통적인 가산점이다. 그래서 공통가산점은 근무지를 다른 시도로 옮겨도 대부분 동일하게 적용되어 승진 평정에 인정된다.

그러나 선택가산점은 그렇지 않다. 선택가산점은 자신이 소속된 시도 교육청에서 부여하는 점수로 선택가산점 영역은 전국 시도교육청별로 상이하다. 그래서 소속 교육청을 옮겼을 때 이전 교육청에서 받은 선택가산점은 일부를 제외하고는 인정해 주지 않는다.

가. 공통가산점

공통가산점은 2022년 4월 이후 기준 3.5점 만점이다.

— 교육부 지정 연구학교

연구학교에서 5년을 근무하면 만점인 1점이 된다. 경기도는 연구학교 수가 많지 않기에 연구학교 근무 점수를 만점 받기가 매우 어렵다. 사실 연구학교 근무 점수가 없어도 일반승진이 가능하므로, 연구학교 근무 점수가 만점이라는 것은 일반승진에 있어서 유리한 입장임에 분명하다. 그래서 연구학교로 지정받기 위한 학교 간 경쟁이 매우 치열하다. 한편 연구학교가 적은 만큼 연구학교 경력 없이도 일반승진이 가능한 면도 있다.

— 재외국민교육기관 파견근무

3년 해외파견(승진 점수가 부여되는 정식파견)을 다녀오면 0.5점 만점이 된다. 해외 파견근무 중에서 공통가산점이 부여되는 해외파견은 많지 않기에 전국에서 재외국민교육기관 파견근무 점수를 받는 교사는 매우 소수다. 그래서 이 영역에서 점수를 받은 사람은 일반승진이 유리하다.

— 직무연수 이수 실적

매년 합계 60시간 직무연수 이수를 12.5년(약 13년)간 하면 1점 만점이 된다. 요즘은 학교 성과급 기준에 직무연수 이수 실적이 대부분 포함되기 때문에 대부분의 교사가 직무연수 60시간 이상을 이수한다.

— 학교폭력예방 기여 교원

매년 0.1점씩 10년을 받아야 1점 만점이 된다. 학교에 근무하는 교사 중 40%의 교사만 받을 수 있는 점수이기에 학교 내에서 갈등의 소지가 큰 가산점이다. 특히 다들 승진을 준비하는 농어촌학교에서는 학교폭력 가산점을 신청하는 교사들이 대부분이기에 매년 40% 학교폭력 가산점 대상자를 선정하는 것에서 진통을 겪는 경우가 많다. 학교 자체적으로 교사들이 제출한 학교폭력 실적 보고서를 심사해서 대상자를 결정하는데, 교내 연구대회라고 불릴 만큼 치열한 학교도 있다.

학교 분위기를 망치는 가산점으로 여겨져 폐지해야 한다는 의견이 많기에 앞으로 사라질 수도 있다.

나. 선택가산점

교육부 권한인 공통가산점과 달리 선택가산점은 시도교육청 교육감 권한이기 때문에 각 시도교육청별로 그 영역과 상한 점수가 조금씩 다르다. 선택가산점은 최대 10점 이내에서 점수를 부여하여 운영한다. 교육감 정책에 따라 시도교육청별로 새로운 선택가산점이 신설되기도 하고 폐지되기도 한다. 그래서 시도교육청별로 선택가산점이 부여되는 교육 활동 영역이 다르다.

승진을 준비하는 교사들은 선택가산점을 제외한 대부분의 승진가산점 영역에서 만점을 받는다. 그래서 실제로 승진을 좌우하는 것은 선택가산점 영역이다. 선택가산점은 만점을 받기 어렵기 때문이다. 선택가산점을 만점 받고 일반승진을 하는 교사는 거의 없으므로 선택가산점은 승진이 가능한 점수를 넘는 정도로만 받으면 된다.

선택가산점은 다양한 교육 활동 영역이 있고 각 교육 활동마다 받을 수 있는 상한 점수가 정해져 있다. 그래서 같은 교육 활동만으로는 승진에 필요한 선택가산점을 모두 채울 수 없다. 선택가산점 영역별로 점수를 받을 수 있는 교육 활동이 여러 개인 경우는 다른 교육 활동들로 해당 선택가산점을 채울 수 있기 때문에 모든 선택가산점 교육 활동을 다 할 필요는 없다.

대표적인 선택가산점 영역은 보직교사 경력, 농어촌학교 같은 특수지역 근무 경력, 교육감 지정 연구학교 근무 경력 등이다. 선택가산점이므로 시도교육청별로 만점이 되는 기준은 다르다.

보직교사 경력은 부장교사로 근무한 경력을 말한다. 경기도는 7년을 근무하면 보직교사 기본 경력이 만점이 되고, 보직교사로 6년을 더 근무하면 보직교사 초과 경력도 만점이 된다.

특수지역 근무 경력은 도서벽지학교 근무, 농어촌학교 근무, 공단지역학교 근무, 접경지역학교 근무 등이 있는데 경기도교육청은 이러한 학교 근무 점수가 분리되어 각각 모두 인정되는 것이 아니라 통합되어 있다. 예를 들어 도서벽지 '라' 지역 학교에서 10년을 근무하나 농어촌 '면' 지역 학교에서 10년을 근무하나 지역 근무 점수는 만점 2점으로 동일하다. 그래서 승진을 준비하는 교사들도 도서벽지나 접경지역 근무를 기피하고 도시지역 가까운 농어촌학교 근무를 선호하는 현상이 생겼다. 도서벽지학교와 농어촌학교 근무가 각각 선택가산점으로 인정되는 시도교육청은 상황이 또 다르다.

 **주의해요 노란불!**

선택가산점은 전국 시도교육청별로 달라서 소속 교육청을 옮기면 이제까지 쌓은
선택가산점을 인정받지 못할 수도 있다. 따라서 소속 교육청을 옮길 때는 이를 반
드시 확인해야 한다.

⑥ 경기도교육청 선택가산점 변화 방향

선택가산점이 부여되는 업무에 대한 조정이 필요하다는 의견은 예전
부터 많았다. 방과 후 돌봄교실이나 청소년단체처럼 여러 기관과 단체
의 이해관계로 인해 승진가산점을 빌미로 학교에서 맡게 된 업무들이
나 공모사업들이 학교 본연의 교육 활동을 저해시키기 때문에 그런 가
산점을 폐지해야 한다는 의견이 대표적이다. 그러나 농어촌학교처럼 교
육인프라가 부족하고 근무여건이 열악한 곳을 위해서 그런 가산점이
유지되어야 한다는 의견도 있다.

이에 경기도교육청은 2020년 3월 1일 자로 선택가산점을 부여하는
방식에 많은 변화를 주었는데, 자율체육, 교과특성화 같은 공모사업과
돌봄교실, 청소년단체 등의 업무에 부여하던 선택가산점을 2년간의 유
예 기간을 둔 이후에 모두 폐지하기로 했다. 폐지 이후에도 기존에 얻었
던 점수는 승진 평정에서 사용할 수 있도록 했으며, 3년을 주기로 해당
점수 적용을 20%씩 축소(2025년 80%, 2028년 60%)하여 최종 60% 점수

범위에서만 기존에 획득한 선택가산점을 사용할 수 있도록 하였다. 즉 8년이라는 선택가산점 폐지 유예 기간과 적용 기간을 두어서 기존에 해당 선택가산점 점수를 획득한 교사들이 일반승진에서 받을 수 있는 불이익을 최소화한 것이다.

한편 새로 신설된 선택가산점도 있다. 바로 '보직교사 초과 경력'과 '담임 경력'인데 좀 더 자세히 알아보자.

(1) 보직교사 초과 경력 : 1.4점(월 0.021점)

보직교사 기본 경력 2점(6년 3개월, 월 0.027점)을 초과할 때 받는 점수다. 5년 7개월을 보직교사 초과 경력으로 근무하면 만점이 된다.

(2) 담임 경력 : 3점(월 0.009점)

담임 경력은 15년이 되면 만점이 된다. 담임교사로 최소 15년은 근무해야 한다는 의미다.

보직교사 경력은 11년 10개월(대략 12년)을 근무하면 만점이 된다. 담임 경력 점수까지 포함하면 총 20년 7개월이 되면 신설된 선택가산점이 모두 만점이 된다. 20년 7개월이 필요한 이유는 보직교사 초과 경력 시기에 담임을 맡을 경우 담임 경력 가산점과 보직교사 초과 경력 가산점 중 1개만 받을 수 있기 때문이다. 그리고 2정 교사 시기에 맡은 보직교사(부장) 경력은 승진 평정에서 점수로 계산되지 않기에 2정 교사 때는 담임교사 점수만 받을 수 있다.

한편 서울특별시교육청처럼 2정 교사 때의 부장 경력을 가산점으로 인정해 주는 시도교육청도 생겨나고 있다. 일반승진은 교육 경력 20년 이상일 때부터 가능하므로 학교에 발령을 받은 후 담임교사와 부장교사만 꾸준히 맡는다면 새로 신설된 선택가산점은 자연스럽게 만점이 될 수 있다.

그러면 점수로 줄을 세워 승진하는 일반승진 제도에서 승진 여부를 결정하는 것은 무엇일까? 지금도 그렇지만 앞으로도 연구학교 근무 경력이 있는 교사의 일반승진이 매우 수월할 것으로 보인다. 1정 자격연수 점수도 그것이 승진 평정에 더 이상 사용되지 않을 때까지는 승진을 결정하는 주요 요인으로 작용할 것이다.

경기도교육청의 선택가산점 변화는 담임과 보직을 맡아 학교 교육 활동을 열심히 실천한 교사들이 일반승진을 할 수 있는 방향을 향하고 있다. 학교 교육 활동에 헌신하는 교사들이 승진할 수 있도록 하기 위한 가산점의 변화는 앞으로도 더욱 확대될 것이다.

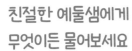

친절한 예둘샘에게
무엇이든 물어보세요

Q1. 아이들과의 수업을 좋아하고 교육 활동을 열심히 하는 교사는 승진하지 못하나요?

아닙니다. 승진은 승진 제도를 알고 그것을 준비하는 사람이 합니다. 만약 아이들과의 수업을 좋아하고 교육 활동에 열심인 교사가 승진을 준비한다면 당연히 승진할 수 있습니다. 승진을 준비하겠다고 말했을 때 누구든 고개를 끄덕일 만큼 학교 교육에 대한 뚜렷한 교육철학과 열정, 수업 전문성을 갖추기를 바랍니다.

Q2. 승진은 주로 어떤 사람들이 하나요?

한마디로 말하면 승진을 준비하는 교사가 승진합니다. 교사 승진체계는 생각보다 복잡하지 않습니다. 임용고시를 통과한 교사들은 기본적으로 능력이 모두 우수합니다. 그래서 승진한 사람과 하지 못한 사람의 차이는 승진에 대한 정보를 알고 자신의 교직 생활에서 승진 준비 계획을 세워 교직 생활을 했는지 여부로 결정됩니다.

Q3. 많은 교사가 승진을 준비하는 농어촌학교는 업무가 많지 않나요?

개인당 배정되는 업무의 크기는 근무하는 교사 수에 따라 달라집니다. 규모가 어느 정도 있는 농어촌학교(24학급 이상)에서 근무하는 신규 혹은 저경력 교사의 업무는 생각보다 더 적을 수 있습니다. 많은 교사들이 부장 업무나 가산점 업무를 서로 하려고 하기 때문이죠. 그래서 초임교사 때는 도시지역 학교보다 일정 규모 이상의 농어촌학교에 근무하는 것이 업무 면에서 더 편하다고 볼 수 있습니다.

Q4. 일반승진을 하기 위해서는 모든 가산점 업무를 다 해야 하나요?

그렇지 않습니다. 일반승진에서 기본적으로 만점을 채워야 하는 가산점 영역도 있지만 만점을 채우지 않아도 되는 영역도 있습니다. 대표적으로 선택가산점 영역이죠. 가산점을 채우는 업무는 다양합니다. 내가 A업무로 가산점을 채울 수 없다면 B업무로 가산점을 채울 수 있습니다. 가산점 업무는 일반승진이 가능한 승진점수를 넘는 정도로만 채우면 됩니다.

Chapter 5

전문직 전직 승진의
이해

1 전문직 전직을 결심했다면

　전문직 시험에 합격한 사람을 흔히 장학사라고 생각하지만, 정확히 말하면 근무하는 기관에 따라 장학사와 연구사로 구분된다. 장학사는 교육청에 근무하는 전문직을 말하고 연구사는 교육청 직속기관인 연구원이나 연수원에서 근무하는 전문직을 말한다. 전문직 시험 합격자 중 교육청에 발령 나는 사람은 장학사 업무를 수행하고 연수원이나 연구원에 발령 나는 사람은 연구사 업무를 수행한다.

　내가 국민학생(현 초등학생)일 때 경험한 장학사는 이미지가 좋지 않았다. 학교에 장학사가 온다고 하면 그 전날 학교에선 하루종일 대청소를 해야 했다. 그리고 장학사 방문 날에는 복도에 맘대로 나갈 수도 없었다. 담임 선생님은 오늘은 중요한 손님이 오니 만나는 사람마다 인사를 잘하라고 신신당부했다. 예전에 장학사가 그런 대우를 받았던 것은 학교를 감사할 수 있는 권한이 있었기 때문이다. 지금은 감사 권한이 없어져 예전과 같은 장학사의 이미지는 거의 사라졌다. 하지만 장학사는 학교 담임장학 후 그 결과를 교육청에 보고해야 하는 위치이기에 학교 입장에서는 장학사와 그의 학교 방문은 여전히 신경 쓰이는 부분이다.

현재 장학사에게 요구되는 것은 학교 현장을 지원하고 학교와 교사들을 섬기는 모습이다. 경기도교육청은 이러한 장학사의 역할 변화를 교육행정 혁신이라는 이름으로 2009년부터 점진적으로 추진했다. 그래서인지 내가 처음 교직에 들어왔을 때 만났던 장학사의 모습과 내가 장학사가 되어 교육청에서 만난 동료 및 선후배 장학사의 모습이 정말 많이 달라졌다. 이제 장학사는 뛰어난 전문성과 함께 서비스직이라 불릴 정도의 친절함으로 학교 현장을 잘 지원해 주어야 하는 위치가 되었다.

그러므로 장학사 전직을 단순히 교감이나 교장 승진을 빨리하기 위한 수단으로 생각해서는 안 된다. 전문직으로 근무한다는 것은 학교 교육현장을 어떻게 지원하고 어떤 교육행정을 펼칠지에 대한 깊은 고민과 전문성, 그리고 헌신이 필요하기 때문이다. 또한 전문직은 여러 격무에 시달리는 것으로 유명한데 건강관리에 특별히 신경 쓰시 않으면 수년 내에 하나둘씩 병이 생긴다는 말이 있을 정도다.

주의해요 노란불!

장학사 전직을 단순히 교감이나 교장 승진을 빨리하기 위한 수단으로 생각해서는 안 된다. 장학사는 뛰어난 전문성과 함께 서비스직이라 불릴 정도의 친절함으로 학교 현장을 잘 지원해 주어야 하는 위치이기 때문이다.

② 전문직 시험의 준비

전문직 시험의 규정 역시 시도교육청별로 다르고 매년 조금씩 변경된다. 그러므로 이 책의 설명은 전문직 시험에 대한 참고자료 정도로만 생각하고 시험을 준비하는 당해 연도의 소속 교육청 전문직 시험규정을 반드시 확인하기 바란다.

경기도교육청은 학교에서 실제 근무한 경력이 12년이 넘으면 전문직 시험에 응시할 수 있다. 그리고 교직 근무 경력이 많다고 가산점이 더 주어지지는 않는다. 휴직이나 기간제 경력, 연수파견 등은 교육 경력에 포함되지 않고, 응시자격으로 보직교사 근무 경력을 일정 기간 이상 요구하기도 하지만 그렇지 않은 전형도 있다.

전문직 시험 준비에 대해 많이들 궁금해하는데, 시도교육청별로 시험 방법과 문제출제 경향이 다 다르기 때문에 정확히 규정하기는 어렵다. 또 교육청별로 전문직 시험 유형도 매년 많이 바뀐다. 그래서 최근에 시험에 응시했던 사람의 조언을 듣는 것이 전문직 시험 준비에서 시행착오를 줄이는 최선의 길이다.

전문직 시험은 1차 시험을 치르고 1~2주 후에 1차 시험 합격자가 발표되고, 곧이어 1차 시험 합격자를 대상으로 2차 시험을 치른다. 그리고 그 이후 최종 합격자가 발표된다.

경기도교육청의 전문직 시험은 내용을 암기해서 붙을 수 있는 시험이 아니다. 혁신교육을 비롯한 여러 교육 담론들을 잘 알고 있어야 하는 것은 기본이고, 더 나아가 학교 현장에서 교육 활동에 헌신한 경험, 다시 말해 학생 중심 교육을 지속적으로 실천한 사람만이 붙을 수 있는 시험이다. 게다가 매년 문제출제 방식에 많은 변화를 준다. 그래서 예상치 못한 시험문제나 시험방식에 당황하지 않고 적절히 대응하는 유연성 역시 필요하다. 그리고 동료평가가 강화되어 함께 근무했던 학교 교직원들의 평가결과가 좋아야만 합격할 수 있다.

 주의해요 노란불!

전문직 시험은 시도교육청별로 시험 방법과 문제출제 경향이 다 다르고 또 매년 시험유형도 많이 바뀐다. 그래서 전문직 시험 준비에서 시행착오를 줄이는 최선의 길은 최근 시험에 응시했던 사람의 조언을 듣는 것이다.

③ 전문전형과 일반전형, 지역전형과 순환보직형 전형

경기도교육청 전문직 시험은 전문전형과 일반전형, 지역전형, 순환보직형 전형으로 구분된다. 일반전형은 그냥 모든 사람이 일반적으로 치르는 전형이다. 반면 전문전형은 말 그대로 교육청에서 어떤 교육영역에 필요한 특별한 전문성을 갖춘 교사를 정원을 따로 배정하여 뽑는 전형이다.

나는 수업 연구를 오랫동안 해 왔기에 일반전형보다 전문전형이 더 맞는다는 얘기를 주변에서 많이 들었다. 하지만 나는 전문전형에 응시할 수 없었다. 당시 전문전형 응시 자격요건에 혁신학교 근무 경력이 있었는데 나는 그 경력이 없었기 때문이다.

지역전형은 연천이나 포천처럼 근무를 기피하는 지역에 5년 동안 장학사로 근무하는 조건으로 전문직 정원을 따로 배정하여 뽑는 전형이다. 전문전형처럼 정원이 매우 적다.

순환보직형 전형은 전문직원으로 3년을 근무한 후에 교감으로 전직하지 않고 다시 교사로 되돌아오는 전형이다. 대신 학교 현장 복귀 후 다시 교감 전직이 가능한 장학사 시험을 볼 때 순환보직형으로 근무한 3년에 대해 서류 평정 시 가산점을 부여한다. 경기도교육청의 경우 다른 전문직은 교육 경력 12년 이상이 되어야 응시할 수 있는 데 반해 순환보직형 전형은 교육 경력 10년이면 응시할 수 있다.

❹ 전문직 시험의 과정

  경기도교육청 전문직 시험의 시험과목과 과정에 대해 알아보자. 이역시 시도교육청마다 차이가 있고 또 매년 전형 방법이 조금씩 변하기때문에 참고자료로만 생각하자.

  경기도교육청은 2021년 현재 전문직 응시 기회를 세 번만 주는 제도를 시행하고 있어서 응시 자체를 신중하게 결정해야 한다. 물론 응시 기회를 제한하지 않는 시도교육청도 있으며 이는 앞으로 또 변경될 수 있다. 매년 전문직 시험이 끝나면 교육청에서 다음 해 전문직 시험 방법과기준 및 내용의 변경사항을 학교로 공문을 보내 알려 준다. 매년 변경되는 내용이 많으므로 자신이 시험에 응시하고자 하는 해에 맞추어 세부적인 내용을 공문을 통해 잘 숙지해야 한다.

  경기도교육청 전문직 1차 시험은 동료 교원 근무평가, 교직교양, 교육과정, 정책논술 시험으로 치러진다. 1차 시험 평균 점수는 60점을 넘어야 하며 각 과목별 점수는 40점을 넘어야 한다. 교육부를 비롯해 일부시도교육청은 수기 시험에서 컴퓨터 시험으로 변경되기도 했다. 동료교원 근무평가는 1차 시험 이전에 온라인 평가로 이루어진다. 이는 학교에서 함께 근무했던 교직원들이 나를 평가한 점수다. 1차 시험 전에학교에서 근무평가 평가자 명단을 교육청에 보내면 교육청에서 평가자들에게 K-에듀파인 내부메일로 평가 설문을 보낸다. 정식 교직원만이평가자가 되는데 행정실 직원도 포함된다. 만약 설문 응답률이 낮거나 근무평가 평균 점수가 과락 점수 기준을 넘지 못하면 바로 탈락한다. 점수 배점이 높기에 동료 교사와의 관계가 좋지 않으면 전문직 시험에 합격할 수 없다.

2차 시험은 1차 시험 합격자를 대상으로 AI직무적합성평가, 정책토의·토론, 기획발표, 서류 평정으로 이뤄진다. 1차 시험 합격자는 보통 선발인원의 1.5~2배수를 선발한다. 1차 시험이 전문직이 갖추어야 할 기본적인 능력을 평가하는 시험이라면, 2차 시험은 교육청에서 원하는 전문직원의 인재상을 응시자가 가지고 있는지를 확인하고 응시자의 교직 생활과 가치관 및 태도를 검증하고 평가하는 시험이다. 1차 시험과목이었던 기획은 2020년에 기획발표로 바뀌면서 2차 시험과목으로 변경되었다. 또 2021년에는 빅데이터를 기반으로 한 AI직무적합성평가도 도입되었다.

서류 평정 점수는 2차 시험 점수에 포함되지만, 관련 서류는 전문직 시험을 응시하기 전에 제출한다. 그리고 서류 평정 점수는 2차 시험이 끝난 후 최종 합산된다. 서류 평정 점수 기준도 매년 변하기 때문에 그해의 전문직 시험요강에 맞춰 준비해야 한다. 서류 평정에서 기본적으로 받아야 할 점수는 최대한 준비하는 것이 좋다.

1차 시험에 합격하면 공무원채용신체검사 결과를 제출해야 하는데, 1차 시험 후에 준비하면 시간이 촉박할 수 있기에 시험을 보는 해의 연초에 검사를 미리 받아 두는 것도 좋다. 검사 결과의 유효기간은 1년이다. 1차 시험에 합격하면 자기소개서를 작성해 교육청에 제출해야 한다.

자기소개서 역시 시험 전에 미리 준비해 놓으면 좋다.

 주의해요 노란불!

1차 시험에 합격하면 공무원채용신체검사 결과와 자기소개서를 제출해야 한다.
이를 1차 시험 후에 준비하면 시간이 촉박할 수 있으므로 신체검사는 연초에 미리
받아 두고 자기소개서 역시 시험 전에 미리 준비해 놓자.

⑤ 전문직 시험 준비에 도움이 되었던 것들

전문직 시험에 합격한 선생님들과 이야기를 해 보니 대부분 전문직
준비 스터디를 했고, 나처럼 혼자 공부한 경우는 거의 없었다. 전문직
합격자의 평균 나이는 예전보다 많이 젊어졌다. 44세 전후가 중간 나이
였고 나이가 많은 합격자는 40대 후반에서 50대 초반, 나이가 적은 합
격자는 대략 30대 후반이었다.

전문직 시험을 혼자 준비할 때는 모든 것이 막연했다. 내가 준비하고
있는 공부 방향이 과연 맞는 것인지에 대한 확신도 없었다. 그리고 시험
에 합격하긴 했지만 어떤 부분에서 내가 시험을 잘 봤는지는 지금도 정
확히는 모른다. 다만 9월 1일 자 발령이 아니라 3월 1일 자 발령이었으
니 합격자의 중간 이상 성적은 되었던 것 같다.

시험을 준비하면서 다음 7가지가 큰 도움이 되었다. 첫째는 10년 넘

게 매년 수업 연구를 해 왔던 경험이다. 둘째는 수입 연구대회 참여로 연구 계획서와 연구 보고서를 많이 작성했던 경험이다. 셋째는 학교 현장에서 동료 및 선후배 교사들의 수업 연구를 지원하고 공동연구를 해 온 경험이다. 넷째는 학교 교육 활동에 최우선 순위를 두고 부장으로서 교육 활동을 이끈 경험이다. 다섯째는 학교 밖 외부활동도 환경이 허락되는 대로 많이 도전한 경험이다. 여섯째는 학교에서 행정실을 비롯해 모든 교직원과 관계가 좋았던 점이다. 마지막 일곱째는 교직 생활 중에도 우선순위를 가정에 두었기에 가정에서 심적으로 편안함을 얻을 수 있었던 점이다.

친절한 예둘샘에게
무엇이든 물어보세요

Q1. 모든 시도교육청이 전문직 시험의 응시 횟수에 제한을 두고 있나요?

시도교육청마다 다릅니다. 세 번 시험을 쳐서 합격하지 못하면 더 이상 응시하지 못하는 교육청도 있고, 시험을 일정 횟수 이상 치게 되면 감점을 주는 교육청도 있고, 그런 제한이 없는 교육청도 있습니다. 경기도교육청은 삼진아웃 제도를 시행하는데 한때 폐지되기도 했었습니다.

Q2. 전문직 시험은 몇 년이나 공부해야 붙나요?

사람마다 다릅니다. 어떤 교사는 1년 공부하고 합격하기도 하지만 어떤 교사는 10년 넘게 공부해서 합격하기도 합니다. 시험에 일찍 합격한 사람은 대부분 전문직 시험에 합격할 수 있는 역량을 평소 학교 현장에서 많은 교육 활동으로 계속 쌓아 온 사람들입니다. 합격자는 보통 2~3년 정도 공부한 사람들이 많습니다.

Q3. 전문직 시험 준비를 위한 사설 연수원의 유료 연수는 효과적인가요?

강사에 따라 다릅니다. 연수 강사가 시도교육청별 출제 경향을 잘 알고 있는 사람이라면 도움이 되겠지만, 그렇지 않다면 큰 도움이 되지 않습니다. 시험 출제 경향은 시도교육청별로 다를 뿐 아니라 매년 많이 바뀌기 때문입니다.

Q4. 교사와 비교했을 때 전문직원으로서의 보람 혹은 고충이 궁금합니다.

전문직원의 보람은 현재 내가 하는 업무가 학교와 선생님에게 도움이 되었음을 확인할 때 느낍니다. 반대로 전문직원으로서 학교 현장을 제대로 지원하지 못하고 있다고 느껴지면 마음이 아프고 힘듭니다. 전문직원의 고충은 무엇보다 교사 때보다 업무가 과중하고 많이 바쁜 것입니다. 그리고 장학사 근무 첫날부터 처음 맡은 생소한 업무에 대해 전문가로서의 역할을 요구받는 것도 힘든 부분입니다. 그렇지만 초임교사도 교직에서 몇 년을 보내면 능숙한 교사로 성장하듯이 전문직원 역시 마찬가지입니다.

에필로그

신규교사로 교직에 첫 발령을 받은 선생님들의 모습은 조금씩 다릅니다. 첫 학교가 마음에 들지 않는다고 속상해 하는 교사도 있고, 임용시험을 다시 치기 위해 임용을 포기하는 교사도 간혹 있죠. 반대로 어려운 여건 속에서도 첫 발령 학교에서 잘 적응하는 교사도 있습니다. 반면 본인이 원하는 지역의 학교에 잘 발령받은 교사도 있죠. 그렇지만 인사 배정에서 신규 발령은 관내전보, 관외전보, 시도간 전보 등을 끝낸 후 남은 자리에 이루어지기에 원하는 곳에 발령받는 교사보다는 그렇지 않은 교사가 더 많습니다.

신규 발령 학교의 환경은 조금씩 다르지만 초임교사로서 첫 출발점은 같습니다. 그러나 초임교사로 5년이 지났을 때의 모습은 각자가 가진 교직 가치관과 목표, 도전에 따라 달라지게 됩니다. 이것은 미래의 교직 생활에서도 마찬가지입니다.

초임교사에게 영향을 끼치는 것은 학교문화나 주변 교사들이겠지만 그보다 더 큰 영향을 끼치는 것은 교사 자신의 마음가짐과 태도입니다. 그래서 어려운 환경에서 더 훌륭하게 성장한 교사도 있고, 반대로 좋은 환경에서 현실에 안주해 성장을 경험하지 못한 교사도 있습니다.

교직에는 생각보다 다양한 길이 있습니다. 그리고 그 길을 선택하고 도전하는 것은 뛰어난 교사만이 할 수 있는 것이 아닙니다. 모든 교사가 도전할 수 있습니다. 교사로서 구체적인 성장 목표가 있는 교직 생활은 지루하지 않습니다. 내가 맡은 아이들과 나를 위한 여러 도전은 교사에게 꿈과 성장을 가져다줍니다. 그리고 참교사라는 자존감도 선물해 줍니다.

저는 초임교사들이 그런 도전들로 늘 성장하는 교직 생활을 했으면 합니다. 그리고 이 책이 그런 도전을 시작하고 실천하는 과정에서 여러 시행착오를 줄이는 데 좋은 신호등이 되었으면 합니다. 또 학교 현장에서 앞으로 만나게 될 다양한 상황 속에서 자신만의 교직 신호등을 만들어 나가기 바랍니다. 그렇게 학생을 사랑하고 수업을 즐기며 아이들과 함께 성장하는 행복한 교사의 삶을 누렸으면 합니다.

마지막으로 교직에 새롭게 들어올 수많은 초임교사들에게 선한 영향력을 끼치는 좋은 롤 모델 선배 교사로 모두 성장하기를 바랍니다.